古典风格

21世纪写作指南

Clear and Simple as the Truth

[美] 弗朗西斯-诺尔·托马斯 ◎ 著
[美] 马克·特纳

李星星　叶富华 ◎ 译
阳志平 ◎ 审校

电子工业出版社
Publishing House of Electronics Industry
北京·BEIJING

版权贸易合同登记号　图字：01-2018-6068

图书在版编目（CIP）数据

古典风格：21世纪写作指南 /（美）弗朗西斯-诺尔·托马斯（Francis-Noel Thomas），（美）马克·特纳（Mark Turner）著；李星星，叶富华译. —北京：电子工业出版社，2022.3

书名原文：Clear and Simple as the Truth

ISBN 978-7-121-42535-6

Ⅰ. ①古… Ⅱ. ①弗… ②马… ③李… ④叶… Ⅲ. ①写作—指南

Ⅳ. ①H05-62

中国版本图书馆CIP数据核字（2021）第281090号

责任编辑：张　冉
印　　刷：北京盛通印刷股份有限公司
装　　订：北京盛通印刷股份有限公司
出版发行：电子工业出版社
　　　　　北京市海淀区万寿路173信箱　　邮编：100036
开　　本：880×1230　1/32　印张：10.75　字数：258千字
版　　次：2022年3月第1版
印　　次：2023年1月第2次印刷
定　　价：78.00元

凡所购买电子工业出版社图书有缺损问题，请向购买书店调换。若书店售缺，请与本社发行部联系，联系及邮购电话：（010）88254888，88258888。

质量投诉请发邮件至zlts@phei.com.cn，盗版侵权举报请发邮件至dbqq@phei.com.cn。

本书咨询联系方式：（010）88254439，zhangran@phei.com.cn，微信号：yingxianglibook。

目 录

第
一
部
分

古典风格的原理

第
二
部
分

·

古典风格博览

第三部分

古典风格工作室

推荐序

写在前面

终于，《古典风格》这本书要跟各位读者见面了。

2018年，我组织翻译的图书《风格感觉》在中国出版，作者是世界著名思想家、认知科学家、科学作家史蒂芬·平克（Steven Pinker）。平克在《风格感觉》中高度推崇《古典风格》，甚至将"古典风格"作为第二章的核心内容。如果说《风格感觉》是经典之作，那么《古典风格》就是经典中的经典。

《古典风格》不仅得到平克的推崇，还得到无数学者专家的推荐。著名学者大卫·李·鲁宾（David Lee Rubin）感叹道："认知革命终于赶上了对写作风格的分析。"耶鲁大学心理学教授保罗·布鲁姆（Paul Bloom）写道："这本书改变了我的写作和我思考写作的方式。"

不仅认知科学、神经科学、心理科学领域的人士如此推崇此书，在文学领域，也是如此。《哲学与文学》主编丹尼斯·达顿写道："每隔一段时间，你会读到一本书，彻底颠覆你对某个主题的看法，哪怕是你自以为熟悉的主题。对我来说，今年这本书是《古典风格》。"

那么，作者是何方神圣？《古典风格》由弗朗西斯-诺尔·托马斯（Francis-Noël Thomas）和马克·特纳（Mark Turner）两位作者合著。

托马斯是一位人文学科教授，生于1943年，在2019年不幸离世。他的研究方向是人们如何组织概念以形成共识，以及文学诠释史。

另一位作者特纳则是世界知名认知科学家，生于1954年，曾任美国凯斯西储大学认知科学系系主任，也是认知科学网创始人。他提出的概念整合（Conceptual Blending）理论在认知科学领域颇有影响力，用于解释人类为何会诞生写作、艺术、音乐、宗教、语言、数学等高级认知能力。特纳与中国关系匪浅，2009年曾在京举办十场讲座，并从2017年开始兼任湖南师范大学客座教授。

从2015年开始，我开创的"认知写作学"致力于站在认知科学前沿，探索人类心智之奇与文学之美。我主讲的"认知写作学讲习班"举办十余期，先后培养学员数千名，其中参训的知名作家亦有多位。在讲习班上，除我自己的讲稿之外，我给各位学员推荐的教材正是《风格感觉》与《古典风格》。

某种意义上，这代表了目前世界的一种新趋势：认知科学家开始占据传统写作教育的地盘。

就像我们今天熟悉的一个隐喻：现代人运用石器时代的大脑生活在二十一世纪。你我使用同一颗大脑写作，这颗大脑受制于千千万万年以来的星辰起落，狩猎采集，演化大道。比如人类的语言习惯是有生命的大于没有生命的，人类先于动物，阳性大于阴性，我们会说美女与野兽，而不会说野兽与美女，会说夫唱妇随、男耕女织，而不会说妇随夫唱、女织男耕。

同样，我们写作，需要了解人类心智的工作规律。

当认知科学家遇上写作，会发生什么？那些不符合现代科学揭示的心智与语言运作规律的写作手册都要改写。因此，认知科学家们纷纷来到人文学者的地盘，谈诗论文。客气一点的特纳与人文学者合著《古典风格》；娶了小说家为妻的平克则在《风格感觉》中致力于站在认知科学前沿，为当代写作者提供一份风格手册。

我有幸参与这种趋势，贡献一分力量，在研究、教学之余，我先后组织出版《风格感觉》《古典风格》，开发人工智能写作软件写匠（AIWriter）。同样，我期待能有更多的读者受益于前沿认知科学研究，更好地了解写作、爱上写作。

以下，是我的推荐序正文。

当我们谈论风格时，我们在谈论什么？

01

当你在小学开始学习写作时，语文老师会跟你强调"词汇量"的积累、"语法"的通顺，接着开始强调"主题"，如果你作文的主题不够积极、健康，那么你的作文可能会被扣分。

随着你一天天长大，到了大学，你开始学写学术论文，希望通过论文答辩。此时，教授跟你强调的是"逻辑"。无论文科理科，一篇逻辑不够严谨的论文，很难通过论文答辩。

好像从来没有人给你强调过"风格"。是的，与"词汇量""语法""主题""逻辑"相比，"风格"从不重要。

翻遍"高考评分细则""大学学位论文审核标准"，你甚至找不到"风格"两个字，只有稍微沾点边的"文采""修辞"或参考文献的样式。

然而，这些就是"风格"吗？答案显然是"不"。

02

人们忘记了，写作首先是一种思维活动，而非写作技巧。一位伟大的画家，并不比一位平庸的画家更精于绘画技巧，同样，一位伟大的作家，并不比一位平庸的作家更精于写作技巧。

人们热爱一位作家，热爱的正是这位作家的风格。"仰天大笑出门去，我辈岂是蓬蒿人。""抽刀断水水更流，举杯消愁愁更愁。"——这是李白。"天上有行云，人在行云里。""众里寻他千百度。蓦然回首，那人却在，灯火阑珊处。"——这是辛弃疾。

从诗歌、小说、散文、戏剧，再到电影，一个写作者的风格无处不在，你之所以喜欢李白或辛弃疾，正是因为喜欢他们的风格。

在你接受写作教育的十多年历史中，关于写作风格，语文老师们避而不谈。偶尔提及，它似乎就是修辞、文采，它也似乎就是一位作家的写作技巧。

风格，于你而言，是锦上添花，是那些有志于成为伟大作家的人才去研究的。

但《古典风格》告诉你，以上统统错了。风格，不仅是伟大作家的必修课，更是所有写作者应该思考的基本立场。

03

写作源于你掌握的知识。在认知科学上，将你掌握的知识的最小单位称为"个人概念"。个人概念反映的是你看待世界的心理表征。一个善人拥有的个人概念也许是，世界是阳光的，人们是和谐相处的；一个恶人拥有的个人概念也许是，世界是险恶的，这是一个弱肉强食的社会，不是你死就是我活。

同样，写作也不例外。真正的风格是指那些你看待写作的基本概念，正是这些概念决定了不同的风格。

更具体来说，写作需不需要告诉读者真相？写作的语言可以充分表达思想吗？作者与读者是平等的，或者作者是先知，拥有上帝视角，全知全能？

这些关于写作的基本概念，才是写作真正的风格要素。它是比那些如何遣词造句更重要的东西。在我们提笔写作之前，它已经存在于你的脑海之中。

弗兰西斯-诺尔·托马斯与马克·特纳两位作者在本书中将人们写作的基本概念总结为真相、呈现、场景、角色、思想和语言等风格要素。

你的写作风格,正取决于你对真相、呈现、场景、角色、思想和语言采取什么立场。

04

从风格要素出发,托马斯与特纳两位作者将西方写作史上出现过的种种立场总结为古典风格与非古典风格两大类。非古典风格主要包括平实风格、沉思风格、反思风格、实用风格、浪漫风格、演讲风格和先知风格等。风格并无优劣之分,但各自立场不同,从而导致适应场合不同。

什么是古典风格?平克在《风格感觉》中如此介绍:观看世界是古典风格的主导隐喻。作者看到了读者没看到的东西,引导读者的视线,使读者自己发现它。写作的目的是呈现不偏不倚的事实。当语言与事实一致时,写作便成功了;成功的证据便是清楚和简洁。

为什么古典风格如此重视"观看世界"呢?因为这涉及认知科学的一个重要研究:联合注意(Joint Attention)。什么是联合注意?

看!李雷正被一位拿着购物袋的女子扔鸡蛋。

李雷怎么啦?当你告诉一位朋友眼前发生了什么事的时候,你与朋友就构成了"联合注意"。此时此刻,你与朋友在同一个地方关注同一件事情,你们也知道彼此都在关注它。正因如此,你们两人之间便建立了联系,这就是"联合注意"。

联合注意为什么如此重要?设想一下,你与朋友讨论事情时,你说三,他说四,你往东,他往西,两人不在一个频道上沟通,就无法共享彼此的注意力。正是因为人类大脑拥有"联合注意"的信息加工机制,你我才得以共享彼此的喜怒哀乐,传递信息、知识与真善美。

写作时，作者带着读者看世界，涉及的事情比一个普通的见闻复杂很多。有时候，你步入的世界是有抽象概念的世界，这些抽象概念是道金斯的《自私的基因》，也是丹尼特的《达尔文的危险》，它们复杂而迷人，需要一定的知识底蕴。有时候，你步入的世界是一个叙事的世界，主角的人生故事也许是好人有点坏，也许是坏人有点好，它们同样曲折离奇，涉及复杂人心。

05

在"观看世界"这个古典风格的主导隐喻基础之上，西方写作史发展出一整套写作此风格的要素。接着，我带着你分别从真相、呈现、场景、角色、思想和语言等角度来认识古典风格。

真相

古典风格认为，真相可知，可经验证，且不经时空变化而变化，写作的目的是呈现不偏不倚的真相。古典风格总会带读者看到那些不一样的真相。"早起的鸟儿有虫吃"，这是简单风格；"早起的鸟儿有虫吃，但第二只老鼠才吃到奶酪——因为第一只老鼠被捕鼠器逮着了"，这才是古典风格。

反之，先知风格认为真相不可验证。在西方文化中，先知风格最著名的例子是《圣经》。耶和华说："就是这个人！"为什么是这个人呢？你并不知道答案，它源自神秘的直觉。在21世纪的今天，你同样可以看到各种先知，一些作者自称是客观真相的传播者，知道一般人无法知道的真相。

呈现

古典风格不解释，只是呈现。古典风格认为，写作是一面完美透明的窗户，没有犹豫、修改或者回溯，事物透过这扇窗被呈现出来。在你读到文章之前，作者已经做了大量的工作，"假装"结论来得轻松。最后，给你呈现一种自然而然的感觉。

人类视觉的基础模式是：先关注后观察（focusing-and-then-inspecting），即找到感兴趣的事物或领域，再观察它的细节。你看到的，你听到的，都遵从这种模式；同样，你阅读，你写作，还是遵从这种模式。因此，当你带读者看世界时，古典风格强调，先推窗看景，再看细节。

与之相反，有的作者会反复地将思考过程暴露给你，不断强调结论来之不易。这就好比你在看球赛时的视线不断被干扰，时而看这个，时而看那个，最应该看的是什么呢？——作者自己都忘记了是来看球赛的。

场景

古典风格的场景，是一个人与另一个人的对话。笔下文字犹如老友闲聊，自然亲切。就像道金斯在《自私的基因》开篇所写的一样："在写作过程中似乎有3位假想的读者一直在我背后不时地观望，我愿将本书奉献给他们。第一位是我们称为外行的一般读者……第二个假想的读者是个行家……我心目中的第三位读者是位从外行向内行过渡的学生。"

即使要说服人，古典风格也是在不知不觉中说服他人的。它只是把那些一经呈现就显而易见的事物指出来。与之相反，演说风格是一个人对一群人的公开演讲，要求听众用力看需要看的东西。它更注重团结人们，引发行动。就像《伊利亚特》中的阿喀琉斯所说的一样："现在我们应该考虑出战的事情，不能在这里空发议论，把时间耽误：伟大的事情还未完成。"

角色

在古典风格中，作者与读者平等。作者表达真相，读者了解真相。作者与读者尊重彼此的智力，相信真相属于所有致力于获取它的人。古典风格可以把读者放到作者的位置，他们可以通过自己的体验，来验证作者体验的东西。

正如美国硅谷投资人保罗·格雷厄姆（Paul Graham）在《黑客与画家》一书中所写一样：

> 19世纪英国作家简·奥斯汀的小说为何如此出色？一个原因就是她把自己的作品大声读给家人听，所以她就不会陷入孤芳自赏难以自拔的境地，不会长篇累牍地赞叹自然风光，也不会滔滔不绝地宣扬自己的人生哲学。你可以随便找一本平庸的文学读物，想象一下把它当作自己的作品读给朋友们听，这样会让你真切地感受到那些文学读物高高在上的视角，读者必须承受所有沉重的负担才能阅读这些作品。

其他风格与此不同。先知风格的作者具有超越常人的力量，拥有全知全能的视角；实用风格的读者和作者有层级划分，比如你需要向上级提交一份备忘录，可能使用这一风格。

思想和语言

在古典风格的立场中，写作不是思考，作者下笔之前已洞察事实真相，思想先于语言独立存在。而有的写作者可以在写作过程中发现真相。

有趣的是，真实的写作常常是一个字词催生另一个字词；草稿催生第二版。我将这种写作现象总结为："快写慢改"。古典风格并不否定这种现象，但强调在最终版呈现给读者时，应该是作者获得了完整的思想，而非在最终版中也是边写作边思考。

古典风格认为凡是能知道的事物就能表达出来，语言本身足以表达任何想法，语言可以复现思想的意象图式。

什么是意象图式？是你理解复杂世界的基本认知结构。人们的语言也是基于具身体验的。比如，小孩子刚出生，从妈妈肚子里出来，就体验到了什么是"内"与"外"；剪掉脐带时，就体验了什么是"联系"与"分离"。"内-外""联系-分离"就是人类最初体验的意象图式。

语言中的"意象图式"无处不在。这些来自你在日常生活中的具身体验，构成了语言的基础。比如，在"内-外"基础上，你习得：他们不得不退（出）比赛，她终于进（入）决赛，在"联系-分离"基础上，你习得：我们（紧密地团结）在一起，（不再联系）那些小人。

这一点与其他风格的立场也大不相同。有的风格认为语言无法完成表达任务，有的风格认为语言无法与思想完全匹配。

这就是古典风格持有的立场：真相可知；作者清晰呈现真相，带着读者观看世界；写作是一个人与另一人的对话；作者与读者关系平等；写作不是思考，作者下笔之前已洞察事实真相；语言本身足以表达任何思想。

06

在21世纪，古典风格为什么越来越重要？写作历史上有很多种风格。比如平实风格、沉思风格、实用风格、浪漫风格、先知风格与演讲风格等。

与这些风格相比，古典风格在21世纪具备三个突出的优点。

第一，它更符合人类的认知习惯。古典风格强调的"联合注意""意象图式"，正是人类演化习得的自然而然的模式。适者生存，人类会演化出适合生存的大脑；同样，今天人类社会也会演化出适合交流的写作风格。

第二，它灵活多变，适应一切文体。在《风格感觉》一书中，平克开篇举了理查德·道金斯（Richard Dawkins）的《解析彩虹》、瑞贝卡·纽伯格·戈德斯坦（Rebecca Newberger Goldstein）的《背叛斯宾诺莎》等例子。文风大不相同，但都体现了古典风格的要义。同样，在《古典风格》一书中，从柏拉图的《苏格拉底的申辩》、笛卡儿的《谈谈方法》到马克·吐温的《密西西比河上的生活》，古典风格无处不在。

第三，它简洁但不简单，清晰但不肤浅。古典风格呈现的真相与你掌握的真相有关系，即使一篇简短的讣告、一篇房产广告，也会呈现写作的美感。古典风格追求清晰，当你对事物了解越深刻，那么更容易呈现出大千世界与抽象知识之美。

07

不仅西方写作史存在古典风格，中国写作史上也存在古典风格。远可追溯至《诗经》，近可探索至韩愈、桐城派。

"关关雎鸠，在河之洲；窈窕淑女，君子好逑。"在《诗经》中，先有优美意象，才有诗歌句法。意象在前，文字在后；作品在前，赏析在后；自然在前，句法在后。这是中国写作之源从一开始就讲究的古典风格。

继而，韩愈发起古文运动，号召向《诗经》《论语》《左传》与《史记》等古典作品学习写作。韩愈在《答李翊书》中提出："气盛，则言之短长与声之高下者皆宜。"什么是气？什么是言？"气，水也；言，浮物也。水大而物之浮者大小毕浮。"——人们的心智与写作的关系，认知科学家在韩愈这里找到共鸣。

而后的桐城派领袖人物方苞号召重回经典，力求简明达意，条理清晰。桐城派的集大成者姚鼐认为："所以为文者八，曰：神、理、气、味、格、律、声、色。神、理、气、味者，文之精也；格、律、声、色

者，文之粗也。然苟舍其粗，则精者亦胡以寓焉？"（《古文辞类纂序》）

为文者八，神、理、气、味是文章的精细活；格、律、声、色是文章的粗活。来自西方的古典风格要素：真相、呈现、场景、角色、思想和语言，与中国桐城派的文章八大要素不谋而合。

汉字是世界上唯一流传五千年的象形文字，它的信息密度和节奏感与英文不同。如"口是心非"读起来朗朗上口，同时包含深刻语意，翻译成英文就失了中文韵味。余光中将中文生命的常态总结为措辞简洁、语法对称、句式灵活、声调铿锵。

今天，我们在学习西方古典风格的同时，不应忘记中国自身的古典风格传统。在《诗经》那个时代，它是文成而法立，言出而法随；在韩愈那个时代，是气盛则言辞皆宜；在桐城派那个时代，是以义为经，而法纬之，然后为成体之文。

小结

千秋雪，万里船，青天翠柳，黄鹂白鹭。你在世界上会遇到很多有趣的人，读过很多有趣的书，做过很多有趣的事，那么，不妨用写作的形式记录下来。千秋万里，你曾经遇过的人，读过的书，做过的事，也许就是不同时空中读者推窗看见的那些雪与船。

阳志平

安人心智董事长，心智工具箱公众号作者

2021年12月1日

译者序

古典风格：写作是观看与说话

> 每隔一段时间，你会读到一本书，彻底颠覆你对某个主题的看法，哪怕是你自以为熟悉的主题。对我来说，今年的这本书是《古典风格》。

> ——新西兰《哲学与文学》主编丹尼斯·达顿

风格：写作是一种思想训练

写作如果始于下笔，是写作最大的误区之一。好像学会关于字、词、句、篇章的文字技巧，就学会了写作。但保证语法写对、句子通顺、段落不脱节、中心思想不偏题，也无法保证言之有物。即使能引用别人的名言美句、摘抄他人的典型案例、照搬高分写作模板，也只是把陈词滥调写得更优美动人而已，并不能帮人写出深刻独到的个人见解。

弗朗西斯-诺尔·托马斯和马克·特纳两位作者在《古典风格》的开篇指出，写作在下笔之前就开始了。写作是一种思维活动，源于的是思想，生成的是技巧，但技巧不构成文章内容。学习写作，不是学笼统的写作，而是学某种思想立场的写作，或者说某种风格的写作。

在托马斯和特纳的定义中，作者对一组基本问题采取的思想立场决定了写作风格。这组基本问题是关于真相、呈现、场景、角色、思想和语言的——托马斯和特纳称为风格的要素——比如写作的首要动机是呈现真相吗？语言可以充分表达思想吗？读者有可能像作者一样知道真相吗？

写作者或许不会意识到这些问题的存在，但只要写作，就会明确或默认回答这些问题，因为这些问题决定着作者认识事物的方式、用语言表达思想的程度，以及作者对待读者的态度，直接影响了文本内容的呈现。对这组问题的回答不同，写作的立场就不同，形成的风格也不同，比如有古典风格、平实风格、沉思风格、反思风格、实用风格、浪漫风格、演讲风格和先知风格等，这些风格之间并无优劣之分，仅适用的场合不同。

托马斯和特纳讨论的风格，不是只可意会、不可言传的模糊感觉，也不是内容的附属形式，而是直接决定内容本身的思想立场。脱离某种风格的思想立场学习写作技巧，就像一个只学中文不学外文的人做语言翻译，以为中文流畅就可以做好各种语言的汉译。很多写作指导书无意中加深了这种误解，它们根据作者的个人经验提供写作建议，却没有指出这些建议依据的思想立场和适用的场合，让人误以为这些关于写作技巧的建议可以广泛适用任何写作。

不分场合地应用某种风格的写作技巧，可能会弄巧成拙，因为对某一种风格是优势的写作技巧放到另一种风格上可能是劣势。比如清晰简洁是很多写作风格的追求，但如果一位有影响力的政策负责人发言，把未经公布的政策说得既肯定又清晰，只会把自己置于没完没了的争议中，但他又不能直接回避公众的提问，这个时候说得模棱两可，让人当时觉得回应了什么，过后一琢磨，发现其实什么都没说，这才是最佳的风格选择。

如果只学一种风格，像真相一样清晰简单的古典风格是最佳选择，它适用大多数场合，不限写作题材，不限作者的个性，只要你发现了什么有价值的事物，都可以写成古典风格。这种风格可见于柏拉图的《苏格拉底的申辩》、笛卡儿的《谈谈方法》、马克·吐温的《密西西比河上的生活》之中，这些作品思想深刻，语言简单自然，看似是一种没有风格的风格，字里行间又透露出作者的人格与性情。

呈现：让读者看到作者所看

我要写什么？这个问题在《古典风格》这本书里是一个关于"真相是什么"的提问。发现真相，不仅是产生一个想法，还是从复杂的思想网络中识别出这个想法，并使这个想法成为读者的想法。

假如你走在路上，看到路边有颗苹果树，你惊奇地指给你同伴："看，有棵苹果树！"你引起了同伴的注意，但同伴不一定会像你一样惊奇。如果你说："看，有颗苹果树！它结了不同的果子，一种是斑驳的青色，另一种是红黄色。"你不光引起了同伴的注意，还指引了同伴像你一样观看。

但大多数时候，我们实际观看的"真相"远比一棵苹果树要复杂得多。视觉的观察是最直接的观看，听觉、味觉、嗅觉、触觉上的观察则是感官上的"观看"，基于人类的普遍经验和推理本能形成的推测、判断、预测和文化知识等抽象概念也是一种"观看"，只是它们是无形的，是用大脑观看的。

无形的观看更复杂，是因为作者的思考交织着个人的身份、经历、知识、动机、空间距离、时间差等错综复杂的因素，作者无法将这种思想网络和盘托出，让读者代入与作者完全相同的处境中。要让读者看见作者所见，古典风格作者不能凭印象想到什么写什么（记录），而要从思想网络中找到人类共有的体验（识别），提炼出可以被他人验证的推理顺序（呈现）。这条推理顺序可以让读者免于穿梭于盘根错节的思想丛林中，直接顺着作者的足迹踏上一条轻松小径，直达观察真相的目的地。

可以想象，与同伴讨论眼前的一棵苹果树，比写一篇文章论述苹果的经济价值要简单得多，因为前者处于一种方便交流的场景中：只有两个人，都在同一个地方，观察着同一件直接可见的事物。彼此不会因为说的是看不见的东西而不知所云，也不会因为回应不及时造成误解，因为共同关注，双方还会形成一种紧密的联合注意力。这种场景被认知科学家称为古典联合注意场景。

为了让观看和呈现变得容易，古典风格将复杂的思想网络锚定到古典联合注意场景中，把不确定的观众当作一个人，把不可见的抽象事物当作一眼就能看到的具象事物。这种锚定技巧表现在语言上是从可直接观察的事物不着痕迹地过渡到抽象概念上的，如推测、判断、预测和文化知识，也就是说，无论你煞费了多少苦心才发现的事物，都要假装成你是一眼就看出来的。

比如你和同伴一起去冲浪，你经过碎波带后告诉同伴："要退潮了。海浪开始破碎，扑向更南边，越来越大。"看起来是你刚看到破碎的海浪，就知道要退潮了，实际上，做出这样的判断，是因为你早就知道海浪的形状会随着潮汐的变化而变化，而且事先看了当天的退潮预告。但你表达时不会额外解释你是如何知道的，只说你看见的画面和判断的结果。

将原本复杂的思考伪装成毫不费力的观看，就好像台上演员的即兴表演，无论台下如何练习和彩排，台上看起来一蹴而就。表演得越轻松自然，呈现的角色越能深入人心。相反，表演得费力和犹豫，只会阻碍观众的观看。

动机：不偏不倚地呈现真相

古典风格作者把呈现当作论证，不会断言，不会据理力争，作者相信只要呈现清晰的真相，读者自然会相信，因为真相自带说服力。这种超然的态度，避免了与读者的利益冲突，而是将读者带入一种轻松愉悦的交流氛围中。读者要是认同什么观念或采取什么行动，不是被作者说服的结果，而是读者观看作者所看之后，亲自做出的决定。

如果作者带着明显的目的和动机，急于说服和争辩，反而容易引起读者的反感和抗拒。比如利用时事热点强推读者购买产品的写手，或者在商场门口向路人推销健身卡的店员，他们关心你的身心需求，为你提供专业指导，却很难让人相信他们的真心，因为他们对你有所企图。

一位古典风格作者推销一款产品，会先隐藏破坏平等关系的实际动机，而假托于分享产品体验，甚至为了让别人有更好的使用体验，毫不避讳地说出产品的缺点。作者看起来并不在意你会不会购买他的产品

（尽管实际上可能会在意），只是告诉你事物的真相是什么，任你自由判断和决定。

古典风格作者自始至终以真相为首要动机，对读者无所图谋，他要说什么，都出于自己的需要，而非出于读者的需要，读者是谁、读者有多少，以及读者的构成，不会影响作者说什么和怎么说。就算作者实际上希望从读者那里谋求什么，在风格上也始终表现得淡泊从容，没有焦虑，没有担忧，只是刚好发现什么有意思的事情与你分享而已。

这种淡泊与从容，源于古典风格作者对自己所说事物的笃定和自信。作者要说什么，不是因为权威说过，不是因为获得了大众的认可，不是因为符合当前的潮流，而是因为他用个人体验证了什么或发现了什么，他认为这种发现有趣且重要，非要说出来不可。哪怕这种发现在别人眼里微不足道，也不会影响他说出来的笃定和自信。作者说出来，是要让读者像他一样知道，但即使没有被认同，他仍然会义无反顾地呈现他看到的真相。

古典风格作者虽不迎合读者，但也不会自诩个人位置的优势，他相信读者和他一样聪明，自己只是因为偶然的机会知道读者不知道的事情而已，只要把读者引到作者所在的位置，读者自然可以像自己一样看到事物的真相。以人人可见的事物真相为共同参照，是作者和读者得以平等对话的重要基础。

场合：一个人对另一个人说话

把写作当作说话，是古典风格最重要的"假装"。

说话大多时候是即兴行为，来不及经过细致的思考，话一说出来就会消失，无法回听，无法修正，只能在说话的当时传达信息。口头说话免不了重复啰唆确认重要信息，免不了说些"怎么说呢""让我想想看"之类没有想好就说出来的话，免不了思考不周全而说得过于绝对或片面，这些放在文本中，会影响读者的阅读，只有经过必要的删减和修订后，才能成为一篇简练的文章。

但说话的优势在于清晰简单，为了方便听众听，说出来的话，句子不会太长，结构不会太复杂，内容不会太晦涩，这些特征恰恰是写作容易出现的问题。古典风格把写作当作说话，不是提倡写作不要琢磨得太细致，而是保留缜密的思想的同时，也像说话一样通俗易懂。

古典风格作者不会说"埃利奥特在追求成为一名世俗作家并避开宗教问题的过程中成功采取了大众化和世俗化措施，我认为这可以理解为跟随而非对抗更大意识形态运动势头的证据"，因为你无法一口气说出这么长的句子，也无法在说出来的瞬间让人听明白这句话的意思；古典风格作者会说"我想观察和追溯基督教的历史，看它是怎么从犹太教的异端，发展成为古罗马帝国的国教，再演变成中世纪欧洲的主流宗教的"，讲的同样是抽象概念，但每句话都简单易懂，像是作者思考有序随口说出来的完美句子。

把写作当作说话，另一个重要的优势是，说话是一个人与另一个人的即时互动。而写作只是作者单方的行为，作者容易陷入没完没了的个人独白，或者事无巨细的说教，又或者自说自话的论断。这种互动被假装为，读者刚说完，现在轮到作者说了。想到自己的对面有一位读者，作者更容易关注到读者的处境，知道何时要满足读者的好奇，何时要解答读者的疑惑。

读者确实是一个不确定的未知的群体，但作者仍然把他们当作一个人，其他人只是不小心偷听到作者与其中一个人的对话而已。写信是一种典型的对话场景，如帕斯卡的《致外省人信札》，讲一位巴黎人跟一位外省的朋友通信讨论巴黎发生的事情，作者本只写给一个特定的人，但这本书的读者可以是任何一个人，他们阅读这本书就像无意听到谁的对话一样。

写作不同于说话，容易被忽略的一个地方是，写作是纯文字表达，说话还有语调、肢体动作、表情和周围环境等多样的表达资源。从说话转为文章，还需用额外的文字补足缺失的部分。比如"我昨天碰见了小张"这句话，如果说话时带着惊讶和兴奋之情，且重音在"小张"一词上，那么写下来就是："你猜我昨天遇见谁？我遇见小张了！想不到吧？"（该示例来自王鼎钧的《文学种子》）

一个人说话，可以单凭声音的魅力让陈词滥调都听起来有意义，但写作，只能尽量呈现思想和语言的魅力。写作不是说话，但可以将所说的话"升级"，让表达更简练，思想更精深，传播更久远。

古典风格对真相的坚持，对思想的追求，对读者的共情，可以是说话的态度，可以是写作的态度，也可以是生活的态度。你可以在现实场景的一言一行中，随时随地践行这种风格，吸取思想的养分，滋润笔下的文字。

李星星

2021年12月2日

引言

如真相一般清晰简单

选段0-1 ①

> 我尤其看重清晰。
>
> 我的风格一点都不华丽，
>
> 但我的表达像真相一样简单。
>
> ——让-巴蒂斯特·勒布伦（Jean-Baptiste Le Brun）**1**

美国写作教学领域盛行一种观点，教写作就是教语言技巧——从在哪里打逗号到如何划分段落。这催生了一个庞大的行业，但教学效果存疑。现在的写作课比以往任何时候都要多，但美国人的文章为什么还是写不好？

我们的回答是，写作是一种思维活动，而不是技巧的拼凑。写作源于思想。要写出风格优秀的文章，得搞明白思维问题，而不只是学一些机械的技巧。尽管普通的思维活动，比如写作，都会显现一定的技巧，

---

① 为便于读者对写作文本加以理解，本书中文版保留了原著中的所有选段原文，其中包括作品初始写作语言及其英文译文，详见附录 C。

技巧的好坏标志着文章的好坏，但思想活动并不源于技巧，也不在于使用技巧。在这点上，写作可以看作对话——两者都是言语活动，因此都需要言语技巧，但两者都无法单靠学习言语技巧来掌握。不善言谈的人，也许善于言语技巧，但说话很糟，因为他不知道对话跟独白是两回事。言语技巧再怎么精进，也于事无补。相反，善于言谈的人，言语技巧或许一般，但他深谙交谈的关键在于你一句我一句，有来有往。我们无法只通过学习言语技巧来学会对话和写作，任何写作教学，无视思想问题只教写作技巧，注定失败。

然而，我们可以通过学习写作的某种风格学会写作。我们认为，写作的基础是概念立场，因为它们决定了风格。可以肯定的是，概念上的东西只有借助言语的呈现才能被观察到，而言语——像鸟的羽毛一样——可以界定某种风格。但一般来说，不能把某种风格简单地界定、分析或认作如何措辞。

写作源于概念，生成的是技巧。所有思维活动都是这样的，有数学发现的技巧、绘画的技巧、语言学习的技巧，等等，但没有哪一项活动只由技巧构成。伟大的画家往往没有普通的画家工于技巧，是他们的绘画概念——而非他们的技巧——决定了他们的绘画成就。同样，一个外国人，可能不如本国人会运用时态等语法，但他也能写出出彩的文章。思维活动可以生成技巧，但技巧不会生成思维活动。

一篇文章的风格，取决于文章对真相、呈现、作者、读者、思想、语言，以及它们两两之间的关系采取了什么立场。比如，古典风格对这些要素采取的概念立场，可以用十八世纪法国画商让-巴蒂斯特·勒布伦的几句话归纳，他在一本指导业余爱好者鉴赏画作的书中如此写道："我尤其看重清晰。我的风格一点都不华丽，但我的表达像真相一样简单。"（J'ai sur-tout à cœur la clarté. Mon style ne sera point fleuri, mes expressions seront simples comme la vérité.）古典风格，从它自己的观点来看，如真相一样清晰简单。它采取的立场是：它的目的是呈现，动机是不偏不倚的真相。好的呈现，语言须贴合真相，而贴合的依据是清晰和简单。语言贴合真相时才能呈现真相，这个观点暗示：真相可知；真相无须论证只需呈现；读者能够认识真相；呈现的"对话模式"源于作者与读者的对等关系；自然的语言足够表达真相；作者用语言表达之前已经知道了真相。

勒布伦自己的文章绝非受益于丰富的言语技巧，而源于对写作活动构建的古典概念：语言可以契合真相，写作是一扇不会让事物失真的窗。勒布伦的写作概念基于他看待真相的立场：有好的画也有不好的画；它们的优劣与画者是谁无关；一生的经历赋予他深刻的洞察力，所以他能看出一幅画的好坏；他呈现的顺序，依据的是真相的顺序，而不是感觉的顺序；只要他把读者带到他看事物的位置，读者就能认出。他的真相观和由此延伸出的其他观念，都是思想立场，而不是技术性技能。这些立场决定了他的文字呈现——即使这些立场依据的观点不对，也不会影响这种呈现。

因为这种立场——知道事物真相，并且能让读者看到，勒布伦才能说他的文章如真相一样清晰简单。这也印证了他的典型对话场景——一个人与另一个人对话，没有恩惠或利益驱使。这种概念立场把清晰和简单提升为古典风格的首要特点。显然，如果一位作者不认同真相能被知晓或者识别，那他就不能说他的文章和真相一样清晰简单。

同样显而易见的是，任何一位作者都可以学习古典风格的立场，并基于这种立场写作，发挥古典风格的优势。勒布伦的风格立场对他来说可能是一种信念，但当作一种基础规约时，这种立场也会体现同样的风格优势。古典风格是对思想问题采取的某种立场，从而实现特定的呈现目的；它不是一种信条。古典风格的立场决定了它是一种通用风格，可以呈现任何事物。它显然不限于画作鉴赏上。对任何人来说，古典风格都是一种自然的表达方式，这得益于它的普适特征。定义古典风格的不是一组技巧，而是一种对写作本身的态度，对待这种态度最重要的是一种立场：作者下笔前已经知道什么事情，他的目的是把他知道的告诉读者。古典风格不会限制作者的写作主题，也不会抹杀他的个性，实际上作者的个性主要体现在他对话题的认识上。

本书第一部分讲的是为什么学写作不能只学技巧，为什么学写作必须要学习写作风格，以及风格如何由概念立场形成。我们帮助读者认识古典风格的概念立场，并对比其他风格的立场：反思风格、实用风格、平实风格、沉思风格、浪漫风格、先知风格及演说风格。本书第二部分可看作一座"博物馆"，展示不同作家的范例并附有评析，从托马斯·杰弗逊到谷崎润一郎，还有塞维涅夫人、笛卡儿、简·奥斯汀和马克·吐温等。

　　虽然一种特定的概念立场是古典风格的基础，但熟练掌握这种风格还需要实践练习。在本书的第三部分"古典风格工作室"中，焦点从对"博物馆"的观察和分析，转向一系列实践练习，这些练习将引导读者积极掌握这种风格。因为古典风格不分语种和年代，很容易辨认，本书最后列了一张参考书单，包括从《苏格拉底的申辩》到《露露在好莱坞》等用古典风格写就的作品，希望对读者有所启发。

| 参考文献 |

1　让－巴蒂斯特·勒布伦 . *"Discours préliminaire" to Galerie des peintres flamands, hollandais et allemands*. 全 3 卷 . 巴黎：Le Brun 出版社，1792—1796，第 1 卷 .

第一部分

古典风格的原理

| 导语 |

　　讲古典风格之前，我们要先了解什么是风格，以及一些常见风格与古典风格的区别。如果只能感觉一篇文章有风格，却不知道什么决定了风格，或者误以为调整字词就能形成风格，那么写好文章恐怕只是凭运气罢了。本书第一部分将带领大家认识不同风格，培养写作中的风格意识，选用一种比你的默认风格更实用、更自然的风格来进入写作的秘境。

第一章
风格与古典风格

风格的概念

"风格"是每个人都会用的词，但几乎没人可以解释它的含义。"风格"与"内容"是一组词，但"风格"通常被认为不必要，甚至略带贬义。这组词使用灵活，但在多数用法中，风格是次要的一项，而且美国传统习语一直暗含这样的意思：没有风格我们会更好。往好说，风格可以装点门面，虽无必要但也无害；往坏说，这只是弄虚作假的委婉表达。过去有一家雪茄公司的标语就是"只要质量，无须风格"（All Quality, No Style.）。

即使人们欣赏风格，但风格被当作内容的对立面时，看起来只是一条可选的附加项。按照这种说法，内容上的思想和意义是先于风格产生的，且两者完全独立。也就是说，同样的思想或同样的意义可以用多种风格表达——甚至什么风格都不用，我们可以选择某种风格来修饰，也可以直白坦率地、不加修饰地陈述。这样看，风格只是一种妨碍我们看到事物本来面目的装饰物；它好比给真相涂上一层清漆，至少看得不那么清晰了。

风格与内容完全独立，所以内容可以"直接"表达出来，这不是雪茄公司广告标语独有的理念，诗人威廉·巴特勒·叶芝在描述萧伯纳的作品时也持有同样的观点，不同的是，叶芝认为风格很重要，没有风格的作品即便存在，也是极其机械的东西。显然，叶芝把自己作品中独特的诗意音韵看作"风格"。它是一种迷人的音韵，吸引众多雄心勃勃的诗人竞相模仿，结果反倒毁了这些诗人的名声。在叶芝看来，萧伯纳的音韵毫无诗意可言，所以他认为萧伯纳是一位"没有风格"的作家。因为秉持风格可以选择这种观点，叶芝认为萧伯纳是"现代文学中最可怕的人"[1]，文章"影响深远"，但又觉得萧伯纳写的东西"没有音乐，没有风格，说不上好也说不上坏"。叶芝将萧伯纳描述为一台噩梦般的缝纫机，咔嗒咔嗒，闪耀着，微笑着，"永不消逝的微笑"。

无论风格是一种精神追求，还是徒有其表、华而不实，或两者兼而有之，凡是认为风格是可以选择的，不光写不好文章，也做不好任何其他事。没有哪一件事可以不用任何风格"简单"地做，因为风格是行为本身含有的，不是附加其上的。就这点而言，风格就像文本的字体。我们可能会忽略它，也确实经常忽略，但它一直在那里。我们通常注意不到无意识使用的风格，习以为常的行为好像什么风格也没有，但有经验的人很容易看到这些风格。印刷工、校对员或字体设计师不会注意不到文本的字体，但对于大多数人来说，要把那种字体和截然不同的字体放在一起才会看出差别。我们以为看的是纯粹简单的文字，没有注意到它们用了某种特定的字体。

我们做事自带某种无意识学到的风格时，不会注意到自己的行事风格。这个时候我们对行为只有抽象的概念，不会考虑到风格。我们有撒谎的概念，但不会像一位称职的调查记者一样，意识到我们实际上肯定会用某种撒谎风格；我们有争吵的概念，但不会像一位称职的婚姻顾问一样，意识到我们实际上肯定会用某种争吵风格。

尽管我们一生都在说话，但可能一直都未意识到我们有一种说话风格。美国缅因州的洋基人或路易斯安那州的南方乡村白人，觉得布鲁克林的人说话很好玩。芝加哥郊区的盎格鲁-撒克逊白人清教徒认为芝加哥的波兰人或立陶宛人说英语有口音，好像郊区的盎格鲁-撒克白人清教徒、洋基人和南方乡村白人说的是无口音的纯正美国英语一样。沿海的加州人认为——就和古希腊人认为的那样——所有其他人说的话听起来都很野蛮。细想一下就会明白，说话不可能没口音。但那些自认为说着本土正宗腔调的人，不会把自己的口音当口音。很难想象一个牙牙学语的孩子，会想着学习某种说话风格。学语言自然会学它自带的风格：我们自以为学了一门语言，而不是学了某个地区的方言。缅因州的孩子不会觉得他们学的是带洋基人口音的英语，他们觉得他们学的就是英语。

我们一定听过很多不同的英语口音，尽管只考虑美国这一个国家，也只有少数人会有意识地选择说话的口音。职业播音员当然会用口音；有时候对演艺事业感兴趣的人也会用口音。许多毕业于名牌大学的政治家会在不同场合用不同口音，比如在制定法律和政策的首都说一种口音，回家乡竞选公职时用完全不同的口音。参议员富布莱特是一名罗德学者，有牛津大学教育背景。去参议院之前，他曾担任法学院院长和大学校长。作为参议院外交关系委员会主席，他举行越战听证会时说话的口音完全符合他的背景；但当他在阿肯色州乡村竞选赢取选票时，听不出来一点牛津口音，甚至连费耶特维尔乡音都没有。做巡回演说时，他听起来是土生土长的本地人。选举结束回华盛顿的路上，离华盛顿越近，那种口音就越弱，直到他宣誓连任重新执掌政权时，操一口政客腔。

参议员富布赖特在巡演时能保持两种截然不同的演说风格，因为他知道两种演说都有各自的风格，所以不会把其中一种误当作纯正英语。知道自己使用的风格，他就能自如切换风格以适应不同场合。在某种程度上，每个人都会这样做，但并不是每个人都能意识到这点。那些不会特意注意自己说话风格的人，碰到某个场合不适用默认风格时，就会遇到问题。如果我们认不出自己的风格，就会困在自己的无意识风格中。当我们使用的风格实际上全都是默认风格时，我们做了选择却不自知，也就不知道可以选用更合适的风格。

无意识中掌握了整套日常会话风格的人，如果有运用风格的概念，可以为新的目的和情境再特意学一种会话风格。一位刚入职某家大公司总部的接待员，特意学会了不带个人情感色彩的标准商务会话风格。该接待员已经具备一种潜在的会话能力；为某个具体的特别目的，他特意学了一种新风格。

写作是一项活动，必然也是带着某种风格的。但是，写作和对话一样，范畴很广，不限于个别几种场合或目的。因此写作风格有很多种。和人们通常认为的不一样，没有人能掌握写作，因为写作的范围广到难以涵盖。它不是某一项技巧，也不是某几项技巧的组合。但我们很容易学会专为某种特定目的发明的写作风格，就像接待员学习会话一样。我们能看出它从哪里开始，到哪里结束，目的是什么，场景是什么，怎么选择主题。可以通过专门的学习学会这些写作风格。古典风格是这些风格中的一种。

一个人只要会阅读，基本上就会写作，但我们无意识学会的风格有些时候并不顶用。当我们在某个问题上冥思苦想得出自信的结论，想向一群固定的读者表达我们的想法，但又不知道这些读者是谁时，我们大多数人无意识学会的风格都用不上。即使是我们这个社会上学识最好的人，也很难用自己惯用的风格向外行人说明他们在某个问题上的研究成果。一些需要面向这类读者的作家发明了古典风格。它不是我们文化中的惯用风格，也不像我们大多数人学到的写作风格，它需要刻意去学才能学会。

古典风格不是某个人或某个一起工作的小团体发明出来的。它不是一次就发明出来的，也不是专为某种文化或某种语言发明出来的。古典风格被十七世纪杰出的法国作家运用得出神入化，他们的成就在法国文化中留下了英美文化不曾出现的回响。十七世纪法国的古典风格大师，因为某些原因，把自己的读者定位为聪明的外行人。他们是一群自信的作家，认定自己的话对每个读者都很重要。他们认同——从某种意义上来说——某件事的真相可以是所有事的真相，他们相信始终有可能向广大读者呈现真正重要的结论。

古典风格是明确的、肯定的。它的优点是清晰简单，但从某种意义上来说，这也是它的缺点。古典风格不接受模糊的表述、不必要的附加条件、支支吾吾或其他做派。它拒不承认它是一种风格。它暗自做出困难的选择，不让读者察觉。一旦决定，这些困难的选择压根不被看成是选择；它们的呈现好像非此不可一样，因为古典风格的首要特点是透明、无痕的呈现型风格。

没有确定一致风格的写作，自然不会考虑到写作能做什么，它的局限在哪，它的读者是谁，作者的目标是什么。若不对这些问题做出确切的选择，写作会很痛苦。虽然这些问题的观点不是唯一的，但每一种明确的风格必须采取一种立场。古典风格对基本问题既不会回避，也不会模棱两可。古典风格依存的假设是，人可以客观地思考，能知道客观思考的结果，呈现出来也不会有所偏倚。从这点来看，思想形成于写作之前。所有这些假设可能是错的，但它们可以帮助确立一种风格，这种风格的作用也很明显。

那些决定古典风格的态度——决定任何一种风格的态度——由一组基础规约构成。最开始使用古典风格的一些人，可能一直都信奉它的基础规约——比如真相可知——但是用这种风格写作，不需要作者信奉一组信念，只要作者愿意出于某种特定目的在一定时间内扮演一种角色即可。

这种角色受到严格的约束，因为古典风格的文章纯粹、无畏、冷静、无情。它不寻求怜悯，也不怜悯任何人，包括作者本人。尽管这样的角色必要、真实、有用，也令人激动不已，但很难长久。不管是好是坏，人类做不到纯粹、无畏、冷静或无情，即使为了达到某些目的而假装成这样很方便。以人类的条件，通常无法让古典风格作者表现出他希望的那种自主和笃定，也无法满足古典风格作者客观表达无条件真相的要求。它无法让作者一直维持古典风格要求的姿态。但古典风格就是不承认人类的实际情况。它要求漠视人人知道的事情，把读者带入这种风格中，这种漠视无法维持很长时间，而古典风格大师总能把握它的局限。古典风格是一场限时冲刺短跑。

辨识古典风格

古典风格从来不是英语散文的典范，但曾在不同的时代被尊为法语散文的典范。十七世纪最负盛名的法语散文作家把古典风格推为一种文化规范，历代才华出众的英语散文作家在创造任何一种主流风格上从未取得如此成就。其原因有很多，并非三言两语可以概括，但很可能有以下几个原因：历史上有一大批影响深远的英语诗歌创作者，其数量之多非法语作家能比拟；钦定版圣经（KJV）对英语散文风格产生了深刻影响；杰出的英语散文作家创造了非常多元化的写作风格；十八世纪以前的英语散文很难成为后世直接模仿的典范。十七世纪的英语散文对后来的英文读者来说似乎过时了，而十七世纪的法语散文甚至在当代法语读者看来也极为日常。

一些古典风格法语作家——笛卡儿（Descartes）、帕斯卡（Pascal）、弗朗索瓦·德·拉罗什福科（the duc de La Rochefoucauld）、拉法耶特夫人（Madame de Lafayette）、莱兹（the Cardinal de Retz）、塞维涅夫人（Madame de Sévigné）及拉布吕耶尔（La Bruyère）——几乎自他们的时代起直至今天，一直都是法语散文作家的模范。事实上，对多数人而言，他们的法语才是真正的法语。欣赏法语散文的人，说起它的优点很少不提到它清晰、灵活与优雅的特点。

法语宣扬者在推行法语作为国际外交用语时，把这些风格特征归功于法语固有的一些东西。安托万·里瓦罗尔（Antoine de Rivarol）[2]是早期本质主义语言学著作写得最好的作者。里瓦罗尔观察到，语言遵循推理顺序时很清晰，遵循我们体验的活动及顺序时则不清晰。但要注意的是，在众多语言中，法语有一个独特的优势，即它固有的顺序正好就是推理顺序。因此，那些希腊语、拉丁语、意大利语和英语说不明白的地方，用法语就能讲明白。因为其他语言没有法语特有的推理句法，写出来的文章承袭的是激情和感受散发出来的所有迷雾和浊气。十八世纪，里瓦罗尔根据这些观察结果写过专题论述，还获得了表彰。今天看来，他的论证过程及结论，听起来像模仿拙劣的炼金术。德里达（Derrida）及拉康（Lacan）的时代，写出来的法语文章如"天书"一般晦涩难懂、臃肿乏味。

即使是才华横溢的作家也未能幸免，他们本应见多识广，却也犯下这般显而易见的错误，认为风格特征是特定语言固有的优势。T. S. 艾略特（T. S. Eliot）注意到英语作家从不参照共同标准，但他把这个事实归咎于所谓的英语固有特征。他说："英语语言，为合理多样化的风格提供了广阔的空间，似乎没有哪一段时期，当然也没有哪一位作家，能建立某种范式。"[3]

古典风格并非发源于法语或任何其他语言，说这话似乎有些多余。

我们回看古典风格的历史就知道了。古典风格源自对古代希腊语作家和拉丁语作家的态度及实践的总结提炼，英语古典风格作家长期以来一直受用于这种宝贵经验，只是说没有哪位资深的英语哲学家像笛卡儿那样一以贯之地使用这种风格，也没有哪个时期像法国"大世纪"时期一样涌现出一批杰出的英语古典风格作家。

我们举一段拉罗什福科的话作为古典风格的例子：

选段1-1

> 谢弗勒兹夫人光芒四射，集智慧、抱负和美丽于一身；她风情万千、活泼大胆、勇于开拓；她动用她全部的魅力，争取把事情办成功，在这过程中她几乎总是给那些她碰到的人带来灾难。[4]

这段话展示真相的顺序和作者实际认识真相的过程无关。作者是以一种全知的姿态，这种姿态暗示作者有细致入微的丰富体验，不然他无法做出这样的观察。但他的表达没有混杂任何个人历史、个人经历或个人心理。相反，这句话将作者的经历凝结成一组永恒且绝对的序列，就像这种经历是一个几何证明题。这个句子有清晰的方向和目标。它把我们引向那个目标，与它末尾的短语交汇；句子组织起来是为了指明它的方向。我们知道它会把我们引向它的目标，一旦做到即刻终止。

我们再看看一个对比的例子，出自塞缪尔·约翰逊（Samuel Johnson）《莎士比亚戏剧集序言》（*Preface to Shakespeare*）的开头几句，这是大师的独奏曲，但不是古典风格：

我们可能永远听到有人抱怨说我们对于死人妄加赞扬，说我们对古人怀着他们不应得到的尊敬，这种尊敬只有真正优秀的作家才配享受。什么人常说这样的抱怨话呢？他们可能是这样一种人：虽然他们的话不能算是真理，他们却想靠着发表似是而非的谬论而出名；他们也可能是另一类的人：这些人由于不得志而不得不设法安慰自己，因此希望他们在当代所不能获得的名誉地位，后代的人会送给他们，因此他们妄想他们由于妒忌而受不到重视，最后时间会给他们带来人们对他们的重视。[5]

我们无法从这句话的开头看出它的结构。要理解它，我们必须穿过复杂难料的小径。在拉罗什福科的古典句子中，最后部分是前面所有内容的总结，句子开头是为了结尾而存在，句子组织起来就是让我们能够预料这样的结论。相反，在约翰逊的句子中，最后一句"因此他们妄想他们由于妒忌而受不到重视，最后时间会给他们带来人们对他们的重视"，并不是句子前面部分依存的结论。它可能应该出现在句子中间。用作结尾的句子可能是"虽然他们的话不能算是真理，他们却想靠着发表似是而非的谬论而出名"。不是说这样的句子不完整，但它显然不是古典的。古典句子一旦写出来，似乎就非此不可了。

拉罗什福科的句子当然不好写，但看起来简单。作者隐藏了所有努力。约翰逊的句子显然也很难写，但它的作者将这种困难展现出来，好像举着认可个人努力的奖杯一样。

拉罗什福科的古典句子可以当作口头说出来的。只有真正的演讲大家才能即兴造出这样的句子。事实上我们感觉到，节奏如此完美的句子不可能随口说出。但它听起来是完美精炼的。如果天使说法语，听起来大概就是这样。相比之下，约翰逊的句子只能是费脑筋的写作。从它的节奏，我们听不出是某人的即兴发言。人们可以先记住这句话，然后口头上复述出来，就算这样，听着还是像背诵书面文字，而不像讲话。约翰逊的句子背后的观念是，写作是一件既困难又崇高的事情，因为真相是作者煞费苦心获得的奖励，无法在即兴发言中捕捉到。而拉罗什福科的句子背后的观念是，即使写得精彩，也应该看起来简单。真相是苦心经营后仅存的一丝优雅。表达真相的语言是完美优雅的。

拉罗什福科的句子是古典风格的典范之作。与古典风格相关的概念环境和语言环境纷繁复杂。没有一篇古典文本能涵盖全部要素，典范之作也做不到。列出任何一条标准都无法全面涵盖：有些文本虽不具备古典风格的核心特征但显然是古典风格；另一些文本通篇没有明显的古典风格痕迹；有些文本的个别片段是明显的古典风格；有些文本只包含古典风格的少许要素；有些明显不是古典风格的文本却具备古典风格的特征；有些文本的语言特征是古典风格，背后的观念跟古典风格一点关系都没有；有些文本介于古典风格和其他风格之间。

看看平实风格和古典风格之间的过渡界限。"真相纯粹且简单"（The truth is pure and simple）是平实风格。"真相很少纯粹，也绝不简单"[6]（The truth is rarely pure, and never simple）是古典风格。平实风格的句子包含许多古典风格元素，却不是古典风格；古典风格的句子包含平实风格的全部元素，却不是平实风格。

古典风格认定平实风格是前提条件。平实风格的句子经过提炼、限定和琢磨，可以变成古典风格。古典风格的态度是它优于平实风格，因为古典风格以展示智慧的方式展示智慧：机智风趣地闪现，而非束手束脚地一本正经。古典风格作者想区别于他人，因为他认为尽管人人都可能知道真相，但真相不是普通大众共同享有的财富，也无法通过不经提炼的一般方式观察或表达。古典风格作者认为常识只是一种粗略认识，这种认识未经检验和提炼，可能是错的。平实风格作者希望大众化，因为他认为真相是大众的共同财富，可以用一般方式直接观察和表达。对平实风格作者来说，常识就是真相。与平实风格不同，古典风格是贵族风格，这不是说要人为限制，因为任何人都可以通过学习古典风格成为贵族的一员。只要想学，任何人都能学会古典风格，但古典风格本身是一种脑力成果，而不是一种天赋异禀。

除了句子简单优雅、思想精炼，古典风格还有很多其他特征。这些特征源自对真相和语言、作者和读者的立场，这种立场复杂、优雅又迷人。在本篇，我们会尝试阐明古典风格的特征及其隐含的概念立场。

参考文献

1　威廉·巴特勒·叶芝.叶芝自传.纽约：麦克米伦出版社，1953，第 169 页.

2　安托万·里瓦罗尔.论法语的普遍性（*De l'universalité de la langue française*）（1783）.巴黎：Pougens 出版社，1800.

3　T. S. 艾略特.何为经典：1944 年 10 月 16 日在伦敦维吉尔协会上的演讲.伦敦：Faber & Faber 出版社，1945，第 26-27 页.重刊：论诗人与诗.伦敦：Faber & Faber 出版社，1957，第 53-71 页，引言出自第 66 页.

4　拉罗什福科.回忆录（1662）.出自：拉罗什福科全集.L. 马丁-莎菲尔，让·马善德编辑.巴黎：Gallimard 出版社（经典文丛），1964，第 40 页.

5　塞缪尔·约翰逊.莎士比亚戏剧集序言（1765）.出自：约翰逊论莎士比亚（全 2 卷）.阿瑟·谢博编辑.康尼狄格州纽黑文：耶鲁大学出版社，1968，第 1 卷 .59-113 页，引言出自第 59 页.

6　奥斯卡·王尔德.不可儿戏（1895）.出自：奥斯卡·王尔德.伊索贝尔·穆雷编辑.纽约：牛津大学出版社，1985，第 485 页.

第二章

风格要素与古典立场

风格的要素①

基础（Elementary）并不总是意味着简单。它常有不可或缺之意。欧几里得的数学经典被称为《几何原本》（*The Elements of Geometry*），如果我们问欧几里得"原本"（elements）指什么，我们会发现，它们被列成二十三条定义（如"线只有长度而没有宽度"）、五大公设（如"凡是直角都相等"）和五大公理（如"等量加等量，其和相等"）。这些要素是欧几里得整个几何体系发展的基础。对于艾萨克·牛顿爵士这样的数学天才来说，这本书把这些要素逐一列出来也就结束了，因为所有其他含义都隐含其中。《几何原本》是历史上最成功的教科书，在阐述领域体系上为其他教科书树立了一组标杆。因此，当我们查看一本《会计学基础》（*The Elements of Accounting*）或《造船术基础》（*The Elements of Boatbuilding*）或任一领域基础的书时，我们想看的是欧几里得那样的书：从一小部分高度概括的基础定理延伸出科学的所有细节。

十八世纪，化学从炼金术中独立出来，开始围绕化学元素的概念构建体系，当时为人所知的化学元素只有很少一部分。化学元素，像欧几

---

① 标题及正文中的"要素"与正文《几何原本》《会计学基础》中的"原本"和"基础"均对应同一个英文单词 Elements。——译者注

里得的几何要素，是所在领域的核心基点，不同的是，它们也是构成所有更复杂事物的基础。化学元素这个概念一般来说是安托万·拉瓦锡（Antoine Lavoisier，1743–1794）的首创，读过他的《化学基础论》（*Traitéélémentaire de chemie, presenté dans un ordre nouveau et d'après les découvertes modernes*，1789）的人几乎没有不喜欢的，部分原因是这本书的写作风格正是古典风格；该主题的其他书因写作风格太复杂，未能被广泛普及。

化学元素的概念可以类比欧几里得几何要素的概念，在化学学科中，一切事物都隐含在化学元素中。即使现在发现的118种化学元素远超过拉瓦锡当时知道的数量，也全都能收录在化学教材封面内侧或者教室墙上的元素周期表中。所有物质都由化学元素组合而成，这个概念是化学学科的基础；但是有些化学元素作为组成成分，不如其他元素重要。比如，氧元素很重要，但未命名的元素——即使知道它们的存在——因没有通过实验分离出来所以不那么重要。跟几何体系不一样，自然世界不是发明出来的。根据几何的众多基点，该学科可以划分成不同分支。而自然世界只有一个，它的学科基点并非人类发明。因此，尽管"基础原子"这个概念很重要也很明晰，但这些元素实际所处的列表仍有些许模糊和空白。过去五十年新添加或新发明的元素，都是新异元素，与我们认识化学世界的基本性质没有太大关系。

化学元素周期表完全是模仿字母表。化学元素是物质世界的一种字母组合。作为英语及大部分欧洲语言的书写字母，罗马字母本身是一组元素。我们可以用二十六个字母写出这些语言的每个单词，甚至那些过时的单词，又甚至尚未造出来的新词。当把这些字母排列组合在打字机键盘上时，我们可以看到，虽然这些字母不是同等重要——E键的缺失会比Z键的缺失更让人想念——但它们像欧几里得定理一样普遍；它们都不可替代：没有哪个是从另一个派生而来的。当原先的打字机键盘变成更复杂的计算机键盘时，键盘也跟着扩增。它增加了新异功能键，它们都很方便，但不像字母表中的字母一样基础。计算机键盘与化学元素周期表一样，在空间布局上考虑了新异元素的边缘性质。

这些例子中的要素都很确定且数量不多，是各自领域一切事物的基点。文本风格的要素也应该具备类似条件。这些要素不可能是五花八门、模棱两可的表面特征和死板规则。笔者认为，风格要素可以表达为对一组关系提出的系列问题——真相、呈现、作者、读者、思想和语言，以及它们两两之间的关系。这些基础问题在我们写作之前必须有意识或无意识地回答出来。这些问题都是同等基础的问题。没有哪个关注表面现象——比如句子的长短——也没有哪一个由另一个派生而来，不论相互关系多么紧密。

这些问题问的是一系列关系：什么是可知的？什么可以用言语表达？思想和语言的关系是什么？作者对话的读者是谁？为什么是他们？作者与读者之间的内在关系是什么？言语交流的隐含条件是什么？任何一种确定的风格，都会对真相、语言、作者及读者采取一种立场。古典风格是一组密切相关的决定。它确立了角色，而且创建出一种独特的关系网络；它对风格要素采取一致的立场。采取的立场不同，形成的风格也不同。

风格源于一组基本立场（Fundamental Decisions），这种概念在音乐学和艺术史上很常见。比如，查尔斯·罗森（Charles Rosen）说到古典风格音乐的起源时，首先讲的是当时巴洛克盛期风格无法满足的他称为"需求"的东西。罗森分析，巴洛克盛期风格是为了表现静止状态：表达情绪或某个戏剧性的危急时刻。古典风格是为了表现动态行为。巴洛克盛期风格大师亨德尔（Handel）会同时表现不同的情绪。古典风格大师莫扎特表现的是某个场景中的个体人物从一种情绪进入另一种情绪。按罗森的话说，"戏剧性行为取代了戏剧性情绪"。古典风格不同于巴洛克盛期风格是因为它对事物的呈现做出了不同的决定。虽然可以列出古典风格和巴洛克盛期风格的表面差异，但不能把这种变化的根源和特点理解为一组表面特征替换了另一组表面特征。罗森认为，多梅尼科·斯卡拉蒂（Domenico Scarlatti）的羽管键琴奏鸣曲是古典风格表现戏剧性场景的首批重要代表作。斯卡拉蒂的作品尽管缺乏古典风格的许多表面特征，但在基本问题上采取的是古典风格立场："其奏鸣曲的格调变化表现为戏剧性事件，有明确的起点和发展脉络，对后代音乐家的风格产生了重要影响。""虽然他的作品没有表现出从一种韵律过渡到另一种韵律的古典风格技巧，但在音调变化上，他已经表达出了真正的戏剧性冲突……"[1]

艺术史领域也有这种普遍的认识，风格源于基本立场而不是表面特征。比如，埃米尔·马勒（Émile Mâle）分析西欧宗教艺术图像的起源时指出，十三至十五世纪的神学家都把世界看成一个"巨大的图形符号"。这种把世界当作统一符号形式的概念是十三世纪的宗教艺术风格确立的基础，但在十五世纪的宗教艺术风格中并不是这样的。马勒写道，"深邃的象征主义主导了十三世纪教堂……门廊雕像的排列"，因此"沙特尔大教堂的雕像形成了一种浑然天成的思想体系"。[2]

相比之下，十五世纪法国阿布维尔的圣乌勒弗兰大教堂（Saint-Vulfran）的正门——马勒称其宏伟壮观，并把它的华美与丰富装饰与十三世纪的杰出作品相比——与十三世纪百科全书式的教学风格有天壤之别。圣乌勒弗兰大教堂的雕塑项目没有受到任何此类风格理念的影响，因为它与同世纪其他杰出宗教艺术作品一样，并不把世界看成符号。作为符号风格基础的十三世纪象征主义，发展到十五世纪后少了深奥和书卷气。情感和情绪取代了图形符号和百科全书式结构。

风格源于一组基本立场而不是一系列表面特征，这种论点很少出现在谈论写作风格的书中。几乎每一本关于写作的书都会在书名或者某个重要章节标题上用到"风格"这个词，很多杂志期刊还会专门出一页格式须知规定出版样式。我们可以举其中几个例子：《芝加哥风格手册》（*The Chicago Manual of Style*）[①]、《MLA风格手册》（*MLA Style Manual*）、《丰收的读者》（*The Harvest Reader*）最后一章"风格"、凯

---

① 此书有高等教育出版社出版的中文版《芝加哥手册：写作编辑和出版指南》，吴波等译。——译者注

特·杜拉宾（Kate Turabian）《芝加哥大学论文写作指南》（*Manual for writers of Term Papers, Theses, and Dissertations*）第六章"风格"、斯特伦克（Strunk）和怀特（White）合著的《风格的要素》（*The Elements of Style*）及约瑟夫·M. 威廉姆斯（Joseph M. Williams）为他与格雷戈里·卡洛姆（Gregory Colomb）的合作写的摘要《风格：清晰、优雅的写作》（*Style: Toward Clarity and Grace*）[①]。[3]

这些指南、教材和手册所说的"风格"不是同一回事。《芝加哥风格手册》中的"风格"是一种必要的随机决定，以保证印刷文本的统一，但对思想内容或概念组织来说则无关紧要。比如就思想内容或概念组织而言，日期1954年3月24日是写成"March 24, 1954"还是"24 March 1954"没有区别，但一篇文章中的日期应按统一格式书写，而《芝加哥风格手册》用一种随即标准保持统一。这里的"风格"是对印刷文本表面特征随机做出的必要决定。

与之相反，约瑟夫·M. 威廉姆斯的《风格：清晰、优雅的写作》一书认为印刷文本的表面特征对他所说的风格无关紧要，他的风格是为了说明如何改进"观点文本"（Pointed prose）以便读者理解。

而我们上面试举出的六种风格只是管中窥豹（类似的例子不胜枚举），它们讨论的"风格"不涉及罗森和马勒所说的那种能定义风格的

---

① 此书有经济新潮社出版的繁体中文版《英文写作的魅力》，陈佳伶译。——译者注

核心立场。

《MLA风格手册》只是《芝加哥风格手册》的缩略版，两者的差异随机而定。凯特·杜拉宾的格式要求有很多"从《芝加哥风格手册》第13版改编过来"，适用于学期论文。而《丰收的读者》（*The Harvest Reader*）的最后一章"风格"表明风格是完成全部重要工作之后的一种装饰性元素，就像刷房子的油漆。

甚至斯特伦克和怀特的著名教科书《风格的要素》认为风格由明显的表面特征构成，书名也许会让你联想到欧几里得的《几何原本》。如果翻到《几何原本》第一页，你会看到一些基础的定义和公理，但翻到《风格的要素》第一页，你看到的是：

单数名词构成所有格加"'s"

不管单数名词以什么辅音字母结尾，必须遵守这条规则。例如：

Charles's friend（查理的朋友）

Burns's poems（彭斯的诗）

the witch's malice（妖妇的毒心）

例外的情况也是有的，是指一些以-es或-is结尾的古代专有名词或古代习用词组，其所有格仅需加"'"。例如Jesus'（耶稣的），for conscience' sake（为了良心），for righteousness' sake（为了正义）[1]。

---

[1] 汉译文出自陈一鸣翻译版本，本书其他《风格的要素》选段均出自该版本，该版本书名汉译文为《英文写作指南》。——译者注

假如你看第五章"认识风格"，作者意在探讨"更广义的风格"，你会发现作者谈的不是核心决定，而是类似如何区分"distinguishing"和"distinguished"的显著语言表面特征："当我们谈及菲茨杰拉德的风格时……我们说的是他的文字在纸上发出的声音。"

斯特伦克和怀特把整个风格说成一种"高深莫测的东西"，因为仅仅学会一条条唯一要素（他们认为的表面要素），无法学会风格。"谁知道一些触动人心的音符为什么稍稍重组就不再动人了呢？"查尔斯·罗森考虑的是确立音乐风格的核心决定，而不是单个音符，他眼中的风格是一种可理解的历史进程，而不是高深莫测的东西。

约瑟夫·威廉姆斯的《风格》一书，不说高深莫测的东西，而是明智地怀疑用法规则。即便最后一章"用法"讨论了基本规则，也只是把这些用法知识点当成写作的次要技巧。没人会指责《风格》给出了一种技巧性的写作方法，因为它明确指出它不会指导你怎么写，而是指导你如何解决写作遇到的问题：假如作者已经想好了要写什么，也拟好了草稿，但是发现他的文本不能被读者理解，这时候《风格》就会告诉作者如何改变表达结构以适应读者的阅读习惯。这就是威廉姆斯的方法与我们前述所有其他人的方法的不同之处。威廉姆斯的书不是指导随机惯用表达或个人喜好的手册，而是示范如何阅读他说的"应用文"——包括议论文、说明文和备忘录等。了解这种范文格式后，作者就能调整论文，以便符合读者的预期。威廉姆斯的书作为一本高等技巧指导书效果显著。但它表现的是一种修改活动——与真相、语言、读者和作者这些基本问题的决定无关。从这点来说，威廉姆斯论述的是笼统的风格，不是具体某种风格。威廉姆斯所述风格已然对基本问题做出一组统一的决定，但他没有承认这些决定或承认它们可供选择。

我们列出的每本谈论风格的书，一开始提出的假设注定了最终的错误。如果一开始你就认为风格无论怎么看都是一组表面的技巧性要素清单，那你有可能学会这份清单，表现出风格，但不是特定某种风格。

在音乐和绘画领域，基本立场不同则风格不同。在几何学或逻辑学领域，基本公理不同则体系不同。在写作上，对风格要素采取的立场不同则文本风格的类型不同。只有把风格看作对核心问题采取的一种基本立场，才可能看到由其他立场构成的其他风格。

风格可以自主选择。基本立场可以由作者自主选择。相反，了解一门语言却要掌握很多不能自主选择的东西，比如每个作者都不能自由决定句子开头应用句号，最后一个字母应大写，"狗"这个词应指代猫，谓语不应与主语的单复数和人称一致，六座漂亮的砖房应说成"砖漂亮的房六座"。但你可以选择用"狗"还是"猎狗"来称呼某只狗，说"萨利大口吃着烤牛肉"而不说"烤牛肉被萨利大口吃着"，用小短句而不是巴洛克风格的华丽辞藻和长圆周句；或者把日期1954年3月24日写成"24 March 1954"，而不是"March 24, 1954"，但这些都是表面特征。谈论写作风格的书只是从表面上决定这些选择，一般都忽略了风格的要素——表面特征的基本选择。

我们接下来会逐一介绍这些基本问题，即风格的要素，以及古典风格对这些问题的回答。这些要素分别是真相、呈现、场景、角色、思想和语言。

古典风格的立场

真相

　　勒内·笛卡儿以一本法语哲学著作助推了十七世纪古典风格的发展。因为他思考的基本问题及为此提供的解决办法吸引了全欧洲的关注，他使这种决定风格的态度及这种风格本身广泛流传。虽然笛卡儿的假设或结论不是古典风格的直接依据，但笛卡儿的一些标志性态度和侧重点是古典风格的基础。最主要的一条是笛卡儿认为读者有权知道真相。在他看来，哲学上最重要的问题都是人类普遍关注的问题，非专业读者也能理解。这种态度可以从笛卡儿最著名的书使用的语言看出来，这本书通常被误称作《谈谈方法》（1637），书写语言是法语，而不是做高深学问常用的拉丁语。

　　一本名为《谈谈方法》的哲学论著，也许会让读者以为这本书是对一般方法的抽象讨论，而不是某种具体的做事方法。然而，笛卡儿对探讨一般性方法不感兴趣，他原来的书名尽管长，但不至于让人误解：《谈谈正确运用自己的理性在各门学问里寻求真理的方法》。这本小书新颖别致，在五十多页的篇幅里指出了每个人无意中都会陷进去的思想泥潭——模糊观点和简单偏见，并告诉读者如何把它们和少数已确定的真相区分开来。他阐述主题遵照的是推理顺序，与发现顺序完全一样。对笛卡儿这种十分理性的古典思维来说，这不是巧合。他将思想活动按照推理顺序展开，这在古典风格中很常见。

历数西方传统的哲学经典名著，笛卡儿这本小书属于最通俗易懂的。它不是一本学究写给学究看的书。笛卡儿明确反对把学问做得深奥难懂。他认为每个人都有识别真相的必要能力——推理本能——无论他是否具备特殊教育背景。如果识别不出真相，要么是推理本能用错了对象，如晦涩难懂的学问，要么是对观点和习惯不加批判地全盘照收。

笛卡儿认为《谈谈方法》这本书描述的是他个人的亲身经历，还暗示他做过的这些事情任谁想做就都能做到。至少表面上，他没去争辩什么；他只是试着把读者放到他自己所在的位置，方便读者理解他接下来要做什么。他的表达方式传达了他的主张：只要我们消除成见、习惯及偏见，真相的明显和清晰的特点会使它立即显露出来。只要消除常规的思想障碍，每个人都能看到明显的真相，而且可以亲自佐证自己的观察。每个个体都能自己验证真相——无论这个人学过拉丁语和历史文学，还是一辈子从事农耕只会说低等的布列塔尼语——而且不用依赖任何外界权威。

从某种角度看，古典风格可以看作笛卡儿真相观的扩充，其中既有传统信息，也有那些被笛卡儿摒弃的观点和习惯。笛卡儿认为，确定的真相少之又少，但每个人都有一种本能：一旦净化思想，就能看清真相。古典风格无论谈论什么，好像每个观察者都能看到，好像每位读者都具备必要的能力验证作者所述。笛卡儿所说的本能，在古典风格中是一种文化能力。笛卡儿观察到的是一种内在的、永恒的真相。要验证它们，我们需要回到某种自然状态，这种状态就好像我们从未习得过任何某时某地的规约。古典风格把外在事物、有条件的事实甚至观点都当作确凿无疑的东西。要验证它们，我们需要学习某时某地的规约，这些规约根植于所在的文化，在古典风格看来相当于与生俱来的本能。

要看这种验证态度如何运用到现实中，可以假设某人想知道两个街区以外的一幢房子是什么颜色。查看并反映情况是一种普遍的能力，如果咬文嚼字反对"任何人"能做到就有点迂腐了。我们可以附注一列"任何人"的条件：年龄大到可以认识颜色，视力正常，绝不说谎，有正常记忆力，看完房子后不会到处闲逛，等等。如果还要确认房子所在的街道地址，在这个能力范围内的人就少些了。能确认颜色，似乎也就能肯定地确认地址，同样，任何人只要知道一条简单的规约，也能确认房子上挂的门牌号并反映这个情况。任何人只要看的方向没问题，几乎都不会错。让我们看看一些别的信息，这些信息可以看作那种人人都能获取和确认的普通信息，虽然每条信息实际上都要求学会某条人类规约以掌握更具特点的能力。查找文献引文就像确认一种特殊地址：只要知道怎么运用图书馆功能，知道文献条目的常规形式，任何人都能查到。在一座博物馆找到一幅画的出处是更专业一点的任务，但和前面的例子一样，任何人只要知道一些简单规约，肯定能查并能查到。这些任务没有什么需要争辩或理论的地方，虽然要求的能力超出人普遍具有的原始本能。可以说，十岁以上的任何人，只要知道特定文化背景，所在的地方也适当，都能获取正确的颜色、正确的地址、正确的文献引文、正确的画作条目编号。

简化事物，把各种知识当作任何人都能获取的确切之物，这很常见。古典风格把真相的范围从规约性知识扩至形成观点的能力。

在古典风格中，清晰明确的观点被当作经简单观察即可验证的确切事物。作者通常不会用论证来说服读者。作者只是把读者放在某个位置上，让他们去看所呈现的内容，并暗示读者可以验证它，因为古典风格把它依据的任何规约甚至偏见当作推理本能一样的东西，人所共享。它是一种不易察觉的断言。李伯龄（A. J. Liebling）写道："优秀的拳击手像任何一位艺术家一样，不愿意承认自己大不如前（The prize fighter is as reluctant as the next artist to recognize his disintegration）。"[4] 这句话的关键信息包括"拳击是一门艺术"这个论点。这个论点没有论证，甚至也没有断言。作者提及这点就好像它是一个事实，只要说出来，读者就知道是真的，因为读者也有李伯龄那样的能力。这种能力本身，从李伯龄的暗示可以看出，是一种规约。正如我们都知道的，艺术名单有音乐、绘画、芭蕾和拳击。

一位古典风格作者如果想向读者表达某家餐厅有一个很棒的地窖，某本书写得很精彩，某时某处达到了人类文明巅峰，经他的呈现，这些容易招致没完没了的解释和争论的复杂观点，就跟去美国国会图书馆找

《战争与和平》第一版莫德英译本的索取号一样显而易见，就好像让一位刚好在美国国会图书馆的人找这本书的索取号一样轻而易举。古典风格作者通常不去论证，也不去断言什么是真相，因为在古典风格的定义中，任何人处于观察真相的位置都能自己认出真相。

真相是可知的

对定义古典风格的态度，最重要的莫不如"真相是可知的"这条基础规约。人容易自我欺骗；因为感伤或友情、虚荣或利益，他们想获得特别待遇。真相带来痛苦时，他们想屏蔽真相，真相带来麻烦时，他们想歪曲真相。在古典风格的态度中，真相是可知的这点毋庸置疑。知道真相是古典风格作者的必备能力之一，就像知道如何演奏小提琴是音乐会小提琴手的必备能力之一。小提琴能用来演奏乐曲吗？这问题是否会发生在一名音乐会小提琴手身上？如果小提琴不能演奏，会有音乐会小提琴手吗？如果真相不可知，会有古典风格作者吗？

真相不是偶然的

古典风格的真相观不是某种被称为"视点"或"视角"的东西。无论处于什么年龄和状态，一个人只要细致观察，就能看到事物的真相。人类经验揭示的是同样的冲突，同样的需求和欲望，同样的缺点和优点。仔细观察个体经验，有助于认识贯穿所有这类经验的真相。

公元前五世纪的希腊作家修昔底德（Thucydides），在《伯罗奔尼撒战争史》（*History of the Peloponnesian War*）中说到人类冲突和人类制度，他认为凡是他说对了的，都能在读者那里找到认同和验证。尽管这些读者经历的战争不同，所在的时代和地区也不同，只要用正确的方式观察，某时某地的个别情况可以代表普遍情况。正如修昔底德自己所言，他希望"正确认识过去以帮助解释未来，两者在人类事物的进程中如不能相互映照，也必定相似"。[5]

纯属个人的经验只能照单全收，不适合用作古典风格的主题。读者无法用自己的经验进行验证，甚至无法根据前人的事例（如修昔底德的经验）加以核实。对古典风格来说，不能被广泛验证的不可能是真相。

因此，古典风格的态度既是基础主义也是普遍主义——个别事件，只要正确地观察，总能揭示出作为共同基础的普遍真相。这是一条基础规约。"真相可知"与激进怀疑论者的观点对立，同样，"真相永恒"这条基础规约与浪漫主义者、相对主义者和反讽者的观点对立，因为后者认为真相是偶然的。古典风格认为，真相先于个体经验而存在，但只能通过个体经验认识真相。普遍的真相是永恒的，而且总能被普通经验验证。这里的真相永恒有两重含义：真相只能发现不能被创造；未来的经验总会证实过去的事实。个体通过自身经验发现的虚伪，只要根据此时此地的情况准确地观察和描述，即使跨越不同文化不同世纪也能传达出来，因为准确观察和准确描述超越了偶然情境。时移世易，真相常驻。

真相是纯粹的

在古典风格的态度中，真相是一把衡量人类美德的标尺。它本身展示的是一种永恒的人类缺陷，因为人类美德只存在于特定的人类行为中，而人类行为总会涉及复杂的动机、矛盾的情绪和困惑的感受。这些东西混沌不明、变幻不定，会引发所有普通人道德上的犹疑。这种困惑可以通过一时的欺骗、讽刺或伪装勉强安抚，但永远无法逃避。

但另一方面，真相无关感觉、情绪和动机。它存在不是为了谋求什么。它这种完美无人可及。人们知道自己的缺陷和欲望，他们又怀有野心。满足人们的渴望无法一劳永逸，只能暂时安抚。真相永恒不变，总能被训练有素的作者获取，成为一种模范、一种标准，但古典文章是对人类经验去其糟粕取其精华的结果。真相可以被知道，但无法成为一种生活方式。

只要动手写，作者就会信守古典风格的戒律，撇下野心和伪装，做到真相赋予的清晰和灵活。但这只维持得了一时，无法永久拥有。

古典风格的态度，尤其在发展之初，承认人类的缺陷：我们是自己的野心的受害者；自我认识不可能完全正确；寻求自身利益的结果是自我欺骗；不能始终如一、不可靠、不纯洁是我们的本性。但是，古典风格的态度从无绝望：这些缺陷只是腐坏其外，内核仍坚实完好。我们并非无能，只是羸弱，而且我们可以变得更强大。只要看到真相，我们就能认出来，尽管与真相只是擦肩而过。在古典风格看来，追求真正有价值的真相不仅是一种希望，甚至可以在必要之时成为现实。笛卡儿的作品、帕斯卡的部分作品，以及一些受古典风格影响的美国传统作品的主基调都是鼓舞。拉罗什福科认为古典风格的态度是对我们自身不足的一种慰藉。杰弗逊认为它更像通向成功的方法。

动机是真相

可以说古典风格作者之所以被认可，不是因为他的社会地位、政治权力或技术知识，而是因为他说的是真相。古典写作可以有各自的主题和目的，但都源于同一个动机。

在古典风格中，对真相的共同认识使读者与作者彼此靠近。作者从不会只想着个人利益。因此作者与读者之间存在一种互补关系：作者呈现真相，读者识别真相。当然，古典风格作者实际上可能会利用写作服务个人利益，但古典文章的态度是，作者的首要动机是呈现真相。即使一篇古典文章有明显的实用目的，古典态度只是将其视为偶然。

因为这种态度，古典文章的格言侧重观察，而非道德或行为，尽管暗含了后面两层期望。比如，古典文章会说"人们总是夸大自己的幸福或不幸"（No one is ever so happy or unhappy as he thinks），但不会说"自身有弱点，勿揭他人短"（Those who live in glass houses should not throw stones）或"三思而后行"（Look before you leap）。古典风格作者的姿态不是道德或行为导师，而是观察真相的人。

就算古典风格作者的动机是说服，他也不愿公开承认，就算他承认了这点，他也是有条件地承认，指出说服永远不会超越呈现真相成为首要动机。个别的或实用的动机总是服从这个首要动机。

古典风格作者呈现真相，通常默认读者当然会认出真相。古典风格作者很少为了推行主张和展开论证而写作，表现出来的只是呈现和分析主题。在某些少数场合，古典风格作者觉得读者不会相信呈现的内容时，他也不会退让到按读者的喜好决定怎么说话。作者为了让读者信服，对读者不愿相信的东西闭口不提，这种妥协不是古典态度。古典态度强制古典风格作者在极端的情况下坚持表达真相，读者信不信是读者自己的事。那样的情况下——自始至终——古典风格作者的动机明显不是为了说服，而是尊重真相。这是苏格拉底在《苏格拉底的申辩》里所做的选择。

呈现

文章即窗户

在古典风格的态度中，写作是为了呈现写作之外的东西：它的主题。主题被看作一种不同于写作的"事物"，在这个世上实实在在地存在，与用什么方式呈现无关。古典文章的主要特点是清晰，因为古典风格作者的首要任务是呈现先前已观察过的事物。不言自明的真相、谢弗勒兹夫人的个性、条分缕晰的力量、法国美食，都被看作"事物"，有着各自专有的特征，"在世上"存在，完全独立于它们的呈现方式。古典文章的语言服务于这些事物，但不应让人过分关注语言本身。当我们阅读拉罗什福科描述谢弗勒兹夫人的段落时，我们看的自然是文字；我们不可能通过文字看到谢弗勒兹夫人本人，即使我们能见到她，我们也不可能知道拉罗什福科想告诉我们什么。不过古典风格依据的前提是拉罗什福科眼中的谢弗勒兹夫人是一种"事物"，他用来呈现的媒介最好是透明的，就像一面极其干净又不会失真的窗户；这扇窗本身不该引人注目，也不会这样，除非某方面的问题太明显。

古典风格作者说话语气坚定。这种坚定源自对事物的认识和体验在写作之前就已发生且完全独立于写作。他们的文章被当作一种十分高效的媒介：不编造也不歪曲。好像他们用的语言没有自己的特征，算不上一件"事物"。古典文章不会让读者把文章本身也看成一件事物；它让读者通过它看到它呈现的东西。只有文章有问题时，文章本身才会引人注目。

看看杰弗逊的这句话"人人生而平等；人人都享有上帝赋予的某些不可转让的权利，其中包括生命权、自由权和追求幸福的权利。"[①]杰弗逊是一位杰出的作者，但这是理所当然的事情，他都没想到让读者关注这点。假如有谁读了1776年的《独立宣言》，记得最深刻的是文章本身，那文章可能就有问题。

比较一下杰弗逊的风格与杰里米·边沁（Jeremy Bentham）论述"循环论证自证谬论"的风格：

---

① 汉译文出自《世界各国法律大典：美国法典（宪法行政法卷）》吴新平翻译版本，本书其他《独立宣言》选段均出自该版本。——译者注

选段2-1

　　它有（虽无假设的形式）假设的力量——以及（就目标及过于普遍的效果而言）在听者或读者心中构建的类似假设——这类未经证实的断言，无论多么站不住脚，经过这般粉饰之后，往往比用一种简单、适合它的方式表达更有说服力：尤其是赋予假定的判断不容置疑的激昂论调后，它往往会大肆宣扬它所暗示的激昂，如传染一般。[6]

　　边沁在这里讲的是一种谬误，没理由突显自己的写作，但不管他谈到循环论证哪些方面，任何人读完后印象最深刻的可能都是他的呈现方式。这就像我们本来想找一扇窗户，却遇到了一面哈哈镜。边沁的句子多琢磨几遍也能懂。我们可以判断他要说什么。我们可以用古典风格改写它。但古典文章从来都不需要过多琢磨。我们从来不用改写之后才清楚它想呈现什么。

完美表演

　　当一位爵士大师即兴表演时，也许最让人惊叹的是，表演看起来即兴又完美。虽然即兴而作，但表演没有失误，没有出错的舞步，没有瑕疵。看起来非此不可，好像用别的任何方式都不行，好像一开始表演者就对每一段都了然于心。

　　相悖的是，我们知道，如果让同一位爵士乐大师还原前面的即兴表演，将是完全不同的表演，但看起来好像仍然没有更好的方式，非此不可。

我们可以用上面同样的方式描述拳击比赛的一次击倒绝杀，温布尔登网球比赛的一记致命截击，赛马比赛冲刺终点的制胜一跃，或者美式足球比赛的一次掩护短传。这都很完美，而我们面对的是一个悖论。我们知道，表演不出现任何失误的情况并不少见，因为精通这些艺术的人可以重复类似表演。因此表演要预先做好准备，因为没有准备的表演不可能总是完美的。不过这种准备该是什么样，很难想象得到。表演不是预先录制好的。它们是临场发挥的即兴表演，虽然我们知道它们是长期训练和努力的结果。篮球运动员在混乱的赛场上投篮，不看篮筐就能投进，因为他已经对球场上的某个位置熟稔于心。但是，赛前准备是私下进行的，表演看起来就像魔术一样。

古典风格是完美的表演，不会有犹豫、修正或回溯。这种一次就成功的完美虽是假象，但必不可少。古典风格不承认发现的过程和步骤，不承认需要修正和反复推敲。这种表演暗示，按照这种方式写作，无论思想还是语言，都绝不能犹豫、摸寻或挣扎。这也是表演的一部分，做到这点后，就看不出一点表演痕迹。这自然产生一种假象，这种表演无法事先准备，因为它不能分成不同部分，单独或分步练习，它浑然天成。作者看上去生来就有一种我们其他人没有的天赋。对想试着学习古典风格的人来说，这些假象让人望而生畏。记住这些只是假象，会有助于学习古典风格。

因为古典风格用非此不可的语言呈现充分斟酌的思想，所以它是终局性表达。这种终局排除了两种防范态度，我们称为过程防范和责任防范。过程防范源自边写边思考的犹豫与不确定。比如，一个人可能说了什么，又想到更好的表达，就又加了个免责声明或限定条件。但按古典文章的模式，思想是终局性思考，所以很少出现过程防范。

责任防范是用来防止疏忽或者漏掉什么的，以免影响作者的观点或结论的正确性。比如，作者可能会说就他有限的经验来看，什么跟什么是正确的。这就避免了作者因经验不足而导致观点有误。但是按照古典风格的模式，思想是充分斟酌过的，所以很少出现责任防范。古典风格作者不会说："据我所知，没有哪个时期的宫廷比亨利二世时期的宫廷更勇猛的了"，但他会说，"没有哪个宫廷比亨利二世时期的宫廷更勇猛的了"。

还有第三种防范是古典风格拒绝的，我们称为价值防范。古典风格作者不会花时间讨论这个主题值不值得写。古典风格作者不会把该主题的价值与其他主题的价值相提并论。比如，古典风格作者要写与牛奶相关的主题，就不会怀疑牛奶是否值得写，也不会担心读者会怀疑牛奶值不值得写。古典风格作者可能在文章开头这样描述牛奶："尽管是液态，牛奶一向被看作食物而不是饮料。"[7]古典风格作者介绍一种不常见的鸟，可能从观察开始写，"与大多数鸣禽不同，伯劳鸟捕食小型鸟类和啮齿类动物，用喙捕捉到它们后，有时还把它们穿在荆棘或铁丝网上储存起来"。8 古典风格作者不会用某个主题是否值得讨论这类问题干扰读者。古典写作的主题没有大小或主次之分。每件事物都值得细细观察。

一字不落

有些风格可以略读。大多数饭后闲谈所用的风格只需要部分注意力。很多教材和时事新闻的写作风格允许跳过某些字词，且不影响正确理解要旨。

浏览不同于略读。浏览时，我们逐条搜寻，决定选择什么信息。古典风格可以浏览但不可以略读。比如，我们看一篇论文，可能看到某个段落，或者甚至某句话，专注在那里。一旦我们专注古典风格的某个单元，要想弄懂它，我们必须关注每个细节。作者和读者假定每个字都很重要。如果读者略过某个字、词或句子，这个单元的语义可能会缺失。古典风格有很多细微但重要的字词，略读容易漏掉。

处处清晰不是处处较真

古典风格最典型的特征包括细微差异和微妙变化。但古典风格有一个清晰的目标层级，不能因为细枝末节的问题埋没主要问题或抢占注意力。若为了精确，要详尽无遗地列出复杂的限定条件，却无助于表达主要问题，古典风格作者会毫不犹豫地简化。为了精确而精确是迂腐。古典风格作者会准确地表述某个子观点，但不保证严格意义上的精确。作者和读者默守着一条规约：作者不会在这些问题上受到挑战，因为它们只是搭建脚手架的组件。

维瓦利·鲁特（Waverley Root）在《法国美食》（*The Food of France*）这本书的开头写道，"早在有书面记载以前，法国这片土地早期的居民想到食物时，想的多是口味而不是营养价值。"[9]鲁特想表明，他讲述的烹饪传统自古就有，但法国实际有记载的历史或人口现实不是他要讨论的问题。如果去问高卢人首领维钦托利（Vercingetorix the Gaul）想到食物时想的是味道还是营养，就显得愚蠢了。作者审慎准确地陈述子观点，但不会字字较真，把营养与味道这条主要差异埋没在一堆学术文献中。

场景

一对一说话

古典风格的精髓在于对话有声。古典风格作者采取的姿态是，他说出的话高效得近乎完美，句子声落即定，而不是边写边琢磨。约翰逊写莎士比亚的句子是典型的非古典风格，因为口头说不出来这样的话。古典风格模仿说话场景，一遍就可以准确地大声说出来。

口头的话刚说出来就消失了，只能在那个瞬间被大脑理解和记忆。因为古典风格把写作当说话，从不要求读者来回读；也从不承认读者需要来回读。它假定每次表达只有一次机会——此刻——才能被读到。当然，事实上读者可能会反复翻阅一篇古典文章。但古典风格作者不会声明，也不会默认这种可能性。

理想的古典风格对话看起来是即兴的，因为需要告诉听者什么事情。说话的人刚好想起来要跟某人说这个，于是就说了起来。或者也许是他和别人正说着话，无意中被听到。他不是酝酿着说。他无须事先费心思，先有章法地提炼和组织各种想法，斟酌好措辞，再一语惊人。一些事情浮入脑海，他就说了出来。很快跳入另一个完美的想法，他接着说出下一句。因此，写作的节奏是一系列动作，每个动作干脆利落，有明显的开始和结束。当然，事后回想，我们会发现这些动作其实是组织得完美无瑕的完整结构，却假装是作者思想有序的自然结果。一想到就是那样，无须多想。作者不会说出这种完整的构思，甚至也不会承认。因此古典风格作者的用词不会出现"正如我们将看到的""上面三个段落之前""讲下一个要点之前，我要先介绍一个新词""我们四段论的第三部分是"等写作才有而非说话必需的"元话语"。

帕斯卡的《致外省人信札》是典型的"假装说话"。这部作品借助一位巴黎人给外省人写信的方式捍卫詹森主义。这是一种非正式的呈现；作者只是描绘都城里发生的事情，看不出来是精心谋划的。就像作者没有别的更好的事情可以做，刚好想到跟一位外省的朋友讲讲每个巴黎人都喜闻乐见的事情一样。甚至可能是作者经常跟这位朋友通信，这季谈到的新闻恰好是对詹森主义的争论而已。这些信看起来是随兴写的，作者先前也没估算过要写多少封信，每封信写什么内容。就连他现在正在写的信，也没事先想好写什么。也看不出来这些信是编辑过的。这样看，古典风格与戏剧表演中的说话和对话有共通之处。剧作家或者编剧已经删掉所有可有可无的内容，但不会让人发现删减痕迹。

古典写作的典型场景是一个人与另一个人亲密交谈。古典风格作者要说的话完全是说给那一个人听的。但别人可能会无意中听到。读者的角色有时是参与对话的人，有时是偷听者。比如《致外省人信札》的读者角色是无意读到这些信的人。这些信暗示最初的收信人参与了对话。甚至附过一封简短的回信。

事实上，古典文章没有提防着被偷听，因为尽管它只对一个人说，也无须迎合那个人。有人偷听也不要紧，因为无论读者是谁，它讲述的内容和方式都不会变。它没有什么不光彩的或难办的。古典风格作者不会表现出这样的态度：要知道还有别人在听，他[①]就不这么写了。

古典风格不适合用来演说——首先，因为古典风格的典型场景跟演说风格的典型场景差别很大。演说风格默认作者擅长修辞和表演，默认听众对象是一群人。古典风格作者不是跟一群人讲话，虽然他自己当然也是一位演员，但他表演的是呈现自己。他的姿态是事实就是如此。这种表演，若演得好，会让作者看起来处于弱势，因为他在暴露自己关心的东西。

因此古典风格要求袒露自己的个性，但自相矛盾的是，个性纯属个

[①]　此处的第三人称代词原为 she，本书多处用表示女性的"she"泛指作者或读者，但也有用表示男性的"he"泛指作者或读者，根据目前的通行程度，汉译文均统一为"他"，泛指作者或读者。——译者注

人化的特质。古典风格作者的兴趣不在于表现他个人的思想过程；当然也不在于表现他个人的感受或情绪。尽管如此，因为他说话的唯一动机是他觉得他要说的话很重要，所以他选择的话题和讲的内容揭露了自己。

古典文章的典型场景——一个人与另一个人说话——并非总是从头到尾贯穿整篇文章。一些文本表面上看是别的风格，仔细看原来是古典风格。以《独立宣言》为例，它的开头和结尾看不出来是古典风格。它的结尾是一种程式化言语行为，用恰当的法律用语发表官方独立宣言：

> 因此，我们这些在国会集会的美利坚合众国的代表们，吁请世界的最高裁判来判断我们这些意图的正义性。我们以这些殖民地的善良人民的名义并根据他们的授权，庄严地公告和宣布：这些联合殖民地现在是，并且按照法律应该是自由和独立的国家；他们解除了对英国王室的一切效忠……

两个人的交谈总是非正式的亲密行为，比如"你能开门吗？"，但正式的言语行为，如《独立宣言》中的句子或"我在此承诺向你足额支付欠款"，一般专用于特定的场合，而听众作为见证人见证该行为被执行。古典文章没有官方见证人，也没有带着世俗期望的观众，比如，剧院、就职典礼或大桥落成仪式上的观众。

《独立宣言》的结尾不是古典风格还表现在：它的最后一句话有种演

说的高调。

为了拥护本宣言，我们怀着对神圣上帝保佑之坚定信心，谨以我们的生命、财产和神圣的名誉互相发誓。

《独立宣言》的开头也不是古典风格。它表现的场景明显不属于古典风格的典型场景：它假装这是一个民族——殖民地全体公民——向全世界的宣告。

在人类事件的进程中，当一个民族有必要解除一直把它与另一个民族连接起来的政治桎梏，并且在世界列国中确认由自然的法律和自然的上帝的法律所赋予他们的独立平等地位时，对人类公意的真诚尊重要求他们宣布迫使他们独立的理由。

但是在宣言开头与结尾之间的部分，它的声音是一个人观察伤口时说话的声音。你几乎可以看到演讲者脸上的表情，看到他说这些话时做的手势。演讲者希望向你展示一些东西：殖民地事务的现状，或者具体到他个人生活事务的现状，以及为什么殖民地和他个人必须找到各自的发展道路。所用语言清晰、直接、易记，读者听一遍就能懂。比如下面几个例子：

当今大不列颠国王的历史，就是一部怙恶不悛、倒行逆施的历史。他的一切行为的直接目的，就是在我们这些殖民地建立一种绝对的专制统治……

他把各州的立法团体召集到特别的、不便利的和远离政府档案库的地方去开会，因为其唯一的目的，就是使那些立法机关疲于奔命，以服从他的指使……

他掠夺我们的海上船舶，骚扰我们的沿海地区，焚毁我们的城市，残害我们人民的生命。

他强迫我们那些在公海被俘的同胞武装起来反对自己的国家，充当屠杀其兄弟和朋友的刽子手，或者死于其兄弟和朋友之手。

《独立宣言》不是一个人与另一个人对话，但它的中间部分从未脱离这种模式。这种场合与布道、技术报告、讲座和商业备忘录的场合类似：实际场景不是古典风格的典型场景，但写作可以构建在古典场景上。事实上，甚至典型的古典风格文本，也不完全是一个人与另一个人的即兴对话。

如果古典文章是理想对话，仅是你和我之间即兴的交流，那么它的场合是非正式的。不同的是，约翰逊写莎士比亚戏剧集序言时，假定作者与读者之间存在一种假想协议：这是正式场合，要呈现作者的苦心孤诣。它类似做弥撒，它的观察者知道它是精心安排的正式场合。相反，古典文章的协议是即兴。作者想到就说了。这种场合的非正式性与此乃事实的姿态有共通之处。

相比英美的古典风格，这种非正式感在十七世纪法国的古典风格中尤为明显。法国古典风格本质上是一种回忆录或个人回忆的风格。别的一些场合，比如政府、军事、宗教、官僚、政治上的场合，已经有各自成熟的协议，非古典风格能取代。某种程度上对十七、十八世纪的英国来说，尤其是对美国，布道、政治讲话及其他正式陈述的风格还未建立不可撼动的地位。因此在美国，古典风格有机会用于正式发言——比如《独立宣言》——但在法国不可能出现类似的古典风格宣言。

我们可以比较古典风格与非古典风格的政治文本，前者以《独立宣言》为例，典型场景（虽不是实际场景）是一个人与另一个人的对话，后者以典型的国会国情咨文讲话或典型的州长就职演讲为例。真正的古典风格作者总是藏着一股激情，透露些许兴奋，因为他们怀着个人的信念和承诺，这些情感在光说不做的政治家那里是缺失的。在典型的国情咨文演讲中，美国总统会说一些明显言行不一的大话，而且是必须要说的。谁相信他说的话？谁认为他会有心践行他说的话？读《致外省人信札》的过程中，你可能认为帕斯卡错了，但不会认为他说的话，是他自己都无法相信也无法践行的。《独立宣言》的古典风格发言人当然会践行他自己说的话。事实上，他的演讲就是一种行动，这种行动将他的生命和命运置于危险之中。古典风格作者代表的是个人，而不是官僚机构，所以他说的是自己相信的，而不是委员会一致决定折中的事情。古典风格作者是独立的个人，不必担心要保护官僚机构的人。他们不会受政策、利益或组织的摆布，或者至少不会表现出受了某种方式摆布。因为不用背负这种压力，所以他们说话有一种即兴的热情，委员会东拼西凑的发言不可能有这样的热情。典型的政治演讲，比如国情咨文演讲，不能讲太多，因为要照顾到不同选区。任何个人写不出来这样的文章。它总是某个委员会共同权衡出来的结果，所以当教皇或总统或满口谎言的秘书说或读的时候，听起来不像个体发言，而像它本来的样子——官僚机构的低声议论。

古典风格作者是独立的个体；他的典型读者也是独立的个体。所以古典风格作者不会划分不同的读者，比如有些读者比别人更愿意理解他说的话，或者一些读者对第一部分感兴趣，另一些读者对第二部分更感兴趣。当然，因为他默认的主张是，说话不会提前酝酿完整的结构，所以一般他不提某些单独的部分。他也不会问读者是否对他说的话感兴趣，通常读者也没想到自己是否感兴趣。

高效但不仓促

古典风格的效率确实是一种奢侈。古典风格作者没有压力。毋庸置疑，呈现事情真相是一种绝对的必要，但无论古典风格作者觉得多么急迫，这都不会是一种强制要求。没有什么外在的东西可以操控古典风格作者，他的动机非名亦非利。利益和恐惧都不能激发古典风格作者的创作。他也没有什么内在的焦虑或野心。自然，古典风格作者也不受时间限制。

我们把效率看作抢夺时间的武器，或是提高生产力的工具。效率专家的工作是省时省钱。这类效率是一种竞争手段。

古典风格作者的效率只是思想问题。思想的效率与优雅、准确并行，效率达不到，也很难达到优雅、准确。古典风格作者的思想专注而清晰，自然能写出高效的古典文章。古典风格作者可以随兴思考，没有干扰，没有压力。没有什么东西能催促古典风格作者。因此，古典文章没有免责声明，比如作者有充分的时间可以做得更好，或者因为时间有限只好缩减或只能略掉某些内容。其实古典风格作者写完一句话后会稍做停留，就好像要细品这句话的余韵，接着才写下一句。

专注但不紧张

武术表演的学生说，表演前如果肌肉太紧张，就发挥不好，因为紧张就无法蓄势而发。古典风格给人的印象是，作者的绝大部分能量直接用于写作，不会消耗任何能量在焦虑或恐惧上。古典风格作者写完一句非常古典的话后，会沉浸到一种安宁的状态，由此开始下一个绝对高效的动作。

如果我们将放松的状态理解为不过度紧张但仍全神贯注，那么我们可以说，古典风格在表演时也是放松的，就像一流的赛马或短跑运动员在一种放松的状态中全速奔跑。低效努力是初学者的标志。

角色

人人可成为精英

与许多宗教传统不谋而合，古典风格基于一条没有言明的人性观点：放任不管，人肯定会犯错，但经过努力和训练，任何人都能做对基础的事情。圣人是精英吗？当然。但神圣跟生来高贵不同，只要愿意努力，任何人都可以成为圣人。古典风格也是如此。古典风格的精英主义并非出于本能，而是努力与训练终有所得的结果。一个愿意努力的人，不会被古典风格精英拒之门外。

古典风格的精英主义与呈现什么无关，从精致的葡萄酒到阴森的下水道都可以呈现。这与作者的鉴赏力也无关。作者讲述的口吻可能是他掌握了读者不会的专业知识，但他的态度始终是，读者只是因为偶然原因才没有掌握。你可以知道他知道的，而且自然会知道，只要你站在他所在的位置，这正是古典风格作者努力让你身处其中的地方。

人人可学会古典风格

想象一个人坐下来研究马塞尔·普鲁斯特（Marcel Proust）或者埃兹拉·庞德（Ezra Pound）或者沃尔特·惠特曼（Walt Whitman）的作品，为了学习像他们一样写作。这看起来很荒谬，像一个完全不懂风格的人幻想着成为大师。想象一下，尝试学着像柯勒律治（Coleridge）、爱伦坡（Poe）、福克纳（Faulkner）或波德莱尔（Baudelaire）一样写作。这些作家的风格个性鲜明，由于追求一些特别且怪诞的目标形成了独特的风格，没人能学会他们的风格，除非成为他们那样的作家，并设立他们那样的目标。这种尝试显然不会成功，如果非要坚持，模仿怪诞不成，还变成一种无意识的滑稽。

相比之下，古典风格的技能和态度，每个人都能学会，且与主题无关。学习古典风格有确切可知的路径，而且你完全可以掌握这种风格。只要你学会了，它就是你自己的风格。古典风格作者不用模仿任何人。相反，虽然古典风格作者是学会一种风格，而不是发明一种风格，但他的态度和技巧仍属于他自己。作者不会隐没于古典风格之下。帕斯卡、笛卡儿和拉罗什福科的文章一眼就能区分出来。与怪诞风格不同，古典风格不是由作者的人格特征或它的主题细节决定的。它也不是专为表达作者的神秘个性及其背后的完整人格的某种媒介。像普鲁斯特这类作家的作品，因为与他的个性特点密不可分，不属于古典风格。他创造的风格如此独到，以至于只能满足自己的需要，而无法适用于任何其他人。

读者可以胜任

古典风格不仅模仿说话的方式，而且模仿对话的核心理念——平等对话。作者和读者之间有一种隐含的对等关系。这种模式假定对话时读者可以应答。

那些努力追求古典风格的人，可以说由一组互补角色构成，即胜任的作者和胜任的读者。这里的胜任在于能够客观公正地看清事物、呈现事物，不受任何人的利益影响。这种"胜任"对许多人来说似乎不切实际。人真的能够看清事物吗？人真的能不受利益驱使客观地呈现所见之物吗？对两个问题的肯定回答是古典风格依存的基础假设。如果一位作者的风格总是怀疑人是否真的能看清事物，以及人是否能放下一己私利客观呈现所见之物，那肯定不是古典风格。

作者和读者胜任古典风格的方式是一样的。作者可能知道读者不知道的东西，但原则上，为作者所用的知识来源可以同样为读者所用。默认参照的是共同标准，这种标准为作者与读者建立起一种对等关系。拉罗什福科描述谢弗勒兹夫人就有这种默认参照。拉罗什福科知道她，他的读者不知道。但他的描述有一种几乎不容置疑的坚定。这种坚定源于一条隐含前提：如果我们知道她，作者注意到的我们也会注意到。虽然作者注意到这些东西并用这种方式对比，但他没有归为自己的功劳。他的潜台词是，没注意到这些东西、没用这样的方式对比，才令人奇怪。

我们可以从《傲慢与偏见》的一段话中看到这种坚定，即所有胜任的人都能观察到同样的事物。伊丽莎白·班纳特和她的妹妹简正在讨论夏洛特·卢卡斯嫁给柯林斯先生这件事。伊丽莎白说，她很气愤，她没想到她的朋友夏洛特会嫁给一个这样的男人，凡是头脑正常的女人都不会看得起的男人。简回应说，伊丽莎白做出这一判断时没有"充分考虑到处境和性情的差别"。伊丽莎白对此的部分回答如下：

假如让我相信夏洛特当真爱上了柯林斯，那我就觉得她不仅没有情感，而且还缺乏理智。亲爱的简，柯林斯先生是个自高自大、心胸狭窄的蠢汉，这一点你跟我一样清楚。你还会跟我一样感到，哪个女人肯嫁给他，一定是头脑糊涂。虽说这个女人就是夏洛特·卢卡斯，你也不要为她辩护。你不能为了某一个人而改变原则和准绳，也不要试图说服我或你自己，认为自私自利就是谨慎，胆大妄为就能确保幸福。"①10

如果伊丽莎白认为这种处境和性情会影响一个人对柯林斯先生的评价，她就无法与简自由交流。她只会对自己的看法闭口不谈，这必定会改变她俩关系的整体风格。夏洛特嫁给柯林斯先生的决定永远改变了她与伊丽莎白的关系，因为她们再也不能坦诚相待。伊丽莎白看到的事情简同样看到了，她们评判柯林斯先生的标准也一样，所以如果不是无法胜任，也不是受了一己私利的蒙蔽，她们肯定会得出同样的结论。

因为作者与读者这种假定的对等关系，典型的古典风格作者不至于看起来据理力争。古典风格作者不必说服读者。他只需为读者提供一处没有障碍的视角，读者自然会看到。这就是《独立宣言》和帕斯卡的《致外省人信札》的立场：任何理智的、未被利欲熏心的人都会认同；它们的作者不辩解，只呈现。正如《独立宣言》中的一句话，"为了证明这一点（大不列颠国王是暴君），特向公正的世人陈述以下事实。"接着《独立宣言》列出事实，好像结论是显然的，凡能"正确思考"的人都看

---

① 汉语翻译选自孙致礼译本。——译者注

得出来。

古典风格中作者与读者之间的关系，基于他们都具备某些洞察力和价值观。当作者做出某个决定时，就好像读者也有能力做出同样的决定。不成文的规定是，一位胜任的读者如果看到证据会做出同样的决定。读者不用觉得，作者的判断高人一等，或掌握着读者无法获取的信息。

新约学者C. H. 多德（C. H. Dodd）这样解释为什么没做文本解读时不会考虑重新编排第四部福音书的文本材料：

为改善第四部福音书的文本，人们已经做了很多重新编排工作。有一些（可以说是）已经奉为经典，被用作第四部福音书的重大版本和现代翻译版本。我查过几个重新编排的版本，由衷敬佩他们编排时的耐心和无尽才思。当然无法否认，编排工作会出现错乱，某个位置的内容，乍看起来破坏了原文的连贯性，移到别的位置或许看起来有它的道理。不幸的是，一旦福音书被拆解得支离破碎，重新编排很容易受个人偏好、先入之见甚至偏见影响。对比之下，我们前人编排福音书的顺序（除了不重要的细节外）沿袭了同样的文本传统，可以追溯到早期。我认为这是解读者的职责：试着改善原文本之前，至少先看看这些传承至今的材料能怎么用。这是我会努力做的事情。我会先假定一个初步设想，现在的顺序不是随意编排的，而是有人用心构思过——哪怕只是一个抄写员尽自己的职责——而且负责编排的人（无论作者还是其他人）心里有自己的设计，并不一定就是不负责或不聪明。如果我们没有找到论述的脉络，我们就不得不承认我们不知道原作最初的意图是什么。另一方面，如果现行版福音书的结构编排在大部分细节上尽量靠近作者的主要思想，他的作品延续至今仍大体上保持他最初的设计形式也不无可能。[11]

多德做出这项决定的立场是，读者一旦收集到必要的证据，就会确切地看到他做的事情。虽然一些博学的编辑在编排第四部福音书"重大版本"上做了不同的决定，但只要读者客观地复查证据——原则上任何有心核查证据的人都能查到——不仅会明白为什么多德选择拒绝重新编排福音书的文本材料，也会明白凡是不故意违背常理的人，凡是不让个人偏好、先入之见或偏见影响自己判断的人，都会做出同样的选择。正如他讲的，他的决定并非源自他过人的远见、特殊的学识，或个人的经验。这与他的处境或性情没有关系。假设下面这句话他说对了，"（除了不重要的细节外）沿袭了同样的文本传统，可以追溯到早期"——想必这是可以验证的信息——任何愿意做他那样调查研究的人都会做出同样的决定。这里隐含着一种假设：读者的部分能力表现在，像作者一样知道什么样的调查研究够分量。哪怕这篇文章的读者，比如不懂古希腊语，没有处理这类文本材料的经验，甚至都没听说过第四部福音书有一个经过耐心而巧妙的重新编排的重大版本。所有这些都只是信息，原则上，任何人都可以用多德那样的方式获取这些信息。

同等胜任感是古典风格作者与读者的关系特点。一直以来，观察和判断默认诉诸普遍标准而非特殊标准。作者没必要诉诸一些别人无法求证的东西，比如他的虔诚、某些特别的洞见或能力、晦涩或专业的知识或毕生的经验。

想想与作者的自我优越感相比，这两种态度多么不同。"读者，你认为失业率太高对经济不利，因为你不懂经济的利害关系；你认为光线使视网膜传输信号，因为你分不清什么是老妇人的离奇故事，什么是生物化学；你认为作者的工作是写文字材料，因为你不知道文学和主要文本形式之间的区别；你认为缔结婚姻很正常，因为你受了专制社会的蒙骗。你能遇到这本书是你的幸运，我的朋友，因为你需要帮助，太需要了。"一旦作者表现得好像只有具备他那样超凡脱俗的洞见或性情，才能发现这些区别，而读者不管在什么样的位置都不可能自己看到，作者与读者之间的古典对等关系就会被打破。

另一种不同但互补的方式，也会破坏这种关系，那就是作者说的事实依据基本上源于个人。普鲁斯特《追忆似水年华》（*A la recherche du temps perdu*）这本书中的叙述者就是用这种方式破坏了作者与读者的古典对等关系。他用一种马德琳（madeleines）饼干蘸茶吃时，过往的记忆像潮水般涌出，虚幻又真切。读这篇文章的人一般想不到要怀疑叙述者所言是真是假，也不能自己用马德琳饼干蘸茶吃来验证。叙述者可以借用各种修辞手法诱使别人相信他，但那样，你也只能相信他而已。你看不见他看到的东西，这不是偶然，因为他说的好像是，他在20世纪30年代看到的事情，或者他在亨利四世的宫廷听到的对话。事实上，你完全被排除在外，不可能验证叙述者的经历。

米歇尔·福柯（Michel Foucault）在《作者是什么》（*What Is an Author*）这篇文章[12]指出作者与读者之间的不对等关系表现在两个方面：作者默认依据的是优越的判断力和非公开证据。福柯在他的文章中写到，在马拉美（Mallarmé）之前，"文学作品（Literary work）"这个概念有更广泛的效力，因为后来被"主要文本形式（textual modes of domination）"取代了。福柯所言或许自有依据，但呈现出来的不是那种可以经读者自行验证的观察，原则上只要愿意，任何人都能查到证据验证真伪。确实奇怪，福柯之前似乎没人注意过文学史上出现过这种显著的断层。福柯没有回答这点，但如果读者追问为什么这么基本的问题以前从未注意过，答案可以分为两个部分，彼此相关又互不相同。一是，福柯有超乎常人的能力，能看到别人看不到的东西。二是，超乎常人意味着思考的依据也不同寻常。这就是为什么福柯不能像多德那样向读者指出结论的依据。要想验证多德的话，我们可能需要花费大半生的时间获得——研究第四部福音书手稿传统需要的语言知识、历史知识和专业知识，以及现代编辑批判性审查的决策力——但已有数百人获得了这些能力，原则上任何有意愿的人都可以这样做。福柯的证据很难获得，这种能力不仅大多数人没有，而且实际上无法获得；相反，他的证据基本都是个人的。甚至你需要具备福柯那样超乎常人的洞察力，才能意识到他的证据是证据：毕竟，这是自马拉美以来所有人都能看到却没意识到的事实，是文学作品与主要文本形式之间存在历史断层的证据。

读者可以这么认为，福柯拥有过人的能力，但读者没有，所以理解不了他那种过人能力，自然不能像他那样观察事物。他只能从作者那里知道。在古典文章中，作者与读者不会发生这种不对等关系，因为在古典风格中，观察和判断依据的是普遍标准而不是特殊标准。

作者真实可信

古典风格作者能佐证自己说的话，因为这是他独立思考出来的。尽管独立思考得出的是普通结论，但他的表达不是拾人牙慧或人云亦云。他的结论是自己的思考成果。因此，尽管古典风格作者得出的是普通结论，对他来说也是一种新奇发现。这种新奇不是因为有相同体验或与别人一致。他不希望结论因为是人所共知的才被相信。说别人说过的话，说让人相信你的话，并不是古典风格作者的作风。

不是越来越多的人的认同——哪怕这些人是对的——赋予古典文章力量。而是因为作者的笃定，他自己得出了结论。要让一位胜任古典风格的人相信作者说的话，不用依靠权威或传统智慧或任何其他方式，只要呈现如何得出结论的推理顺序，这样其他人也能独立推理出结论。

这种事情每天都发生。一名高中生在几何课上证明了毕达哥拉斯定理，不代表他在数学上做出新突破。但如果是他自己推导出来的，而不是毕达哥拉斯，那么面对任何质疑，他都能举出真正属于自己的证明，尽管有可能很普通。但如果未经理解只是照抄推导过程，就无法提供直接证明。没有亲自推导几何定理的人面对质疑，只会无力附和公认如此："自欧几里得以来所有几何书都这么写，那它肯定是对的。"

作者自得其乐

古典风格作者观察真相，自然也乐意与其他观察真相的群体坦率、充分地交流。要说作者对读者毫无所求也不完全对，因为作者确实希望读者能加入这个群体，他的希望如此真切以至默认读者早就是其中的一员了。

但除此之外，古典风格作者对读者别无所求，也不需要读者回馈什么：古典风格作者不会为了一己私利歪曲真相，即使实际上没有能胜任的读者。

最重要的是，古典风格作者不会表现出一副为己谋私的样子。古典风格作者什么也不需要，所以也不会想着从读者那里获得什么。

作者可以胜任

一想到清晰准确地呈现事物会遇到多少阻碍，就已经让人不敢动笔。也许你无法看清事物。也许你无法表达你看到的事物。也许你的脑子迟钝缓慢。你可能缺乏必要的知识。你可能会对自己撒谎。

就算你不担心这些会让你无能为力的潜在问题，情况也不会好到哪去，因为读者可能有疑虑，新问题来了：你如何消除读者的疑虑？

这足以让一些人放弃写作。更糟的是，从古典风格的角度来看，这足以让一些人陷入对自身作者身份所处困境的怀疑，以至放弃可能的各种主题，因为只有这些怀疑看起来确定无疑。

为避免作者陷入焦虑与沉默中，古典风格假定作者可以胜任。真相人人都能看到，作者能看到，也有能力呈现出来。这种能力相当于普通中学生证明毕达哥拉斯定理的能力，没有什么不可能，也不会太难。作者不需要无所不知，他只要具备日常所需的能力——知道自己要知道什么才能说清楚。思考有序，所言事实自然有条理。

有了这条基本规约，写文章就不会动不了笔，而是直入正题。实际上作者心中的疑虑都还在。作者知道，读者也知道，翻来覆去地说也没意思。要是呈现某个事物，一直讲呈现它怎么怎么难，多少让人觉得受骗了。"我会告诉你们如何做面包布丁。我的天，你知道用文字表述烹饪过程有多难吗？我自己会做面包布丁——做过一百次了——但不可能用文字说清楚合适的黏稠度是什么样的……"

古典文章中，作者能胜任这条基本规约，与不闪烁其词是相辅相成的。学术、法律和商业类文章都有各自的写作风格，它们的动机是"掩护"作者，防止别人提出作者还没确认的质疑。其中一些质疑是思想和呈现层面的。这类风格的作者费尽心思证明自己已经预见了各种质疑：作者会受自己的偏见蒙蔽吗？是否遗漏重要事实？作者的用语会不会含混不清、难以理解，甚至自相矛盾？

这些预防大都没有意义，因为否定回答一般无法验证（"不会，原则上我不可能受偏见蒙蔽""不会，不可能遗漏重要事实""不会，读者再怎么不近情理也不至于误解我的话"）。古典风格认为，反复说这些问题毫无意义，所以从一开始就不去考虑它们。

这条基本规约是为了避免作者和读者把时间浪费在不确定且没有结果的事情上，但并不是要限制读者的想法。作者说话笃定，才会让人信服；但读者会竭尽所能，对作者的对错做出自己的判断。读者的结论可能是：文章水准高、有古典风范、错得离谱。古典文章的作者要写出能胜任的姿态，而不是说些主题之外的事物浪费我们的时间，因为我们可以根据他呈现的事物判断他是否真能胜任。

作者私下做好全部工作

暗示的力量很强大，因为人们更愿意相信经他们参与得出或完全自己得出的结论。

暗示有不同风格，且种类繁多。从潜意识暗示到家庭寓意暗示不一而足，比如作者隐藏暗示让读者自己领会；比如你要跟反应慢的配偶、兄弟姐妹、孩子或者父母讲道理，指出问题时你会讲一些适当的事例，好像你不知道怎么做，等着他们认识到自己的职责，主动解决问题。有诗歌风格暗示，如俳句，只把鲜明的细节并列在一起，让读者自己观察和发现其中隐含的意思；有神秘风格暗示，这种风格认为真相只可意会，但不能条分缕析或准确表达出来；有参与类暗示，作者好像碰巧知道所有正确细节，但试着推理结论时遇到困难，于是让读者解决剩余的问题；有懒人风格（lotus-eater）暗示，要说又说不出来的样子，比画着手势，一句"你懂的"结束话题。

古典风格不是暗示型风格。它会完成所有必要的推敲，并准确表达出结论。

也有其他风格的作者会自己做好全部工作，但是在读者眼皮底下进行："现在我想我需要一个装饰物来点缀收尾，可以用某种尖顶饰，做这个我需要启动车床，再找块合适的木头；我们来看看，这个不行，有裂缝；我们要找块有合适纹理的；这个可以，就它了，现在我们把它装到车床上……"相反，古典风格作者会私下做好全部工作。他从口袋里掏出做好的尖顶饰。古典风格作者不像电视节目里的厨师，向你展示如何混合芥末和葡萄醋。他像一位主厨，他的工作是把菜端到你面前的餐桌上，但他辛苦的过程不会让你看到，他必定也不想你看到。你的桌上不会有盐瓶和胡椒瓶。

思想和语言

思想可独立存在

在古典风格对风格元素的立场中，写作不是思考问题的工具，也不是为了写而写的纯粹艺术。写作只是把作者考虑成熟的东西呈现出来。它记录思想，仅限于把思想活动呈现为某种推理顺序。记录下来的文本不是一份包含个体思想过程的文件；也不是一份专门回应其他文本的文本；它是一种透明的媒介，用以呈现独立存在的现实。古典风格总是默认呈现有价值的事物。本质上，这种默认的价值有两重含义：呈现的事物很重要；可以独立理解而非某物的一部分。能被独立理解的思想通常基于共同经验，这种经验经过提炼后变得清晰。古典写作从来都不是某种思想的"注解"，进一步发展才有可能独立存在；也不是某个系统调查的第五部分，必须先了解前面四部分才能看懂后面。

古典表达的魅力无法在阅读之前展现出来，它把读者的高度关注假定为自己的权利。要使这种假定名副其实，它讲述的东西必须重要、完整、独立且容易理解。比如笛卡儿的《谈谈方法》，历史上是对蒙田的怀疑论的回应。但书中从未提及蒙田。笛卡儿的思想，是以独立的故事讲述作者的个人经验，而不是重新验证充满了交叉参照的哲学历史的哲学问题。这种引述式呈现只会向非专业人士暗示这本书不能单独阅读。从笛卡儿及许多其他古典风格作者的风格中可以看出，非博学不能通的内容，非专才通才不能理解的东西，基本都不重要。古典表达是否重要和能否理解，不在于有多少专业知识，而在于读者能否清晰、专注地思考。作者和读者墨守的约定是：作者应提供有价值且独立完整的内容，以回馈读者的高度关注与敏锐思考。古典表达可比作巴赫变奏曲，与众不同，干净利落，从起初划破沉寂到最后回归沉寂，不留任何悬而未决的东西。

华莱士·斯蒂文斯（Wallace Stevens）有一首诗叫《一首诗取代了一

座高山》(*The Poem That Took the Place of the Mountain*)。这首诗写出来之前，这座山就已经存在，且独立于这首诗存在。对于地质学家来说，一座山本身很难理解，因为它是地球自然史中的事件，但它可见可指称，而且在大众经验中是一个独立、清晰又醒目的物体。要独立理解这首诗，可能需要先理解某个复杂网络中的概念和规约，但是因为这些在本诗所属的文化中已广为人知，所以可以认为这首诗能被独立理解。如果我们认同一首诗可以"逐字逐句地"取代一座山，我们也可以以此类比古典风格：在一个清晰且容易理解的框架之中，写作可以经由一个个细节呈现思想。

抽象可清晰准确

站在古典风格的立场看，用抽象和具体区分事物没有意义。有些写作讲师或顾问可能建议写作要具体、避免抽象，这种建议肤浅且不实用，因为把二者的区别想得太简单了。问题不在于事物的本体论归属，而在于构思事物的风格。

在浪漫风格中，作者能把一棵树看成好像只有他才能看到它本来的样子。这样的一棵树无法独立于作者而存在；它取决于作者；若是把它看成清晰具体的东西，就会抹灭作者灵光一现的洞见，这种洞见脆弱又难以捉摸，无法用语言描述。在浪漫风格中，作者与读者不是对等关系。树本身具体可见，但不影响浪漫作者用一种其他人无法观察的方式设想，就像他想象人类灵魂一样模糊不定。

古典风格与之相反，人类灵魂可以想得像你眼前的树一样清晰具体。古典风格作者呈现的抽象事物——文化现实、英雄主义、历史因果、再现性的本质、味道——独立于作者存在，各个层次的细节巨细无遗，任何有能力的人站在合适位置都会看到，很容易辨认，而且可以用简单直接的语言表达。

并不是抽象本身不好、模糊或不明确。只是用了某些风格思考时才这样。古典风格作者谈论抽象事物时，如果我们不刻意提醒自己，还以为他说的是一块石头、一片树叶、一座雕像。无论具体的钻石还是它的艺术美学，古典风格作者的呈现就好像两者都是清晰具体的有形事物。

思想先于表达

古典风格认为，写作不是思考。与之相反的是一个广为人知的观点：写作与大脑是一组密切相关的概念。记录被看成一种外在记忆，记忆被看成一种内在记录。写作是纸上的思考，思想是大脑的写作。作者的大脑相当于一张不会写完的纸，作者写在上面，把思想变成内在写作；他写的书是外在的思想，是大脑写作的外在形式。作者是正在思考的自我，自我是进行大脑写作的作者。（哈姆雷特说，"在我头脑的书卷之中。"）有时候，自我是将他的思考过程记于纸上的作者。

古典风格的态度完全不同。因为它是一种呈现型风格，至少是先有思考然后写出来。它形成的想法，就是写作的动机。古典风格作者的这种思考，考虑到他是作者，仅限于呈现的战略型思考，而且不太清晰。

思考不是写作；更重要的是，写作不是思考。不是说古典风格在开始写之前就要把所有问题都想好，而是古典风格作者不会边想边写，也不会以写代替思考。作者只用在一句话结束后、另一句话开始前闪现完美的思想。刚想好要表达什么，句子随之写出来。对古典风格作者而言，思考于写作就如烹饪于上菜，是完全不同的东西。每家正规餐馆都有一间用于准备食物的厨房，和一间用于呈上食物的餐厅。无论厨房里多么忙乱，餐厅总是一片安静祥和，呈现的菜品让人觉得，完美是一项轻而易举的普通工作。厨房和餐厅之间自然是密切相关、频繁往来，但一家正规餐馆的规范之一就是，当它们在不同的星球上。厨师不会坐在餐厅休息，客人不会去厨房参观。

看见不等同于呈现。我们只能呈现我们看见并认出来的东西。在古典风格中，思考是观看，或者更广泛地讲，思考是辨认；写作是呈现作者所见，让读者也能看到。古典风格作者似乎尽力把东西放在你眼前，或者尽力让你站在他的位置上，这样你就能看到他看到的。

语言足以表达

有些写作风格表示，语言不足以表达时再也没有别的方式可以表达，所以作者只不过是尽其所能让语言贴近思想。古典风格的立场恰恰相反。对特定思想的表达不仅有好有坏，而且有最优表达。凡是可知的事物就能被人们表达出来。而且，每种思想都有完美的表达，就像初等代数中每个问题都有完美的求解。

几年前,《华尔街日报》刊登了一篇短文,讲述某法国政府机构和一群法国研究科学家之间的争议。这些科学家准备用英语发表一篇报告;该政府机构对此表示反对,反对理由看起来很充分:这些科学研究是法国科学家的成果,而且由法国政府支持,应该用法语发表。科学家们反驳道,英语已经成为科学领域大多数场合的国际通用语言,如果科学家希望他们的科研报告被阅读,只能用英语发表。有句话总结了这种观点:"回避英语就是自行隔离"(To shun English is to court isolation)。[13]

这句话共七个单词,思想与表达之间有一种简练的对称和契合,这是一种不会妥协也绝非近似的完美,一旦达到,看起来就会自然而然、轻而易举。这像打高尔夫球时挥杆的力度刚够进球。古典风格的规约是每种思想都有完美的表达;作者可能没找到契合思想的语言,但这只是作者水准欠佳,而不是作者用的材料不行。

当我们谈论某物的"表述方式"时,意味着有多种方式表达同一种想法,每种表达各有优势,但不可避免也有局限。每种具体的表述方式只是其中一种,肯定有不完整和不充分的地方。因此一种思想选用任何一组特定词句表达,都要付出妥协的代价。

古典立场的基础规约与之相反:语言足以表达任何想法。表达不完美是作者水平有限,而不是语言有限。不是说只有古典风格作者精通语言,许多其他风格的作者显然也精通语言。古典风格作者秉持的另一条规约是,他掌握的语言足以表达任何思想。古典风格作者不能表达得很费力，给读者一种语言无法胜任表达的感觉。古典风格作者不会用语言暗示他无法确切说明的真相。暗示性语言是没有完美运用语言的表现。古典风格不会用俗语、新造词、遁词和俚语，因为不需要用到它们：没有它们，语言也足够表达。表达新的想法不需要用新的语言。

古典语言可贴合古典思想

古典风格中，思想和语言的契合表现为两个层面。第一种是词汇上的契合，作者的语言足够表达他的思想，因为语言中已经存在适合任何想法的表达。

第二种是结构上的契合，结构使作者的语言成为反映思想的意象。思想有它的结构和方向。它的结构基于我们日常经历的基本意象。临近某个物体是一种基本意象，或者说意象图式（image schema）。往某物上添加东西是一种意象图式。一条从起点到终点的路径是一种意象图式。还有很多意象图式：踌躇和前进、从中心到两边、进入或离开、包围或提取、上升或下降、停止或蔓延。这些意象图式并非只有视觉意象，还有音调上升、压力增加、扎刺皮肤等意象。许多最重要、最有用的意象图式与我们的空间构建方式和空间交互方式有关。这些空间意象图式可以帮助我们理解本身不是空间结构的抽象事物。我们把时间理解成线状或环状。我们认为解决问题是沿着某条路径"达到"（moving toward）目标。我们把推理的大脑看作空间中移动的身体，"发现"（comes upon）想法，"朝上看"（looks them over）、"举起来"（picks them up），"放下"

（drops）它们"往远"（further afield）看，等等。我们很多的推理判断都是用这些人体及空间意象图式比拟抽象的概念。事件本没有形状，但我们把它理解成某种形状：开放式或封闭式，离散型或连续型，周期性或线性。

古典风格认为，真相的原型依存的思想结构是这些基本意象图式，也可以是相互组合或延伸后新组的可识别形式。

但是这些相同的意象图式也能构建表达。不同表达即不同形式，而这些形式具备意象图式的结构。比如，一个句子可以看作线型、前进、正靠近某个点。如果某种古典思想的意象图式结构是沿着一条路径向前移动，在这条路径为之存在的终点突然结束，这种意象图式结构表现在句子中仍是沿着一条路径向前移动，在句子前面部分为之存在的末尾利落结束。比如克利福德·格尔茨（Clifford Geertz）这个例子："假如你想了解什么是科学，首先要做的不是看它的理论或成果，当然也不是看它的辩护者说了什么；你应该看看它的从业者在做什么。"**14**

思想和语言不一致，有三种可能。第一，你写的句子无法用任何基本意象图式来理解。这很少见，因为大多数作者会不自觉地用基本意象图式调整他们的句子。但有时候，作者学习了文章风格的进阶知识后，对他们自己的写作会带有自我意识和防卫心理，导致句子偏离基本意象图式。结果，写出来的东西不仅很难读下去，也无法通过局部修订来调整。以这句话为例："事实是，这种微妙和克制——语言学家愿意归因于早期作家在拼写和词组上选择了有鲜明的音韵和词法特征的语体风格——大体上自那之后就没有了。"[15]

第二，你写的句子唤起了某个意象图式，但没有履行或完成它。假设格尔茨这样写："假如你想了解什么是科学，首先要做的不是看它的理论，而是应该先把它的成果放一边，把注意力全部放在它的实践上，注意不要被它的辩护者说的任何话干扰。"这句话的前半部分说到"理论"这个词，引起读者预期与之截然相反的东西。但句子的后半部分却没有回应这种预期。

第三，你用了某种意象图式构建你的想法，但表达成句子时用的是另一种不同的意象图式。假设格尔茨这样写："如果你想了解什么是科学，并看了它的理论和成果及它的辩护者说了什么，你会发现必须把所有这些放到一边，看看它的从业者在做什么，这是你一开始就应关注的地方。"格尔茨原本的思想的意象图式是依次拒绝若干东西，选出一项不同的东西。他本人的句子的意象图式，与他的思想的意象图式相吻合。修改后的句子的意象图式是先做几件事，再回到开头做不同的事情。改后的句子的意象图式很常见，但不符合它要反映的思想的意象图式。

也许构建表达最常用的意象图式是，沿着一条路前进，从起点直到终点。在这种意象图式中，句子的结尾似乎是句子的目标，它努力要抵达的地方。因此，英语中有一种现象叫焦点位置：无论你在句子结尾放什么内容（除非句子的方向是反的），都会被当作句子最重要的部分，就像格尔茨的句子结尾是："你应该看看（科学）从业者在做什么。"

古典风格遵行焦点位置。拉罗什福科描述谢弗勒兹夫人的古典句子——与格尔茨一样——将思想要点放在句末："她几乎总是给那些她碰到的人带来灾难。"句子的结尾似乎是作者写出这句话的原因；每件事情都指向这个结尾；句子来到末尾时干脆地结束了，因为思想和表达这两者的意象图式都已完成。焦点位置在古典风格中通常用得相当微妙，但古典风格作者经常利用这一点，比如这句描述灰伯劳的话："与大多数鸣禽不同，伯劳鸟捕食小型鸟类和啮齿类动物，用喙捕捉到它们后，有时还把它们穿在荆棘或铁丝网上储存起来"。用任何方式重组这句话，都比不上原来的表达。

常见的知觉意象图式是先关注后观察（focusing-and-then-inspecting）。首先我们找到感兴趣的事物或领域，然后观察它的细节。这种意象图式不局限于视觉；触觉、听觉和动觉也同样适用。古典思想经常引用这种基本意象图式，关注某个主题，然后观察它的细节。表达这种思想的古典句子遵循同样的意象图式，先呈现主题，然后呈现细节。

许多最常见的意象图式都与力量有关——撞击、推动、施压、停止或压倒——尤其当主体通过行动施加这些力量时。古典思想常用行动意象图式构建。它这种结构会反映在相应的古典句子中。表达的结构跟行动的结构一致：主语是行为主体，而动词是行为主体实施的行动。

古典风格容易令人信服，恰恰是因为它利用了这些常见的意象图式。真相有基本的意象图式结构。我们期望它的表达具有相同的结构。因此，当句子表现出清晰的意象图式结构时，更容易让人相信句子表达的是真相。

这是一种说服式的心理策略，当我们已经接受什么后，我们很容易接受任何与之相同的形式。想想总统、教授和警察这类角色。我们接受这些角色的新上任者，很大程度上是因为他们采用了我们已经熟悉的体制形式。新总统遵循的是公众已熟悉和认可的做法，如向国会发布正式信息，在玫瑰园举行新闻发布会。总统大选初选主要考验谁最可能沿袭既定做法。几个世纪以来，我们看到学者出现的背景都是一排排书籍，这种做法一直沿袭至今，尽管学术工作很可能只是涉及缸中之脑类的脑力工作或电子文本。

古典风格认为，真相以一种我们熟知的结构为我们所接受。接受新的真相，并不意味着要接受新的形式。在古典风格中，用已有的词汇表达、用熟悉易理解的形式构建新的真相。

表达能反映思想是因为沿袭了思想的意象图式结构，这是修辞史上早就有的普遍观点。朗吉弩斯（Longinus）把修辞手法看作实现这种匹配的语言工具。例如，重复的物理打击是一种意象图式结构。这种重复在语言表达中表现为首语重复，比如："当他用辱骂打击你，当他像敌人一样打击你，当他用他的指关节打击你，当他像对待奴隶一样打击你，他的态度、他的神色、他的声音无不在实施打击。"（By his manner, his looks, his voice, when he strikes you with insult, when he strikes you like an enemy, when he strikes you with his knuckles, when he strikes you like a slave.）[16] 德米特里（Demetrius）说语言结构是"完整的""不连贯的""像跑步运动员一样从起点冲向终点""循环往复的""紧绷的""周期性的"等[17]。他说思想的"部分-整体"结构会反映在语言结构上，而我们以意象图式感受句法结构："长途旅行因为有一个又一个旅馆而使人不觉得漫长，而荒凉的短途，距离虽短，却让人觉得漫长。同样的原则刚好也适用于语言结构。"[18]

古典风格通常用意象图式结构校正思想和表达是否一致，但用的是一种读者不易察觉的方式。有些风格截然不同，会有意彰显这种对应关系，以显示作者的用心和才能，如朗吉弩斯首语重复的例子。意象图式在匹配语言和思想方面的作用，早在古代修辞中就讨论过，如今又重新成为哲学、认知科学和语言学探讨的话题。[19]

| 参考文献 |

1　查尔斯·罗森.古典风格：海顿、莫扎特、贝多芬.纽约：诺顿出版社，1972：43.

2　埃米尔·马勒，法国宗教艺术：中世纪晚期（1908），（英）马休尔·马修译，普林斯顿大学出版社，1986，第 211 页.

3　芝加哥风格手册（第 15 版）.芝加哥：芝加哥大学出版社，2003. MLA 文体手册和学术出版指南（第 3 版）.纽约：美国现代语言学会，2008.威廉姆斯 A.赫弗南，马克·约翰斯通，The Harvest Reader（第 2 版）.圣地亚哥：Harcourt, Brace, Jovanovich 出版社，1991，第七章 "Style".凯特·L.杜拉宾.芝加哥大学论文写作指南（*A Manual for Writers of Research Papers, Theses, and Dissertations*）（第 7 版）.芝加哥：芝加哥大学出版社.2007.小威廉·斯特伦克，E. B.怀特.风格的要素（第 3 版）.纽约：麦克米伦出版社，1979.约瑟夫·M.威廉姆斯，格雷戈里·卡洛姆.风格：清晰、优雅的写作.芝加哥：芝加哥大学出版社.1990.

4　李伯龄.拳击的艺术（1956）.纽约：企鹅出版社.1982.第 249 页.更早的版本 *"A Reporter at Large: Next-to-Last Stand, Maybe"* 刊于《纽约客》，1955 年 4 月 16 日，第 90-106 页.

5　修昔底德.伯罗奔尼撒战争史（第一卷第 22 章）.（英）雷克斯·华尔纳译.哈默兹沃斯：企鹅出版社，1954，第 48 页.

6　杰里米·边沁.谬论之书（*The Book of Fallacies*）.引用于：肯尼斯·伯克.动机修辞学（*A Rhetoricof Motives*）.伯克利和洛杉矶：加州大学出版社，1969，第 94 页.

7　维瓦利·鲁特.食物.纽约：Simon and Schuster 出版社，1980，第 257 页.

8　约翰·布尔，小约翰·法兰德.奥杜邦协会北美鸟类野外观鸟指南：美国东部地区.纽约：Knopf 出版社，1977，第 514 页.

9　维瓦利·鲁特.法国美食.纽约：Vintage 出版社，1992，第 3 页.

10　简·奥斯汀.傲慢与偏见（1813）.R. W. Chapman 编辑.第三版.伦敦：

牛津大学出版社，1932，第 135 页．

11 C. H. 多德．解读第四部福音书（*The Interpretation of the Fourth Gospel*）
（1953）．剑桥：剑桥大学出版社，1968，第 289-290 页．

12 米歇尔·福柯．作者是什么．引用于：《语言、反记忆与实践》（*Language, Counter-Memory, Practice*）．唐纳德·F. 布卡德编辑，唐纳德·F. 布卡德，雪莉·西蒙译（英），纽约伊萨卡：康奈尔大学出版社，1977，第 113-138 页．

13 法语也许是爱的语言，但是谈到科学……．华尔街日报．1983 年 10 月 21 日，第 1 页．

14 克利福德·格尔茨．深描说：迈向文化的解释理论（*Thick Description: Toward an Interpretive Theory of Culture*）．出自：文化的解释．纽约：Basic Books, 1973，第 5 页．

15 贾娜尔·米勒．母语和单词：1380—1580 年间英语散文风格的演变（*he Native Tongue and the Word: Developments in English Prose Style 1380-1580*）．芝加哥：芝加哥大学出版社，1984，第 13 页．

16 朗吉弩斯．论崇高（section 20）．（英）W. 汉密尔顿·费菲译，出自：亚里士多德．马萨诸塞州剑桥：哈佛大学出版社 [Loeb 古典丛书]，1932，23:190.

17 德米特里．论风格（section 1.1–2）．（英）W. 莱斯·罗伯茨译，出自：亚里士多德．马萨诸塞州剑桥：哈佛大学出版社 [Loeb 古典丛书]，1932，23:295-297.

18 德米特里．论风格（section 2.46）．出自：亚里士多德．

19 "意象图式"是马克·约翰逊创造的术语，见 *The Body in the Mind*（芝加哥：芝加哥大学出版社，1987）第 xiv 页．该术语和概念可参考马克·特纳在 *Reading Minds: The Study of English in the Age of Cognitive Science* 中第 57、101 及 151-271 页的论述．概念仪表（conceptual instruments）被我们用来校准诗歌中的思想和语言的意象图式，该概念的分析可见乔治·莱考夫与马克·特纳合著的 *More than Cool Reason: A Field Guide to Poetic Metaphor*，第 155-157 页．

第三章

风格种种

立场不同则风格不同

　　一种风格，其实是对几个核心问题的一组立场，因此可能存在多种不同的成熟风格，这不是什么新观点。在这点上，古典修辞学家早就分析了对比鲜明的风格，意料之中的结论是，对某种风格有益或适宜的，可能对别的风格无益或不适宜。相反，许多现代书谈论"风格"，由于这样或那样的原因，认为风格只分好风格和坏风格两种。进一步考察，很明显这些书每本只谈到某种风格，而不是从总体上谈论风格。比如，斯特伦克和怀特的《风格的要素》、威廉斯和科伦的《风格》，他们默认的写作模式面向两类读者：一类是不确定的读者，没有统一的职业角色，但或多或少有共同的文化和社会标准；另一类是比较确定的读者，一般是专业工作人员，有确定的职业角色。斯特伦克和怀特是针对他们心中的风格提出好建议；威廉斯和科伦则为他们心中的风格提出好建议。两种风格都只针对单一角色和单一场景。但想想角色和场景与之相异的文本，比如，启动中东和平谈判的外交致辞，或伯里克利的葬礼悼词，或塞缪尔·约翰逊的《莎士比亚戏剧集序言》，或马丁·路德·金面向一大群政治积极分子的演讲。如果让这类文本按照斯特伦克和怀特或者是威廉斯和科伦的建议编辑修订，只会破坏原本的风格。这些作者和演讲者当然违反了《风格》和《风格的要素》里提到的诸多规则，但那是因为他们用的风格不同于这些书讨论的风格。在一场盛大的华盛顿集会上发表演讲和就新税法的影响向财政部副部长写备忘录，是两种不同风格，不应认为它们是一样的风格立场，也不应把它们的任一立场等同于某篇《纽约客》的文章或约翰逊论述莎剧如何吸引观众的立场。

古典风格教材，比如西塞罗（Cicero）的《论演说家》（*Orator*）、托名为西塞罗所作的《献给赫伦尼厄斯的修辞学》（*Rhetorica ad Herennium*）和德米特里的《论风格》（*On Style*），列出了主要的风格类型，并从不同目的、动机或场合解释了它们的起源。标准的分类包括高等（high）、中等（middle）、低等（low）风格，亦称作宏大（grand）、中和（middle）和简朴（simple）风格。德米特里教授了矜持（restrained）、庄严（elevated）、优雅（elegant）和雄劲（forcible）风格。亚里士多德（Aristotle）在《修辞学》（*Rhetoric*）[1] 里提及每种修辞都有它适宜的风格，比如政治讲话的风格不可能是法庭讲话的风格，因为它们本身的目的、场景和角色截然不同。

古典修辞学家照例分析了不同风格间的关系。德米特里解释道，优雅风格可与矜持风格结合，但庄严风格不能，因为庄严风格和矜持风格"相互矛盾、不可共存"[2]，它们的立场始终无法兼容。

不足为怪的是，有些奔着好风格出发却因力不胜任而自成风格的，可能被称为坏风格。《献给赫伦尼厄斯的修辞学》解释了浮华

（swollen）、松垮（slack）和简陋（meager）风格分别是宏大、中和与简朴风格的某种次品，可见每种好风格至少对应一种坏风格。朗吉弩斯向我们介绍了崇高（sublime）风格对应的两种坏风格，两者都是仿而未达的次品。浮夸（bloated）风格"是由于想超过崇高"①³。幼稚（Adolescent）风格是因为天真，即"雄浑的反面；琐屑无聊，心胸狭窄，是最可鄙的弊病。幼稚究竟是什么呢？它可不显然是一种书呆子气，因为过于雕琢，而陷入想入非非的败笔吗？作家之所以陷于这种通病，是由于追求精致、巧妙，尤其是追求风趣，于是滚入琐屑无聊的泥潭中"。这些失败都是"同根生的，皆出自'标新立异'思想，这种思想已经成为时下流行的狂热了"⁴。

文章的表面特征能反映某种风格的基本立场，但表面特征不能构成风格，风格也没有规定哪些表面特征，尽管风格可以解释这些特征。亚里士多德认为，优秀的风格在于清晰且不落俗套——这是呈现的基本立场。他分析了可以帮作者写得清晰鲜明的表面技巧，并提醒我们不要犯流于表面的通病。亚里士多德举了许多例子，但每个案例的表面特征都是基于基本立场的分析。朗吉弩斯做了同样的事情，向我们逐一解释崇高风格表现出来的各种表面技巧，并对比了好风格与坏风格，但他并不认为风格源于对应的表面特征。⁵

在古典修辞论述中有许多诸如此类的例子，而且一些经典句式被用

---

① 汉译文选自缪灵珠译本《缪灵珠美学译文集》（第一卷）"论崇高"，本书其他"论崇高"选段均出自该翻译版本。——译者注

作学生仿写的范例，但这不能看作风格由表面特征构成，或只要模仿表面特征就能写成这样的风格。这种想法太天真，就像以为穿上伟大运动员的同款鞋子，学他们系鞋带的方式，我们就能成为伟大的运动员一样。亚里士多德和朗吉弩斯都认为：没有基本立场，表面特征只是风格的一种拙劣、可怕的滑稽模仿。他们谁都不会认同单看某句话就判断"这句话是什么风格？"比如，"他安静地死了"这句话，可以完美适用平实风格、古典风格、浪漫风格、沉思风格、演说风格、崇高风格、先知风格、实用风格或外交风格。要辨识一种风格，必须要辨识它在决定性问题上采取的基本立场，这种立场表现在表达技巧上，有可能卓越，也有可能拙劣。

古典时期，最接近我们分析的古典风格的风格模型是，朗吉弩斯在《论崇高》中分析的"崇高风格"，它或许是书面记载的最精彩的风格论述。

读者很难想到，朗吉弩斯在尝试为好文章下一种普适的规定；他分析一种风格的鲜明立场，又总能意识到很多其他风格的存在。崇高风格不同于别的风格，因为它对真相、呈现、场景、角色、思想和语言这些风格要素采取了鲜明立场。它的角色，不像古典风格的角色，不是平等个体之间的对等关系；它的典型场景不是对话；语言于思想的关系既不是为了呈现，也不是为了说服。"天才不仅在于能说服听众，且亦在于使人心荡神驰。"[6]崇高的文章，或者在特定时刻表现出崇高风格的文章，与通过详细系统的论证达到说服目的的文章完全不同，因为在线性论证中，"独运匠心，善于章法，精于剪裁，不是在一两处可以觉察的，而须在全篇的发展中逐渐表现出来。但是一个崇高的思想，在恰到好处时出现，便宛若电光一闪，照彻长空，显出雄辩家的全部威力。"[7]

朗吉弩斯认为崇高风格的本质源于思想层面而非表面特征："能形成令人振奋的思想"[8]是崇高风格最首要、最有力的源泉。天然的表达能力当然是崇高风格必需的，但还不足以实现崇高风格。朗吉弩斯眼中的崇高风格源于作者与读者之间的完全不对等关系：作者天资聪颖，生来能说会道，令人羡慕，它的效果就是为了让我们心荡神驰，如果不用这种方式，我们可能领略不到。

尽管崇高风格作者和这种风格的学生之间的关系多么不对等，朗吉弩斯还是为学生提供了一种可能的课程，帮他们培养写出崇高风格的能力。该课程不是为了掌握或模仿某些表面模式，而是为了训练思想：

> 第一个因素，我指崇高的天赋，较其余的因素更为重要。虽然这是天生而非学来的能力，我们也要努力陶冶我们的性情，使之达到高远的意境，使之孕育着高尚的灵感。你问我，这有什么方法呢？我在别处写过这句话："崇高的风格是一颗伟大心灵的回声。"所以，一个朴实无华的思想，即使不发于言，也往往仅凭它本身固有的崇高精神而使人赞叹……所以，首先指出崇高的来源是绝对必要的，我们说，一个真正的演讲家绝不应有卑鄙龌

龇的心灵。因为，一个终生墨守着狭隘的、奴从的思想和习惯的人，绝不可能说出令人击节称赞的、永垂不朽的言辞。是的，雄伟的风格是重大的思想之自然结果，崇高的谈吐往往出自胸襟旷达、志向远大的人。[9]

本着朗吉弩斯的精神，我们接下来会阐明古典风格在风格要素上采取的立场，并选取其他成熟一致的风格与古典风格对比分析。

古典风格不是平实风格

平实风格是一种集体风格，它的典型场景是教堂会众彼此重申着人人共享的真相。平实风格背后的信仰认为，真相永远简单，是人类的公共财产。这种集体真相经过个体修改，只会被歪曲和削弱。小孩的智慧可以是大人的智慧，因为知道真相不需要特别经验，不需要批判性分析。复杂思考和概念提炼只会歪曲真相。凡不是最简单的语言，都可能被怀疑是这种歪曲的征兆。简单语言也许无法总是完全表达真相，但至少就其本身而言足够纯粹。

古典风格并不排斥平实风格，尽管它排斥平实风格背后的信仰，认为那种信仰把必要的风格基础误当作完善的风格。从古典风格的视角来看，平实风格存在缺陷，因为它背后的信仰忽视了一个事实：没有约束的人容易受特殊利益和一己私利迷惑。人是软弱的，因此群体智慧常常为己谋利。群体智慧很有可能只是一群人自以为是的错误集锦，因为群体智慧缺乏任何批判性验证原则。群体智慧还没有经过批判性检验就成了公认的观点。

古典风格用深思熟虑和个体责任补足了平实风格的缺陷。首先，古典风格的作者和读者是一个精英群体，他们的信仰要求他们批判性分析。任何人只要奉守这种信仰，都可以成为其中一员，但古典风格是贵族风格，而非平民风格。其次，古典智慧不可能只限于小孩智慧，因为它依靠丰富的成人经验。在平实风格中，人人平等；真相是每个人与生俱来的权利。每个人都能看到它；每个人都能拥有它。它可以从婴儿的口中说出来。在古典风格中，每一个愿意为真相努力的人都能获取真相，但真相肯定不是人人共享，也不是生来的权利。古典风格认为，真相属于检验过集体智慧的个人；对他们来说，付出努力才能获得真相，这种努力需要的经验和批判性头脑非婴儿能及。

为改进平实风格的缺陷，古典风格要求作者能充分佐证他呈现的思想。新颖是古典风格的强制要求，但新颖不是想法创新，古典风格不关注创新。它要求写作背后的想法是个体思考的结果，由古典风格作者自己独立思考得出。尽管他采纳或沿用了一个寻常观点，但他自己充分思考过，能亲自佐证它。

古典风格与平实风格有实际的包含关系，平实风格是古典风格的一部分，古典风格是平实风格的延伸，就像汉字包含某个偏旁部首。一个可能是平实风格的句子，稍做改动就可以成为古典风格。"优雅就是简单"是平实风格。"在上帝眼里，优雅就是简单"是古典风格，如"优雅的机制总是很简单"[10]一样。平实风格注重简单，但忽视了细微变化。古典风格简单亦不失微妙。"真相纯粹且简单"是平实风格。"真相很少纯粹，也决不简单"是古典风格。"眼见为实"是平实风格。"眼见不一定为实，小心双眼被蒙蔽"是古典风格。

古典风格不是反思风格

古典风格的呈现立场是，写作是一面完全透明的窗户，事物透过这扇窗户呈现出来；毋庸置疑，作者有呈现的能力，语言可以充分表达这种呈现。

这种基本立场使古典风格与一组风格完全对立，这些风格的文章本身和可能谈论的任何主题一样惹人注意，写作的困难直接展示在读者面前。

古典文章可以呈现任何事物，但即使写作主题就是写作本身，也不会把读者的注意力吸引到写作过程上。拉布吕耶尔说"写作要想自然、有力、生动，必须表达出真相"[11]时，谈的是好文章的条件，但他这样做时并没有让读者注意到他自己的写作。亚历山大·蒲柏（Alexander Pope）在《论批评》（*An Essay on Criticism*）中批评坏诗时，模仿他批评的那种毛病，让读者注意到写作本身："十字渐横移，一行常枯燥"（And ten low Words oft creep in one dull Line）[12]。古典风格是一种表演风格，虽然古典风格作者可以怀疑任何其他事情，但唯独不能在表演的过程中怀疑自身的表演能力。古典风格作者假定他的主题可以被理解，可以不偏不倚地表达出来。这些是古典风格的基本规约。古典风格作者不一定对自己写的东西坚信不疑，但作为一名表演者，他必须表现成这样。杂技演员、钢琴演奏家、演员不可能一边表演一边质疑表演的可能性。古典风格是一种表演风格，而不是一种自我怀疑的风格。

当我们打开一本烹饪菜谱时，我们完全不会考虑——也不认为作者会考虑——那种涉及某些哲学和宗教传统的核心问题。烹饪能被谈论吗？鸡蛋真的存在吗？食物能用知识来解释吗？有谁能说出烹饪的任何真相吗？这些问题可能让人受到启发或顿悟，但无法教我们做出满意的餐食。看菜谱的人希望看到直接讲怎么烹饪，就好像没人会想到这种抽象的认识论问题一样，虽然我们知道圣人和智者会思考这些问题，也确实思考过。我们并不希望"烹饪"是否能被谈论这样的问题难住作者，使他无法动笔写，尽管这样的事情确实存在。同理，古典风格不会考虑不合时宜的哲学问题。如果讨论这些问题，文章可能无暇顾及它的主题，而它的目的只是论述它的主题。

自我意识强的非古典风格有个特点：作者会怀疑自己的写作内容。在这类风格中，即便未明言，作者最关心的是，如何避免被批评自己写的东西从哲学角度看太天真。这样的作者时不时慎重地声明他要说的话仅视特定情况而言，他的文章不可能考虑到所有问题。这种风格非常显眼，与它说的主题糅杂在一起。它的特点是，用很多迂回的套话说明认识的可能性、认识的偶然性及语言表达认识的能力。无论作者谈论的主题是什么，作者总要提及"无能原则"，比如言语不可能谈论其本身以外的任何事物。

古典文章不会讨论它对写作内容的疑惑或担忧，不是因为它天真，而是因为它选了不同于反思探究的立场。我们可以怀疑行动的可能性，或者我们也可以先行动起来，但我们不能已经行动了还怀疑行动的可能性。古典风格作者默认选择：行动。不是讨论行动的可能性，而是让这种可能性接受检验，让读者自己来判断。

克利福德·格尔茨在《论著与生活：作为作者的人类学家》（*Works and Lives: The Anthropologist as Author*）这本书中，举了自我参照和自我质疑风格的例子，例子引自洛林·丹福思（Loring Danforth）的《希腊乡村的死亡仪式》（*The Death Rituals of Rural Greece*）的序言"自我与他人"（Self and Other）：

人类学必然会涉及与**其他人**的交互。但人类学文章的作者及读者与**其他人**严格保持着种群距离，这种距离有时甚至被人为夸大。很多时候，这种疏远只会使人看到**其他人**原始、怪诞和外来的一面。熟悉的"我们"与外来的"他们"之间的隔阂，是深入理解**其他人**的主要障碍，要克服这种障碍，只有通过某种形式参与到**其他人**的世界里。

格尔茨评论道：

> 洛林·丹福思"引言"中这段沉思之语（我有什么资格说这些事情，有什么权利说，又为什么说，还有我到底怎样才能如实说出来？）是现在经常听到的一种风格，它们可以表现出不同的形式和强烈程度。[13]

克利福德·格尔茨对风格有敏锐的观察，这里指出了反思风格的一个特征。反思风格可能认为古典风格太天真或太庸俗。但是，默认写作本身的矛盾性并非天真，直截了当地表达也并非庸俗。

古典风格不是实用风格

在实用风格背后的典型场景中，读者需要解决一个问题，做出一个决定，宣布一项裁决结果，开展一项调查，设计或修理一台机器——总之有一项任务要做。激发写作动力的是读者的需要，而不是作者的表达欲望。作者的任务是及时提供资料，满足读者的迫切需求。因此几乎任何能激发需求的东西都可以成为写作动机：贪婪、上进、竞争、慈善。因为读者要解决问题，所以阅读本身不是目的，它只是为了帮助实现其他目的。这就是为什么在这种场景中主要的风格特点是易于解读。在实用风格中，最好的呈现是让读者在尽可能少的干扰下及时获取信息，在这种场景中，写作是一种高效传达信息的工具，这样才能尽可能减少读者的负担，因为他们有其他更重要的任务要承担。

相反，在古典风格中，作者和读者都没有任务在身，写作和阅读不是为了实现某个实用目的，而作者有足够充分的时间呈现他的主题的趣味，因为它本来就有趣。古典风格作者的用语特点是简练，但简练是因为思想优雅，绝不是时间或雇主所迫。写作的动机是作者要写，而不是读者要看：作者不是写给某个客户看，而是写给不确定的读者看，这些读者在作者眼里就好像是一个个独立的个体。他的动机是呈现真相，而不是为了方便某人实现某个实用目的，虽然人们可能把它用于这样的目的，但也是为了真相本身。

古典风格和实用风格在很多重要地方有共同点：两种风格都注重清晰直接。古典风格清晰，是因为它把自己看作一种呈现真相的透明媒介。实用风格清晰，是因为它注重句子容易解读。两种风格都可以用准确和高效来形容，但原因大不相同：实用风格准确高效，是因为读者为了立即用上所读内容而需要快速准确地理解；古典风格准确高效，是因为准确服务于真相，高效源于精炼。古典风格高效，说明它有足够的闲暇和兴致锤炼思想：作者和读者均有充分的时间，把他们的思想校准到必要的高效能状态（concert Pitch）。

古典风格和实用风格不会在同一写作环境内交织很多互相参照的内容，即语言学家说的"元话语"（metadiscourse）（讲到X之前，我要先说说Y）。在古典风格中，这么直白地承认事先谋划，会破坏它的典型场景所特有的那种即兴感。在实用风格中，各种相互参照使文本不通畅，干扰注意力，是逻辑不够连贯的表现。

实用风格的典型场景有一些常见的原型。第一种，常见于企业商圈和法律界，是一种按上级要求的信息写的备忘录。作者比读者更了解主题，但做决定或采取行动的是读者，所以需要作者提供某些知识。读者的需求是作者写作的动机。第二种原型是上级要指导和管理下属活动时写给下属的备忘录。这两类场合的读者不想了解也没打算了解作者知道的所有主题信息。实用风格有选择地呈现，古典风格不会。实用风格的角色有层级之分，并非对等。这些原型延伸出很多其他常见类型：日常工作指导手册，物品使用指南，CEO谈判艺术入门指南，理财规划之自由支配收入投资指南，工业制造品常见故障维修手册。

这种场景的另一个原型是面向同行研究员即业内人士发布研究成果。作者比读者更了解自己的研究，但他们这些同行专家想阅读他的报告，了解他掌握的所有信息，或至少他们为各自目的需要掌握的内容。报告的内容将影响他们各自独立的活动，但他们自己可以辨别这种影响。作者传达信息，并不想读者关注他的写作本身；它应该在每个标准位置提供读者需要的信息，并且尽可能容易解读。

大部分大学及院校的写作误用了实用风格：学生假装他在写备忘录。他假装他懂的比读者多，所以读者需要这些信息，而他的任务是用一种方便读者解读的方式传达信息。这种假装本来是对真实场景的练习。实际上，读者（老师）很可能远比作者了解主题，读者（老师）根本用不上这些信息，而作者的任务是掩护自己不被上级（老师）挑错。

实际场景对理想场景造成很大的干扰，这样写出来的东西，如果算不上作假，那也几乎不可避免会大打折扣。

实用风格最知名的老师是斯特伦克和怀特，他们写过畅销书《风格的要素》。实用风格最好的老师是约瑟夫·威廉斯和格雷戈里·科伦，他们写过《风格：清晰、优雅地写作》及一系列学术论文和技术报告。

斯特伦克和怀特提出的每个人真正需要掌握的写作知识，对那些有时不得不写但又特别担心自己写不出来的人来说是一种宽慰，一直以来深受几代人的追捧。《风格的要素》作为一本写作指导书非常不全面，很明显只不过是随机汇总了精编语法知识点、常见错误实用清单和专家解读，但这是一本心理洞察的杰作。我们觉得它之所以吸引人有三个原因：其一，它向读者透露出某种积极乐观的承诺：只要你读上几页并用对它教你的那几个表面技巧（"概述时，自始至终使用同一种时态""不要把形容可数名词的比较级'fewer'误用为形容不可数名词的比较级'less'"），你就不会让自己难堪；其二，人们对它的认可和支持看起来如此坚定和满怀期待；其三，一些关键位置的内容本来空洞贫乏，用一种常识的口吻讲述后倒显得必不可少了："文章的格局一经选定，千万不能偏离。"

这种建议就跟说"只要你动脑，就不会出错"一样，有一种古老的力量。这种类型的建议的优势是，简洁且鼓舞人心。它的自信令人心安：除了那些完全不可能教授的神秘之处外，它真没什么诀窍。"我可以用十分钟教你在哪里打逗号，但不要想着我把你教成莎士比亚。"

　　威廉斯和科伦论述实用风格的方式更深刻、更有条理。他们呈现的是一种成熟一致的风格；他们的风格对定义风格的重大问题做出了决定，是一种发展完善的风格。威廉斯和科伦论述背后的主张范围广、理论强：正如读者阅读某个英文句子，会预判一句话的词序排列和信息分布，读者阅读威廉斯和科伦说的"观点文本"（pointed texts）时，心里依据的是一种在什么位置找什么信息的语法。读者会使用那种语法。文章用了这种语法后很容易读懂，不用这种语法就很难读懂。比如，读者可以在一篇观点文本的每个单元找出开头段落（"议题"）和后续段落（"讨论"）。在议题的结尾，他可以找出丰富的词汇场（lexical field），这部分会整合讨论内容，把每一步有序地串联起来。在讨论的结尾，他可以找出问题点。如果议题结尾提出了问题，那么讨论的结尾会给出这个问题的概述。话语单元交织成句，所以构成讨论的单元本身也由议题和讨论构成。句子层面也遵循同样的原则，读者预判句子第一部分是议题（话题），第二部分是讨论（评论）。读者预判句子先说已知信息，然后再讲新信息。读者倾向根据行动和执行者理解事情，因此句子主干应该是一个表达行动的动词，这个动词的主语应该是一个执行者——或许用一种比喻说法——是某组行动故事（action-story）中的一个执行者。因为读者把执行者和行动看成一组关联内容，作者应该尽量避免用干扰信息隔断主语（执行者）和动词（行动）。诸如此类还有很多。

　　威廉斯和科伦对实用风格翔实细致的论述，不仅涉及范围广，而且思想深邃，提供了一份必要的指导。美中不足的一个地方是，没有明确承认它的基本立场，以及承认它的基本立场只是众多立场中的一种。虽然他们的作品论述翔实、体系完整、理论成熟，虽然作者知道他们只是论述一种风格，但作品在自我呈现方面误导了读者：它对它讨论的风格提出的建议很精彩，但它假装这种风格可以普遍适用且仅此一种，不只是应用广泛。实用风格基于对一组基本问题的回答；对这组问题的回答不同，则形成的风格也不同。

形成实用风格的最基本立场是，风格中最重要的是读者，主要是读者能轻松分析出文本特征，特别是文本的语言特征。实用风格非常坚信这一点，它觉得这不是一项决定，而是一种必然：优秀风格所用语法当然要符合读者阅读时的预期。为什么有人要占用读者的时间而不是解决他的问题？为什么有人要写问题解决方案之外的东西？除了把文本组织得易读些，避免读者遇到难懂的直接放弃，还可以怎么做？因此，威廉斯和科伦给他们的学生训练的写作风格内化了某种阅读模式。

古典风格做了类似的假定，但采取的立场有些不同：读者重要，作者也同等重要；双方都很关注这个话题，胜任且专注；作者说的话读者当然感兴趣；一旦清晰地呈现，读者当然会看出来。

在实用风格的典型场景中，读者与作者要根据现有的惯例完成标准任务。读者没有闲心，也不想读出什么惊喜；读者不是为了个人原因阅读，而是为了完成任务。完成任务的前提是信息交流，而实用风格就是遵循惯例确保信息高效流通。因为学生要从事这样的工作，必须训练他们的实用风格写作。作者不是作为个体向另一个个体写作，而是用一项工作描述回应另一项工作描述。对于一项任务来说，实用风格是最合适的工具：因此实用风格的基本上是乐观、实用和功利的。动机是完成任务；如不是跟完成任务相关，永恒和必然的真相无关紧要——即使有关，真相永恒和必然的特点也不是最重要的。

如威廉斯和科伦指出，实用风格有个表面特征源于它的基本立场，使之与古典风格明显不同。如果读者总是期待在某些"语篇位置"找到某种东西，作者也完全迎合这些期待，那么这种风格可以略读，因为要点总是在同一个地方。在某些实用场合这很好用：如果你要坐在位子上看一份长达四十三页的备忘录，大部分内容你都熟悉，这时候如果备忘录都把要点放在预期位置上，会省不少事；这样你只用迅速扫几眼就能提取你想要的信息。

如果你用这种方式略读古典文章，你可能会忽视一些重要思想的微妙或精要之处。在古典风格的典型场景中，古典风格读者不会觉得时间紧迫，也不会分心想着没完成的任务，或陷入套话中。古典风格读者可以胜任，思想成熟，能够应对意料之外的内容，不要求文章可预测。古典风格与实用风格最不同的表面特征，可以用一个测试看出来，我们称为"最后三分之一"（last-third）测试：文章读了一部分后，看后面的每句话都先遮住最后三分之一的部分，根据你读完的部分猜想遮住部分可能的标准内容，如果那个部分实际表达的内容总是和预期的标准内容一致，那这篇文章可能是典型的实用写作，但不可能是古典风格。这不是说古典句子在句末否定了自己：在古典风格中，当你看一句话的结尾，你会看到句子方向一致，但这不代表可以预测句子，因为它常常包含精炼的思想，它和真相一样清晰简单，但不是陈词滥调，因此不可预测。下面四段话均顺利通过最后三分之一的测试，它们不可能出现在实用风格中。

虽然很多人预料这是一场不公平的选举活动，但总的来说政治家们对侮辱和谎言都感到满意。（朱利安·巴恩斯1992年英国议会选举）**14**

既有来自同辈的压力，又有学校和家庭的鞭策，我们很快就完全适应社交生活，在任何地方都像孩子一样快乐（露丝·贝尔·兰巴赫）**15**

同年（1827年），英、法、俄决定进行干预，达成停战协议"不再参与任何敌对行动"。盟军舰队前往纳瓦里诺湾（皮洛斯），与停泊在那里的土耳其舰队和谈，后来把它摧毁了。（《希腊米其林绿色指南》）**16**

学生食客（特别是巴黎大学的学生）必须在饮食的乐趣与价格之间拔河，从而制定一套标准，足以让他直到老死或是必须到中西部定居很长一段时间都能受用无穷。（A. J. 李伯龄）①**17**

---

① 汉译文选自陈秦美翻译版本《在巴黎餐桌上：美好年代的美食与故事》。——译者注

古典风格不是沉思风格

古典风格默认自己是一种普通但又很难避开的视角。虽未明示，但它一直主张透明；它不解释，它只是呈现。这些说法当然不对。成功的古典风格表达只是弱化两者的差别，把解释表现为呈现。

在沉思风格中，可以看到呈现与解释的界限：作者看到什么，就呈现给读者，再对它解释说明。重点在解释上，但过渡有明显的标记。E. B. 怀特擅用沉思风格写作，常用到这种过渡顺序，他写的《时光之环》正是如此，文风绚烂，但完全不是古典风格。怀特描述他自己偶然观看的一场马戏团训练，有驯狮员、一匹棕色大马和一名马戏团骑手。他确切地告诉读者他看到了什么和怎么看到的："等她出现在我们面前，我见她赤着双脚，邋遢的小脚丫在坑坑洼洼的地面上趔趄。从许多方面看，她与你在萨拉索塔县约翰·林林先生北方马戏团冬季营地可能碰到的二三十个小丫头没什么两样，身材匀称，皮肤给阳光晒成棕色，邋遢，热切，几乎是赤身裸体。"[1][18]。怀特描述他看到的画面，任何和他一起在那儿的人都能看到这个画面。他这样思考和解释他的所见："我与他人一道观望，下颌低垂，眼睛闪亮，一边痛苦地意识到时光的因素。这老旧的庞大建筑中的一切，似乎都呈现圆环形状，与奔马的线路契合。骑手凝视前方，她的目光似乎也是环形的，好像是在环境的压力下弯

---

[1]　汉译文选自贾辉丰翻译版本，本书其他《E. B. 怀特随笔》"时光之环"选段均出自该版本。——译者注

曲；接着，时光本身也开始循环运动，终结处是起始，二者再无区别，一件事融入下一件事，时光如斯，一圈又一圈地流逝，没个了结。"接着他又看到女孩如何陷入错觉中："（我想）当她相信她能绕着圆环，做出一个完整的圆圈，她在终点时的年纪正是她在起点时的年纪，她处在一种令人羡慕的生命时刻。"这种联想，这种连接，这种把一件平常事物变成时间讽喻的方式，只属于怀特自己；沉思风格认为，这不是站在他的位置就能看到的东西。在沉思风格中，解释比事物本身更重要。

怀特遵循的是一种美国传教士的传统，先陈述一段话，然后对它进行解释。怀特本来看到的是普通场景，经过一番沉思后，变成了对世界的讽喻故事，读者能看到只是因为怀特提供了他自己的优越视角。他开始讨论的事情原则上是读者无法验证的，他又毫不犹豫地把自己称作某种权威。"据我所知，没有什么，比马戏团更像一个世界的缩影，在某种程度上，它使所有演艺团体都相形见绌。它的神奇力量既普遍又复杂。它在混乱中见出秩序，粗鄙中见出勇气和胆魄，乍看之下的浅陋中见出最终的辉煌。"作者与读者明显不对等。怀特的态度是，读者可以完全胜任，只是这个场景只有他看得到，读者看不到。

因此古典风格和沉思风格之间的第一个根本区别是：古典风格呈现事物，而沉思风格呈现对事物的解释。这引发二者在真相、呈现、角色和场景上的许多不同决定。

古典风格与沉思风格之间的第二个根本区别与思想和语言有关。古典语言是一种呈现思想产物的工具，这种呈现依据的是推理顺序，而不是体验顺序。在沉思风格中，写作本身是发现的引擎：写作是对作者思考过程的记录，完全独立于它与推理顺序的关系。在沉思风格中，作者的思索过程是衡量作品好坏的标准。文章呈现的鲜明主题常常是那种思索过程和作者参与其中的体验：

> 我在这里再现这一舒缓的场景，不过是为一个最古老的群落充当书记员，这个群落中人，曾经在某个时候，甚至不做一点抗拒，等闲就迷上了一位马戏团的骑手。身为作家，或书记员，我始终觉得有义务记录下所有世俗的或非世俗的奇闻逸事，仿佛有一点遗漏也难免给人追究责任……女孩儿这十分钟的驱驰——就我而言，我并没有期待这些，她也并不知道我在场，而她，甚至也不是有意为之——但这十分钟，却进入了任何地方任何舞台上的演艺者都在追求的境界……我想："她绝不会再像此刻这样美丽了。"——如此一个念头让我深感惆怅——我的思想（这般活跃让我难以招架）一下子投射到二十五年后。

怀特不是呈现真相，而是经常引用自己的沉思，赋予它历史：

> "她正当让人艳羡的美妙年华（我想），以为她可以绕行一周，成就一个完整的圆，最后恰恰回到开始的年龄。"……不知不觉中，我又进入了出神的状态，时间再度循环——时间，在我

们这里停顿了，免得打扰表演者的平衡。

怀特写的这些段落清晰、准确、用词恰当，这些都是跟古典风格相关的表面特征。但他在风格元素上的基本立场完全偏离古典立场。不管用什么语言和什么措辞，上面任何一段话都无法融入古典文本中。

因为沉思是优越的个体谈论沉思之难时思索出来的东西，因此沉思风格分为两种模式，二者互不排斥，也可以交替使用。有时，沉思风格的作者能完全呈现他的思想：思想深邃，语言充分。梭罗写的东西看起来往往完整表达了自己所想。但有时，沉思风格的作者无法传达自己的思想，虽不尽如人意，但已尽力而为。怀特经常这样做，就像他写道："可是表达这种性质的东西不太容易。"

其他时候，怀特似乎采取一种极端的立场，认为语言总是无法胜任表达："一些事情，本来难以形诸笔墨，我偏要描述，未免不自量力，而我果然失败了，我已经料到。但我履行了对社会的义务，此外，身为作家，就像杂技演员，必须勉为其难地尝试些新花样。"

古典风格不是浪漫风格

沉思风格认为最重要的是作者的沉思，通常也大大方方承认这一点。浪漫风格的关注点虽然不一定是作者的分析或思考，却总是避不开作者。浪漫风格的文章是一面镜子，而非一扇窗户。

浪漫风格的思想离不开感受、记忆和情绪。这些东西共同形成体验。在浪漫风格中，体验本身和体验的人息息相关。因此浪漫风格作者看到的事物无法脱离自身而存在；作者和他的体验是一对不可分割的持续辩证因素：作者创造了一个世界，反过来这个世界又创造了他。这个过程仿佛生命的律动。作者可以描述这种动态关系，但无法"呈现"它，也无法被读者验证。

如果沉思风格把写作视为发现的引擎，浪漫风格则把它看作一种创造行为，两者都源于自身，又揭示自身。

在普鲁斯特《追忆似水年华》这本书中，叙述者讲述的一次初遇，完美诠释了这种浪漫的创造行为，他初遇的是一位未曾谋面就已令他魂牵梦绕的盖尔芒特公爵夫人。他心里珍藏的形象与她本人毫无关系——只有叙述者本人与她面对面相遇才可能验证——但这透露了很多与叙述者相关的信息。

> 我失望得很。失望在于我万万没有预料到她会是这样的；过去一想到盖尔芒特夫人，我总是用挂毯或彩色玻璃窗的色调在心中描绘她的形象，把她想象成另一世纪的模样，举止气派与活生生的人完全不同。[①][19]

---

① 汉译文出自李恒基译《追忆似水年华》第一部第一卷"贡布雷"，本书其他《追忆似水年华》选段均出自该翻译版本。——译者注

在这点上，古典视角和浪漫视角彼此对立。

> ……我努力……给这个全新的、不可改变的形象粘贴上如下
> 的说明："这位就是德-盖尔芒特夫人。"然而我却不能使这样的
> 认识同形象妥帖地相合，它们像两只隔着空档的圆盘，始终转不
> 到一起。

真实存在的盖尔芒特夫人独立于叙述者的思想，然而并没有动摇他想象出来的盖尔芒特夫人。他心里的自言自语如此清晰：

> 盖尔芒特家早在查理大帝之前就声名显赫，对手下的属臣拥
> 有生杀之权；盖尔芒特夫人是热纳为耶夫-德-布拉邦特的后代。
> 她不认识、也不想认识这里的任何人。

他最后用一种创造性的行为抚慰这种挣扎，叙述者可以由此看到浪漫的真相，但只有他自己看得到，别的任何人处在他所描述的场合都无法看到。

> ……我的目光注视她的金黄色的头发，她的蓝眼睛和她的脖
> 子，由此排除了可能使我想到别人容貌的一切特征，看着这幅有

意画得不完全的速写稿，我不禁叫出声来："她多美呀！多雍容华贵！她准是盖尔芒特家的一位高傲的夫人，热纳维耶夫-德-布拉邦特的后代！"

在沉思风格中，作者会区分他的观察和思考，所以可能发现自身之外且不依附于作者而存在事物。浪漫风格没有这种区分，创造取代了发现，且往往依附于作者而存在。

古典写作可以把个人化的东西呈现出更普遍的真相，但它不会呈现纯粹个人化的或原则上私密的东西。浪漫风格作者如果不写个人体验或甚至说得上私密的体验，他就没有什么可说的了。这种风格秉持的信仰是，人只能知道个人化或原则上私密的东西。

古典风格从来不会让作者感觉有什么不完全、未实现或不胜任的地方。古典风格作者可以知道一些事情，一旦他们知道，他们就能把它表达出来。不会没完没了地纠正和改善，因为古典风格是一种可以通过分块学习提高效率的技艺，没有哪个部分是个人特有的。思想和语言能相互匹配，所以完全可能表达真相。在浪漫风格中，把思想和表达或者把思想和思考者分成独立而确定的现实，这种错误的划分方式只会带来错误的结论。在浪漫风格看来，写作不是学出来的技艺，因为它是一种与作者本人共生的活动；它无法简化成独立的模块，一步步完成写作任务。思想和语言不可能完全匹配，因为作者的思想不是成型且确定的现实，不能独立于语言，也没有合适的语言可以表达。

作者已经完全洞察到真相是古典风格的前提条件。作者的问题是如何完美地表达那个真相，而在古典风格的信仰中，这个问题总有解决办法。在浪漫风格中，作者可以用一种浪漫的方式了解完整的真相，但用一种分析眼光看待的真相不可能不失真，用语言表达出来必然也会进一步失真。在古典风格中，不清晰无真相。在浪漫风格中，清晰的代价是不真实。

古典风格作者和浪漫风格作者都是脆弱的，但他们是两种不同的脆弱。古典风格作者脆弱是因为他说的是人人都可以看到的必然真相。浪漫风格作者脆弱是因为每个人的生活状况各有不同。古典风格作者总是经受检验；浪漫风格作者从来都不会。当浪漫风格作者说他梦见了珍妮和她浅棕色的头发，为她感怀，为她叹息，谁能验证它的真假？你不能跟他说他错了，因为他站在一个特殊位置，他的主题内容是完全私人和个人化的东西，只有他个人知道。如果他错了，他的错误是人本身的局限所致，因此没有人可以纠正他。但古典风格作者错了可以被人们纠正，因为他呈现的真相任何人都能看到和检验。

我们前面讨论的风格中，与古典风格相差最大的是浪漫风格：它们对每种风格要素采取的立场鲜明对立。两者的殊别就像德米特里眼中的矜持风格和庄严风格，完全不能兼容。对风格元素的立场，古典风格并非总是与其他风格完全对立。古典风格和实用风格都认为语言能够表达可知的真相。古典风格与沉思风格之间至少有一定程度的相通之处：至少某些时候，真相能被人们知道，语言也能表达真相。古典风格与平实风格是一种由浅及深的概念提炼。但古典风格与浪漫风格的概念立场完全对立。两者没有共同基础，也不是由浅及深的递进关系；相反，彼此之间似乎有某种永远无法跨越的鸿沟。

古典风格不是先知风格

古典风格与先知风格或者说神谕风格都要求绝对的肯定，尽管如此，两者几乎没有共同的地方，因为先知风格无法把读者放到作者所在的位置。作者体验的东西，读者无法通过自己的体验验证。古典风格依靠的不是神的力量，或非凡之人才能获得的力量，或非人类所能控制、非人类所能理解的力量。而先知风格完全取决于这些力量。先知风格作者能掌握真相，借助的是非常人能及的力量。甚至他获得了力量，也不代表就能长期拥有它们：这些力量怎么到他身上又怎么消失的，他自己都不理解，也不能控制。

在西方文化中，先知风格最著名的例子是《〈圣经〉旧约》（*Old Testament*）。当耶西的儿子们来到撒母耳面前，大儿子以利押给年迈的审判官留下了直接印象，他断言道："这就是他，你起来膏他。"[1][20]这是一个代表人类洞见与智慧的回答；这是一个聪明老练之人的判断。任何读者如果知道撒母耳所知道的，可能会对以利押有同样看法。但是，在先

---

① 汉译文出自"现代标点和合本"（CUVMP Simplified），本书其他《圣经》选段均出自该翻译版本。——译者注

知风格的典型场景中，人类的判断不会出现也不可能出现这种神圣的视角，虽然可以通过某种特许渠道接收神圣智慧的果实。耶和华对撒母耳说："不要看他的外貌和他身材高大，我不拣选他。因为耶和华不像人看人，人是看外貌，耶和华是看内心。"[21]

最能代表先知风格典型场景的著名文本之一是《耶利米书》(*The Book of Jeremiah*) 的开篇章节。文章开头采用了先知风格作者的典型口吻，他不是用自己的声音说话，也不是表达自己的见解。"耶和华的话临到我说。"[22]然后转到耶和华与不善言辞的耶利米之间的谈话：

> 我未将你造在腹中……我已派你做列国的先知。
>
> 我就说："主耶和华啊！我不知怎样说，因为我是年幼的。"……于是耶和华伸手按我的口，对我说，"我已将当说的话传给你。看哪，我今日立你在列邦列国之上，为要施行拔出、拆毁、毁坏、倾覆，又要建立、栽植。"

以赛亚使命也是典型的先知风格场景，证实了相同的观点，尽管这些观点通过传说中的神示表达出来可能难以理解。先知莫名地发现自己在一个神圣领地，他不属于的地方。（"祸哉，我灭亡了。因为我是嘴唇不洁的人……"[22]）但他的缺陷奇迹般地消除了，"不洁的嘴唇"也能说出圣洁的话。他自告奋勇担任信使服务百姓，并接受对他的委托："你去告诉这百姓说……"

　　广泛使用类似典型形式表达先知风格的现代作家屈指可数，身兼诗人、画家、雕刻家与版画家的威廉·布莱克（William Blake）是其中少数几个被众口称赞的作家之一。但先知风格不限于古代以色列的神圣文学，也不专属于布莱克这样少见的天才怪人。它有现代的表现形式，常见于一些自称是客观真相的传播者的作者，知道一般人无法知道的真相。作者拥有权威，但这权威不是自己，也非常人可及。政治家和那些以神秘的智慧传达者身份写报纸评论专栏的作家，总喜欢说"历史告诉我们"（或"我是历史的发言人"）；法学家有时也会用先知风格声明审判的依据源于某些准则或某位已故的法学奠基人；还有数不清的代言人用这种风格告诉我们怎么样做才符合"传统""常识"或"基本礼仪"，也有不少代言人用这种风格告诉我们时尚是什么，或者时代或年代的启示是什么。

古典风格不是演说风格

　　古典时期大部分修辞论述的主要模式是演说。如果一篇文章写成演说风格，尽管是书面表达——不是口头演说——且读者只是一个人默读，也是为了产生震撼耳朵的乐感。文本的句子可能写得很正式，但它的单元都是乐句，而且由声音定义。

　　演说风格的典型场景既不是非正式的，也不是即兴的。它的典型场合是一群人因为面临某个公共问题聚集在一起——如军事入侵，树立和维护公共价值观，判决社会罪犯等。

这个场景创造了一种角色。领导人必不可少，而群体的任务是响应主动站出来的候选人。演说者担任的是领导人角色，他既是现场公众的领导者，也是制定政策的领导者。他邀请听众响应他的节奏和主张，通常他会把这种主张表现成某种大家共有的信念。听众可能联合起来，也许加入响应他的队伍或者独立出来，也许还会随意冲他起哄。成功的演说者把听众联合成一个整体，只有同一种声音，同一种信念。在外人的眼中，他可能看起来像一位煽动民情的政客，又或者是演奏同一首音乐的无私指挥家。

这种典型场景与角色可以稍做改变，听众的领导者是一名法官，或者也许是一位国王，他要根据全体听众的意见决定政策。当奥德修斯（Odysseus）与阿喀琉斯（Akhilleus）对阿喀琉斯进攻特洛伊的最佳时机争论不休时，法官是至高的阿伽门农王（High King Agamemnon），但整个委员会是阿伽门农领导的听众。阿喀琉斯恨不得立即为死去的帕特罗克洛斯（Patroclos）复仇，他满腔愤怒，表现得与众不同：

现在我们应该考虑

出战的事情，不能在这里空发议论，

把时间耽误：伟大的事情还未完成。

让大家看见阿喀琉斯重新参战，

挥舞铜枪无情地杀戮特洛亚军队，

愿你们每个人也这样勇猛地杀戮敌人。①23

　　奥德修斯在演说上技高一筹，通过扮演守卫者和听众代言人的角色孤立阿喀琉斯，听众则自然而然地认同他和他的主张。他说：

"神样的阿喀琉斯，不管你如何勇敢，

也不能让未早餐的阿开奥斯人去伊利昂

同特洛伊人厮杀，因为战斗不可能

短时间结束，当双方的战线开始接触，

神明向交战双方灌输同样的力量。

还是首先让阿开奥斯人快到船边

用点酒饭，酒饭会给人勇气和力量。

一个人不可能空着肚子整天不断地

同敌人作战，一直杀到太阳下山。

即使他心中很想顽强地坚持战斗，

但他的肢节会突然疲软，饥饿和焦渴

一同袭来，抬动两腿会觉得力乏。

如果一个人喝够了酒，吃饱了饭，

---

① 汉译文出自王焕生翻译版本，本书其他《伊利亚特》选段均出自该翻译版本。——译者注

> 他便能够同敌人整天连续厮杀，
>
> 胸中的心力勇猛不衰，全身肢节
>
> 坚韧不乏，最后一个停止作战。
>
> 你现在应该解散军队，让他们用餐。"[23]

　　因为演讲的目的是把听众团结起来，避免他们注意力涣散，所以演讲不宜过多变化，也不宜过于晦涩。不宜向这类听众阐述太多细节。因此，表面上看起来演说通常是少数观点附和着大量音乐。跟随音乐的节奏，有助于听众认同演讲者的观点，正如肯尼斯·伯克（Kenneth Burke）在《动机修辞学》（*A Rhetoric of Motives*）中写道：

　　我们知道，许多纯粹形式上的模式，容易唤起我们内在的预期合作态度。例如，想象一篇文章一系列对立的句子（"我们做这个，但他们做那个；我们待在这里，但他们去那里；我们向上看，但他们向下看。"等等）。一旦你理解了这种形式趋势，无论主题是什么，它都会吸引你参与进来。你会发现自己沉浸在一种连续的对比形式中，即使你可能不认同通过这种形式提出的主张。或者它甚至可能是你不喜欢的反对者提出的主张——然而因为叙述本身的持续性，你可能为了"帮他摆脱困境"，会逐渐认同这种形式上的递进，屈服于它的这类对称形式。当然，起初你对这种主张反抗越强烈，你就越不愿意"屈服"，越不会与这种形式"合作"。但是在决定还未达成的时候，对形式的屈服会使人们逐渐认同与之密切相关的内容。所以，你被形式吸引，不是因为你是虔诚的信徒，而是因为它内在的一些"普遍"吸引力。这种认同的态度，可能会迁移到和形式相关的内容上。[24]

伯克在写这段话时，脑子里想的一定是修昔底德修编的《伯里克利的葬礼演说》(*Pericles' Funeral Oration*)，伯里克利试图用这场演说引导危在旦夕的雅典人民理解公共价值观，于是为他们描绘了他们自身的一种形象，这种形象又恰恰有利于伯里克利实现自己的目的。这篇演说发生在伯罗奔尼撒战争第一年的年末，当时的伯里克利效仿了奥德修斯与阿喀琉斯辩论的模式。像奥德修斯一样，伯里克利扮演了听众的代言人。在他的演说中，最重要最著名的部分是对雅典人民与敌城人民所做的一系列明确又含蓄的对比：

我们热爱美的事物但不至于奢侈，热爱智慧但不至于柔弱。我们把财富当作是可以适当利用的东西，而不是当作可以夸耀的东西，真正的耻辱不是贫穷这一事实本身，而是不千方百计地去摆脱贫穷。我们的公职人员，在关注公共事务的同时，还关注自己的私人事务……我们在从事冒险事业之前或冒险事业之中，能够做到既敢于冒险，又深思熟虑。其他人的勇敢，是由于他们的无知，当他们反思的时候，又会感到疑惧了。但是，真正勇敢的

> 人无疑应属于那些最清醒地认识人生的灾患和幸福而又勇往直前，在危难面前从不退缩的人。[①] 25

后来，随着瘟疫爆发和伯罗奔尼撒人第二次入侵雅典土地，雅典人开始怨恨伯里克利。为了平息他们的愤怒，他把民众召集到一起，延续先前的"葬礼演说"主题：

> 那些没有雄心壮志的人会对这些光荣提出非难，但是那些积极行动的人会努力仿效我们，如果他们没有我们这样幸运的话，他们会忌妒我们的。所有渴望统治别人的人，都会暂时招致别人的仇恨，会不得人心的。但是追求最崇高的目标的人必然招致憎恨，因此而招致憎恨的人是真正聪明的人。招致憎恨也是暂时的，但是由此而产生的目前的显耀和将来的光荣会使人们永世难忘的。因此，你们……不要派使者前往拉栖代梦，不要表露出任何一点这样的迹象，表明你们在目前的灾祸面前低头了。因为只有那些在心态上最冷静对待灾难的人们，只有那些在行动上最快速解除灾难的人们，才是最杰出的人、最伟大的公民集体。25

修昔底德下面这段话可以说明演说风格和古典风格的差异。他评论伯里克利演说所用的风格的动力，为发明古典风格的人提供了原型：

---

① 汉译文出自徐松岩翻译版本，本书其他《伯罗奔尼撒战争史》选段均出自该翻译版本。——译者注

　　这就是伯里克利试图平息雅典人对他的怒气，引导他们从思想上摆脱现在的痛苦所列举的论据。他们作为一个公民集体被伯里克利成功地说服了，他们不仅不再考虑派使者去拉栖代梦和谈，同时还对战争投入更大的力量。但作为个人，他们在灾难面前还是不堪重负的。普通民众原来仅有的那一点点财产，如今也被剥夺了，上层阶级丧失了他们在乡村的美丽的田园和设施优良、富丽堂皇的房舍；最糟糕的是他们生活在战争中，而不是在和平中。事实上，对伯里克利的恶感还是普遍存在，直到他们判处伯里克利缴纳一笔罚款。可是，不久以后，按照民众办事的一贯方式，他们又选举他为将军，把他们的一切事务都交给他处理，现在，他们对于个人的和家庭的灾难的感受没有那么强烈了，以邦国公共需要而论，他们认为伯里克利是所有的人当中最有才能的人。因为在和平时期，只要他担任城邦的首脑，他就追求一种温和的、稳健的政策，他执政的时代正是雅典的全盛时代。战争爆发的时候，他似乎也准确估计了雅典的军事实力。战争开始后的两年半他才去世。他去世以后，他对战争的某些正确的预见更加为人所知。伯里克利告诫雅典人说，如果雅典静待时机，关注自己的海军，不再去征服新的领土，并且在战争中不使雅典城发生危险的话，他预计雅典是会赢得这场战争的。但是，雅典人的行动却恰恰相反，在一些显然与战争毫不相干的事务上，个人野心和私人利益导致了一些对雅典人自己和他们的同盟者都不利的政策。[25]

伯里克利是演说家，修昔底德是古典作家，两个人的角色完全不同。伯里克利领导一群人，而修昔底德只是向读者呈现事情。伯里克利有利可图，而修昔底德无私可谋。伯里克利指挥着群众的节奏，而修昔底德只是用他自然的语调说话。伯里克利对听众有所期待，而修昔底德没有。伯里克利总是断言和建议，而修昔底德只是观察。伯里克利是正式讲话，而修昔底德只是闲谈。伯里克利是在公众场合演讲，而修昔底德只是即兴告诉读者某件事。伯里克利宣扬共同智慧，而修昔底德在任何时候都是一名独立的思考者。伯里克利希望他的听众注意他的雄辩言辞，而修昔底德假装他的文章透明无形。伯里克利要求他的听众努力看需要看的东西，而修昔底德只是指出一旦呈现出来就显而易见的事物。当然，事实上，修昔底德所谓的历史叙述，是对群众与民主的性质的有力论证，但他呈现结论的方式，犹如人们可以指出秋天的叶子第一次转变颜色，虽然这是一个不易察觉的事实。不知不觉中说服他人是古典风格特有的优势。古典风格作者没有明显论证什么。表面上看，他只是呈现而已。如果读者没看出这种假托的呈现是一种说服手段，那他还没意识到有论证时就被说服了。避免听众察觉到修辞家的意图，则更容易说服听众。

演说风格和古典风格的说话方式完全不同，因为这种风格的演讲和写作有很多实际工作要做。这些演说风格不会只专注思想，甚至也不会把思想放在第一位。演说风格不仅要维持这许许多多个人组成的听众的注意力，还要带领这些各色各样的人团结一致，引导他们行动或为行动制定政策。这些风格更多的是利用听众已有的想法，而不是引入新观点或升华旧观点。

古典风格的秘密

古典风格作家几乎从不讨论古典风格在风格元素上的立场，不是因为他们要隐藏什么，而是因为他们认为古典立场显而易见，不用解释也无须辩护。但他们不反对进一步考证古典立场，而且有些古典作品，比如笛卡儿的《谈谈方法》，清晰地阐述过古典立场背后的诸多原则。

这些原则构成了我们所说的古典立场背后的信仰。虽然很少讨论，但这种信仰是被认可的。但有些秘密不属于这种信仰，既不被这种信仰认可也不受古典风格认可。人人可以学到这种信仰，但只有古典风格作者才可能理解这种风格的秘密与它的信仰之间的关系。古典风格有两大秘密：古典风格有限的应用范围和无法实现终极统一的理论视角。

古典风格并非普遍适用

数学上有些定理因为优美和纯粹被视为高等艺术，比如哥德尔不完全性定理、伽罗瓦理论基本定理及韦德伯恩小定理（"每一个有限整环都是域"）。它们的证明一步一步推进，清晰且笃定，巧妙又高效，渐次攻克复杂烦琐的谜题，清晰有力的真相忽然之间出现在你面前，一旦指出，如此显然。当真相的光辉毕见无遗，它如此完整又如此完美，看着就非此不可，好像这些证明不是逐步论证的结果，而是呈现清晰简单的真相带来的完美发现。如果不是看到真相用这种方式展现出来，没人可以看到真相，但一旦看到，就会完整地看到，而且一眼就可以认出来。这就是数学证明的标志特点：简洁、高效、清晰、优雅和纯粹。古典风格认为这种优雅不仅是一种标准，而且普遍存在。

但是有一些数学问题，比如四色定理或者旅行商问题，它们的解决方式既不优雅也不纯粹。它们是消耗战。比如，四色定理问题最开始是通过一个计算机程序解决的，但要夜以继日地测试各种可能性然后一个个排除。能想到这种证明方式当然很聪明，但是证明过程本身，如果打印出来看起来就像它自己的样子：野蛮的机械应用。它的证明过程很难理解，也没人能记得全。这种证明没有呈现清晰简单的真相。至于旅行商问题，到现在也只能用近似法或探索法求解，一样要借助计算机做烦琐的计算。过去三百年来，很多顶尖的数学家尝试为这个问题及其相关问题找到最佳高效解决方案，但都没成功，导致现在有人怀疑根本不存在最佳高效解决方案。更糟糕的是，现在不少人怀疑甚至不存在高效的近似解决方案。如果压根不存在最佳高效解决方案，解决这些问题的唯一方法就是研究这样或那样的特殊案例，排除不确切或不完美的方案。

数学承认存在这种情况并发明了很多工具，比如数值方法，它们就不具备数学证明那简洁、简单和优雅的标志特点。而古典风格，不承认任何不符合它的优雅模型的东西。古典风格背后的信仰不承认无法用简单易记的方式呈现出来的真相。实际上，这恰恰说明古典风格主张普遍适用的同时又限制它的适用范围。

客观真相依赖主观思想

这个是最核心的秘密，与古典风格对真相这个概念的理解有关。古典风格对风格元素的立场取决于一种认识：事物存在唯一的客观状态即"世界"，而作者能不偏不倚地看待这个世界。古典风格作者当然只能通过自己的大脑认识世界，但那颗大脑已经清除了所有障碍。因此它能完美地复制未被歪曲的客观真相。

笛卡儿提供了这个观点的模型，他说既然我们能知道上帝的存在，上帝就不会赋予我们完全不可信的思想。所有的错误都是因为我们与生俱来的基本思想被曲解为成见和偏见。一个大脑清除了曲解的人看得清楚明白的东西必定是真的。

古典风格背后的信仰正是以这种模型为基础：没有思想就无法看到真相，但看到真相所依靠的思想完美无瑕。尽管真相无法独立于思想，但是古典风格作者知道一种纯粹"客观"的真相，它可以被看作独立于思想，因为古典风格作者没有引进任何曲解。从这点来看，古典风格作者看到的真相，与以"上帝之眼"看到的"客观"真相没有差别，都不是某个人特有的思想。

当代哲学家希拉里·普特南（Hilary Putnam）这样描述该观点，事物有一种客观状态，可以客观地称其为外在主义视角，"因为它最推崇的是一种上帝的眼光"。[①][26]

坦白说，古典风格的秘密是，只要你是人类社会的一分子，就不可能拥有这种视角。正如普特南所讲，"并不存在我们能知道或能有效地想象的上帝的眼光；存在着的只是现实的人的各种看法，这些现实的人思考着他们的理论或描述为之服务的各种利益和目的"。古典风格的立场总是假定最好站在现实的人的世界之外，因为古典风格作者超越了纯粹的个人利益；他唯一的动机是真相，至少他最高的主导动机是真相。古典风格对真相的观察是对真相的完美复制。

古典风格的秘密也可以说是古典风格真相观念的两个限制条件。第一个是实践上的局限性：没有哪位作者能够一直严守纪律、不顾个人利益和个人处境；第二个是绝对的局限性：事实上，脱离了思想，人类根本就不可能知道真相或真相的存在。所有的真相观念（conceptions）及所有被以为正确的概念（concepts）只是——观念和概念。

古典风格假定的真相观念是基于普特南所说的"复制"理论：即真相对应独立于思想的事实。没有这种真相观念就没人能描述古典风格，但复制理论本身基于一个根本不可能的前提。我们怎么可能将脑中所想和语言所述之物与独立于思想的事实类比呢？我们怎么可能独立于自己的思想或者知道自己思想之外的事物呢？提出的方案有很多——它们包

---

① 汉译文出自《理性、真理与历史》童世骏和李光程的合译版本。——译者注

括笛卡儿的净化方案，借助审慎的怀疑来净化理智的大脑；还有实证主义者的排除方案，运用科学方法从理论看法中排除任何纯粹主观的东西。所有这些方案还是用人类的思想充当逃离引擎，但人不可能通过人类的思想能力逃脱人类的思想。

想想就会意识到，任何作者声称自己写得"像真相一样清晰简单"，就等于声称自己看到的真相完全独立于他的思想。我们永远都无法判断这种说法是真是假，诚如普特南所说，如果我们只知道两个事物中的一个，就不可能验证两者是否完全对应（或某些部分对应）。古典风格作者实际上只知道自己的思想。一个只知道自己思想的人，怎么能核实他的思想与独立于思想的真相一致呢？这就像我们期待一个只会英文不会中文的人断言某个中文文本的英文翻译正确无误一样。但是，古典风格在风格元素上的立场总是声称，不用回溯原文，光看翻译就能判断翻译的正误。古典风格的主张基于不可能实现的条件——这跟所有成熟一致的风格一样——尽管它的内在逻辑不通，但它在人们的思考方式上发挥着十分重要的作用。

虽然本书的重点不是讨论为什么这种自相矛盾的观点能在思想历史上占据如此重要的地位，更别说讨论其他可能替代复制理论的成熟理论了，但值得注意的是，复制理论在西方哲学生涯中有长达两千年的、不可超越的历史，而且看起来理所应当。普特南认为"也许现在大多数哲学家认同某种版本的真相'复制'理论"，康德之前的哲学家没有谁不认同这个理论。在康德看来，存在某种独立于思想的事实——用普特南的话说——"几乎是个合理的假设"。

"这不是我想的，这是我知道的。""你自己去看。""随便问什么人。""要不是我亲眼看到，我也不相信。""有经验的检查员已经核验过了。"所有这些常见表达，人们一般都能理解，其实是默认参照了复制理论。这从一个侧面支持了我们的观点：古典风格的"古典"是有原因的。这种观点在我们日常看待世界的方式中如此根深蒂固，以至唯一合理的替代理论似乎是，我们只是编造了我们看到的世界，每种看法和任何其他看法一样"真实"。虽然这种看法极端又天真，但普遍认为这是唯一说得通的看法。从这点来看，复制理论只有一种替代理论，而且很多人并不接受，所以综合利弊，只有支持复制理论，才可能避免混乱。

参考文献

1 亚里士多德.修辞学.约翰·亨利·菲利斯编辑和翻译.马萨诸塞州剑桥：哈佛大学出版社（Loeb 古典文丛），1926，第 419 页.

2 德米特里.论风格（section 2）.出自：亚里士多德.23:322-323.

3 朗吉弩斯.论崇高（section 3）.出自：亚里士多德.23:130（马克·特纳译）.

4 朗吉弩斯.论崇高（section 5）.出自：亚里士多德.23:136（马克·特纳译）.

5 亚里士多德.诗学（section 22）. W. 汉密尔顿·费菲译（英），出自：亚里士多德.马萨诸塞州剑桥：哈佛大学出版社[Loeb 古典丛书]，1932, 23:84-91.

6 朗吉弩斯.论崇高（section 1）.出自：亚里士多德.23:125.

7 朗吉弩斯.论崇高（section 1）.出自：亚里士多德.23:125.

8 朗吉弩斯.论崇高（section 8）.出自：亚里士多德.23:141.

9 朗吉弩斯.论崇高（section 9）.出自：亚里士多德.23:143.

10 迈克尔·多纳吉（Michael Donaghy）.机械（Machinery）.出自：Shibboleth. 牛津：牛津大学出版社，1988，第 1 页.

11 拉布吕耶尔.品格论（1688）. Robert Garapon 编辑.巴黎：Garnier 出版社，1962，第 70 页.

12 亚历山大·蒲柏.论批评（1711）.出自：亚历山大·蒲柏诗集：约翰·布特编辑.纽黑文：耶鲁大学出版社，1963，第 154 页第 347 行.

13 克利福德·格尔茨.论著与生活：作为作者的人类学家，加利福尼亚州：斯坦福大学出版社，1988，第 14-16，23 页.

14 朱利安·巴恩斯.纽约客（*Letter from London*）. 1992 年 5 月 4 日，第 78-92 页，引言出自第 80 页.

15 露丝·贝尔·兰巴赫. *Colony Girl*. 出自：*Women's Experiences in United States Communal Societies*. Wendy Chmielewski, Marlyn Dalsimer, Louis Kern 编辑，纽约雪城：雪城大学出版社，1993.

16 希腊米其林绿色指南.巴黎：米其林出版社，1987，第 24 页.

17 李伯龄，纽约客（*Memoirs of a Feeder in France: II. Just Enough Money*）.

1959 年 4 月 18 日，第 49-76 页，引言出自第 49 页，重刊：在巴黎的餐桌上：美好年代的美食与故事（1962）. 旧金山：北点出版社，1986，引言出自第 57 页.

18　E. B. 怀特. 纽约客（*Letter from the South*），1956 年 4 月 7 日，第 39-49 页. 重刊补充了"时光之环"，收录于：The Points of My Compass: Letters from the East, the West, the North, the South. 纽约：Harper & Row 出版社，第 51-60 页. 亦收录于：E. B. 怀特随笔. 纽约：Harper & Row 出版社，第 142-149 页.

19　普鲁斯特. 追忆似水年华（全 3 卷）. C. K. Scott-Moncrieff, Terence Kilmartin 译（英）. 纽约：兰登书屋，1981，第一卷，第 190-193 页.

20　撒母耳记上（1 Samuel）第 16 章.《新英语圣经》英译本.

21　耶利米书（Jeremiah）第 1 章.《新英语圣经》英译本.

22　以赛亚书（Isaiah）第 6 章.《新英语圣经》英译本.

23　荷马. 伊利亚特. 第 19 章第 149-161 行. 罗伯特·菲茨杰拉德译（英）. 纽约：Anchor 出版社，1974.

24　肯尼斯·伯克. 动机修辞学（1950）. 伯克利和洛杉矶：加州大学出版社.1969. 第 58 页.

25　修昔底德. 伯罗奔尼撒战争史. 第 2 章第 35-46 行和第 2 章第 60-65 行，第 144-151 页和第 158-163 页.

26　希拉里·普特南. 两种哲学观点. 出自：理性、真理与历史. 剑桥：剑桥大学出版社，1981，第 49-74 页，引言出自第 49 页和第 50 页.

结语

风格不是写作规范

本书希望成为一本古典风格学习指南，可以说对它的主题做了全面的分析。虽然本书默认读者的书写语言是英文，但这种风格不局限于某一门具体的语言。它是修昔底德等古希腊作家使用的风格，是十七世纪法国一批杰出作家使用的风格，尽管他们大多数人不会古希腊语；它是十八世纪法国化学家安托万·拉瓦锡使用的风格，是二十世纪美国的记者兼新闻评论员李伯龄使用的风格。本书讨论的原则是一种关于风格元素的立场，而不是一种或多种英语变体用法手册的依据。任何具备语言能力的人都能学古典风格，因为古典风格的原则像适用于英语一样，同样适用于日语或孟加拉语。

写作的概念比风格要广泛得多，我们已经尽力区分两者，但美国人常常混淆它们：写作的风格和英语的写作。大多数美国人在英语课上学写作，不少调查表明大多数美国人理解的英语无外乎拼写和用法（选择表达"可能"的情态动词用can还是may，affect与effect都能指"影响"

但前一个是动词后一个是名词，imply和infer都能表达"暗示"但场景不同，等等，类似的例子不胜枚举）。

除了一些谈基本写作问题的书以外，还有大量且越来越多的相当于规范手册的书讨论惯用法和其他表面特征，这些都源于一种默认的假设：一个人只要掌握所有这些规范要点，就能写"英语"。形成这种假设的依据是了解事物就是了解它的表面细节。

有些人就常基于这种假设奚落别人，听起来无人可反驳。"X怎么可能知道认识论（epistemology）？他连这个词都拼不出来！"口头语言也会有同样的轻视："Y怎么可能知道德加（Degas）？她连他的名字都念不出来！"这些话说出来几乎总是言之凿凿，虽然没一句有道理。任何一个人想说什么事物时，即使不会拼或不会念，完全有可能了解很多，这很普遍。

精通一本规范手册，掌握现在惯用的拼写规则，明确区分"allusion"（暗指）与"illusion"（幻想）和所有其他常用混淆词，不能说一定学不会标准英语。但这是最不可能学会的方式，就像马尔科姆·X（Malcolm X）想通过背诵字典来获得读写能力一样。问题是任何人想通过规范手册学会写作（字典也是语言规范手册的一种），就永远只是被动地接受建议；它们没有提供一组原则，让一个人理解这些原则后就可以不看手册。比如，一个会讲英语的人从不会写错句子顺序：他不太可能不确定是说"递给我糖浆"（Pass me the molasses）还是"我糖浆递给"（Me molasses pass the），还是这个人，但他可能会不确定"糖浆"

（molasses）的正确拼写，即使他成为一家报纸的总编辑或一名英语教授。

作者要掌握一种风格，光做到准确还不够；即使一篇文章、一封书信、一则报道或是一本书完全"准确"，还是有可能表达不清；可能压根没有写出作者原本要表达的东西。这种表达，如果只是准确无误，哪怕有用，也只是一时的用处，时间久了就很难理解。夏尔·戴高乐（Charles de Gaulle）有一次去莫斯科进行国事访问时，用准确易懂的俄语发表演讲，让莫斯科人很吃惊。在那之前，没人知道他会讲俄语。这令一些国家的情报部门很难堪，以为是情报工作出了明显的纰漏，竟然不知道戴高乐会说什么语言，后来他们才发现没有弄错。戴高乐的确不会说俄语，他只是接受了训练，通过背诵录音正确读出俄语单词，并用一种显然是周密思考过的方式把它们组合一起，再用同样的方式抑扬顿挫地讲出来。这是一个演员娴熟运用技巧的表现。戴高乐的表现是轰动的，但这并没让他学会说俄语，他仍然对俄语一窍不通。

这本小书不是某种捷径，无法帮助你实现学写英语或任何其他语言这类不现实的目标。本书的目标不是教你怎么提升技巧怎么写英语这样模糊又泛泛无边的问题。本书有一个切实可行的目标，如何充分理解一个更具体的领域：古典风格，包括它在英语上的具体应用。第一个目标，"写英语"，和绝不会拼错单词一样不现实；第二个目标，写古典文章，就像写对语序一样能学会。如果你记不住"effect"和"affect"之间的差别，本书也帮不了你，笔者也不会赢得拼写比赛的冠军；如果我们认为学会写作就是学一种语言表面的偶然因素，没人能成为一个好作者。世上有哪个英语行家可以把《牛津英语词典》或《韦氏词典》中每一个单词都读出来、拼出来并用对呢？这能说明没有真正会说英语的人吗？一位有能力的作者完全可以掌握一种风格的原则，任何风格都不会是一组死板的规则。一旦理解这些原则并娴熟地运用起来，作者就能主动使用这种风格，这种风格会成为作者灵活运用的能力之一，就像轻松写对句子顺序一样。即使这种风格有它的限制，但创造和发现的空间是无限的；就像英语语序有它的限制，但形成意义和表达的空间是无限的；因为掌握一种写作风格就像掌握基本的语言能力一样，是一种需灵活运用的活动，不是某种死记硬背的表演。

第二部分

古典风格博览

| 导语 |

本书第二部分可以看作一间风格博览室，其中展示了不同年代、不同国家的作家所写的古典风格作品（选段），这些作品不限语言，不限主题、不限作者的个性，但都基于同一古典风格立场，即场景、呈现、真相、角色、思想和语言这组风格要素的立场。从不同风格的对比赏析中，你可以进一步理解立场如何决定风格、风格如何决定内容。

第四章

古典立场

场景

类古典场景

选段4-1

"凤头山雀，包括黑冠凤头山雀"

（学名：*Parus bicolor*）

凤头山雀是群居鸟类，尤其在冬季，喜与山雀、五子雀、戴菊鸟、旋木雀以及小型啄木鸟等鸟群混居在一起。虽然经常光顾食槽，但它们并不像黑顶山雀那样温顺或与人亲近。它常常紧抓树皮，从枝叶底下倒挂着啄取蜘蛛和昆虫。得克萨斯州的"黑冠凤头山雀"，直到最近才被认为是一个独立的物种。

声音：它们的鸟鸣声经年不断，传得很远。最常听到的叫声，是一连串四至八个音符的鸣叫，听起来像"彼得-彼得"，反复不断。

"灰伯劳"

（学名：*Lanius excubitor*）

与大多数鸣禽不同，伯劳鸟捕食小型鸟类和啮齿类动物，用喙捕捉到它们后，有时还把它们穿在荆棘或铁丝网上储存起来。

与其他依赖啮齿动物生存的北部鸟类一样，灰伯劳的活动是周期性的，当北部啮齿动物种群数量较少时，它们在南部的活动变得更加频繁。有时它们栖息在树枝上一动不动，静候猎物出现；有时它们在空中盘旋，准备随时扑向任何移动的东西。

——约翰·布尔和小约翰·法兰德，《奥杜邦协会北美鸟类野外观鸟指南·美国东部地区》[1]

野外指南在真相、呈现、场景、角色、思想和语言上的立场，与古典风格对风格要素的立场一致。它的潜在场景是一个人向另一个人呈现观察到的东西，另一个人所在的位置可以通过直接观察加以验证。

读者不是在图书馆做研究，而是在现场边看边听。因为野外观鸟指南假定的场景是读者在野外，所以它写出来的风格不能指望读者研读或重读。它力求简洁高效，描述鸟的方式要足够具体准确，能让读者识别出来。

一本优秀的野外指南当然是反复斟酌和修改的结果，但它听起来像是理想的即兴发言，就好像身处野外时，身边一位才华横溢的同伴想要告诉你些什么。作者和读者之间是一种对等关系：虽然作者比读者更了解这个主题，但如果读者看到了作者看过的东西，他会和作者一样了解这个主题。指南的目的是把读者放到与作者对等的位置。

作者对读者并无所求。作者的目的纯粹是呈现真相。作者和读者均无任务在身。作者写作，读者阅读，他们不是为了完成某个外部任务——解决问题、赚钱、赢官司、拿回退款、卖保险、修机器——而是为了探讨一个主题——上面这个例子探讨的是鸟——并共同发现这个主题的真相。作者采取了一种无所不知的姿态，毕竟对一个在野外的人来说，最恼人的是读到一篇表达不清又自我辩解的文章。

《奥杜邦协会北美鸟类野外观鸟指南·美国东部地区》中的条目所列的每个观察在形式上接近古典风格，和我们发现任何事物一样。在古典风格中，典型场景是一个人与另一个人交谈，呈现彼此都能观察到的东西。观鸟指南与该场景并不完全一致，因为它是写作，不是说话，而且两个人不是实际的面对面；但尽管如此，已经相当接近古典模式了。野外指南最显著的特点是，从不会让读者关注文章本身。介绍凤头山雀的词语（"没有那么温顺，也没有那么与人亲近"），或描述灰伯劳的句子（"与大多数鸣禽不同，伯劳鸟捕食小型鸟类和啮齿类动物，用喙捕捉到它们后，有时还把它们穿在荆棘或铁丝网上储存起来"），都是绝佳的表达，但它拒绝承认这是呈现该主题的唯一方式。这篇文章的清晰与必然，与它描述鸟类的存在一样复杂精妙，不含糊不做作。要写凤头山雀或灰伯劳，只要仔细观察就够了，不需要额外的思考和努力。观看是写作的一部分。观察到位了，写作就没什么难的了。

"奥杜邦协会野外指南丛书"毫不犹豫地假定，读者对鸟自然是感兴趣的。呈现的每一个细节都同等重要。整篇文章要逐字逐句品读。长嘴啄木鸟（hairy woodpecker）这一条指出，它可以消灭昆虫（如钻木甲虫），"用带倒钩的舌头把虫子从树洞中钩出来。和其他啄木鸟一样，它敲打枯木，既是求爱仪式的一部分，也是为了宣称自己的领地。"讲述者没有显露丝毫的羞怯或尴尬，无论描述长嘴啄木鸟是"一次敏锐而特殊的匆匆一瞥"，还是西美草地鹨（western meadowlark）和东美草地鹨（eastern meadowlark）"如此相似，直到1844年奥杜邦才发现两者的差异，因为这种疏忽导致给西美草地鹨起名为'neglecta'。当作者说"好莱坞电影配乐中经常出现西美草地鹨的歌声，哪怕电影取景地不属于西美草地鹨的活动范围"，作者的立场只是呈现真相，没有故作精明也没有任何偏袒。作者用语言表达思想时没有一丁点局促不安，所以词句不会流露出任何忐忑或羞怯。又如下面这句对西美草地鹨叫声的描述："咯咯的音符交杂一起，像长笛一样圆润洪亮，常用降调；和东美草地鹨一阵阵的简单哀鸣不一样。"讲述者从不言过其实，也不会言不尽意，而总是恰如其分。他们说话的口吻是它本该如此。作者不需要捍卫什么。

非古典场景

选段4-2

"龙骑兵领带"

十六世纪后期，欧洲有种士兵进攻时骑马作战，防御时下马成为步兵，叫作"龙骑兵"（dragoon）。这种叫法源于他们的武器，一种称作"dragoon"的卡宾枪或短管滑膛枪。在十八世纪普鲁士大帝腓特烈二世的早期战争中，"龙骑兵"指的是中型骑

兵。英国军队的轻骑兵在十八、十九世纪时，多数情况下被称为
"轻型龙骑兵"。和骑兵一样，轻型龙骑兵这种说法和相应功能
在二十世纪也消失了。

这款斜纹丝绸领带为我馆特有，领带上的龙骑兵形象，源自
美国国家历史博物馆军事历史展览中一项十七世纪锡制帽装饰品
上的图案。

——1991年美国国家历史博物馆礼品店小卡片上介绍龙骑兵领带
的文字

当作者渴望或需要从读者那里得到什么时，实际场景不是古典场
景。古典风格作者不会直接争取读者的认同，也从未公开征求读者的支
持，或明面上从事任何层面的推销活动。他写作不是为了让读者相信什
么，也不是为了引导读者做什么；他写作没有任何实际目的。他只是呈
现一个有趣的真相。这种真相有可能自然导向某些判断或行动，但在这
种情况下，真相本身就足以让读者做出这种判断或行动。

当专业领域或商业领域的作者想从读者那得到什么时，通常用实用
风格写作。技术手册、商品推销、政治争论、本科生论文、计算机指
令、社论专栏以及各种想引起我们注意并想左右我们选择的文本，通常
会写成实用风格，至少是尝试用这种风格。

这是有原因的。当有人想从我们这得到什么时，我们不一定会愿意
听，更别说听每一个细节。实用风格允许略读，并要尽可能节省读者的

精力。如果作者知道，读者正在读上百份类似的文件，已经开始疲倦甚至厌烦了，并且开始略读某些部分，不管是看不了还是不想看，就是没办法逐一细读，这时候必然要用实用风格。

即使是与古典场景对应的实际场景，使用古典风格的效果也很显著。古典风格是一种通用的呈现型风格，任何东西都可以呈现。采用古典风格的典型场景，可以把读者带到更愉快、更高尚的场景中，弱化实际场景。这种场景转换，能立即达到作者的实际目的。在古典风格的典型场景中，某个人只是用一种简单日常的即兴方式呈现真相。在实际场景中，作者和读者之间可能存在潜在的利益冲突，或者读者因为某些原因可能不乐意主动投入自己全部注意力，又或者作者在尝试对读者施予压力，总之，作者和读者不能完全客观地参与到所呈现的真相中。如果古典风格的典型场景能隐藏这些实际场景，作者不用额外做什么就能达到他的目标，因为他设定的场景已经实现这些目标了。

所有修辞立场中最有说服力的是，写出来的好像不是为了说服而只是为了呈现真相；所有修辞立场中最吸引读者的是，写出来的好像读者当然对所呈现的事物感兴趣，好像这个问题不值一提。如果能做到的话，通常最好的修辞立场是，让说话听起来不带任何修辞目的。正确应用这种立场可以一开始就实现实际修辞目的：读者感兴趣或被说服，压根没想到是作者刻意引导使然。把这种修辞策略用到经常使用实用风格或演说风格的情境中，效果很显著。而且比起实用风格或演说风格的刻意，这种策略更令人愉悦。平等相待让读者感到被尊重，客观地谈论真正有趣的事物让读者感到放松。

用古典风格隐藏实际目的相当明智，由此更能深化它的主题、作者和读者之间的关系。读者要是埋头阅读一百篇实用风格的备忘录，可能更希望它们被写成古典风格，因为古典风格从不把阅读当作任何人必须完成的任务的一部分，而是把阅读当作读者感兴趣且无法抗拒的事情。

这段呈现史密尼森博物馆龙骑兵领带的话，示范了如何用古典风格推销商品，但它有一处明显的瑕疵，即透露了古典风格和实用广告风格的差别。"我馆特有"这个词没用好：第一，古典风格作者只为自己说话。他不承认自己作为某机构代言人。相反，他在跟别人平等地对话。第二，"特有"这个词，尽管从词义上指只有在史密尼森博物馆才能买到这条领带，但它属于销售用语，容易让人立即联想到销售员向顾客兜售商品的典型场景。

但是，如果将"我馆特有"这个词换成"这条"，这段文字就具有古典风格了。它假装在说话。它的目的是呈现有趣的真相。它采取的是无所不知的姿态。某人只是和你讲你所看之物的有趣之处。你会看到每个细节。作者与读者之间是一种对等关系。尽管写作技巧了得，它并没有把关注点引向文本本身。"和骑兵一样"这样简洁易记的短句，用插入语的形式恰如其分、轻描淡写地呈现历史情境，就像作者信手拈来一样。当然，读者有兴趣了解领带及其细节、图像和制作材料，以及相关历史。读者可能想要这条领带也是很自然的事情。作者实际上在诱导读者做某些事情，如买领带这种庸俗行为，但绝不能让这种意图显露出来。

"这条"和"我馆特有"都是语法学家所说的"限定词"。这个替换没有改变"短语-语法"或"文本-语法"的层面的内容，但改变了风格，说明只是列出"短语-语法"或"文本-语法"的特征，无法定义或从其他风格中区分出古典风格。因此，模仿"短语语法"或"文本语法"的某些范例无法让一位作者学会古典风格。这就是为什么本书不是一本语法指导手册。它讲述的是风格概念、风格要素及古典风格对风格要素的立场。思考过古典风格的读者会发现，可以从本博物篇展示的文本中看出来，在某些场合，古典风格对风格要素的立场可能会表现出相应的表面特征，但这些表面特征并不构成风格。

呈现

主题不限

选段4-3

> 当地人称它为阿卡迪亚，但它有个更广为人知的名字，叫嘉郡，这个与世隔绝、阴冷潮湿的地区居住着法国难民和获得自由的奴隶的后代。
>
> ——《洛杉矶时报》，1992年8月28日[2]

> 痔疮实际上是直肠静脉曲张。
>
> ——一家医疗诊所匿名小册子上的第一句话，1992年

我们摘录这个选段是想说明呈现任何事物都能用到古典风格。因为古典风格是一种非常优秀的风格，而且在十七世纪法国的文体大师常用古典风格写贵族话题，因此古典风格被误认为只适用于写与贵族相关的主题。其实，恰恰相反，第一个选段是时事头条，报道安德鲁飓风在墨西哥湾沿岸的路易斯安那州登陆。作者以一种全知姿态，认为读者理所当然对这个主题感兴趣。每个细节都值得关注："当地人称它为阿卡迪亚"。

第二个选段是一本佚名日常医疗小册子上开头的话。作者写出来就好像这个主题明显对读者很重要，好像他在谈论圣灵的奥秘或美味的葡

萄酒无规律的演变历史一样。"实际上"这个词，预设了读者当然对这个主题感兴趣。

从主题到细节

选段4-4

古希腊人希望为荷马诸神的丑闻辩解。

——迈克尔·默林，《寓言史诗》[3]

物理学素有将许多现象合成几个理论的历史。

——理查德·P. 费曼，《QED：光和物质的奇异性》[4]

自反原则被获得的方式是，把某个问题或主题分析成足够同质又独立的整体，用以解决问题或阐述主题。

——理查德·麦克科恩，《哲学与方法》[5]

视觉有一些基本模式。其中，最基本的一个模式是，我们被某种刺激物吸引，然后开始观察更细微的细节。眼睛的构造正是为了服务这种模式：我们的周边视觉不太敏锐，但可以让我们选定想关注的东西；然后我们转动头部，让刺激物进入视网膜的中央区，即中央凹，这是一个更敏感的接收器，适宜观察细微的东西。

这种感知模式，不仅是我们所有感官认识的基础，也是我们理解抽象概念的基础。我们认为概念观察也遵循这种结构：我们选定一个概念，投入注意力，然后观察它更细微的细节。因此我们常常说这样的话："现在让我们把注意力*转向债券市场*"，或者"他如果*到处看看*，他会看到发生了什么"。

因为古典风格向读者呈现主题，所以毫不奇怪古典风格会偏好这种感知和观察的基本模式。古典风格作者常常将自己的任务视为，让读者选定一个特定的抽象主题，投入注意力，然后关注它更细微的细节。通常，一篇古典文章或一个古典句子的语法结构也会契合这种模式。一篇古典文章在正文前会有一个标题——凤头山雀、灰伯劳、龙骑兵，这种意象图式可以帮我们快速理解文章：标题让我们选定一个事物并注意到它，正文会呈现细微之处。

选段4-4中的前面两句用的是这种基本的呈现型意象图式结构。在概念上，每段都希望呈现一个主题——古希腊人或物理学——然后更细致地观察这个主题。在语法上，每段先是指明主题，然后对该主题做具体陈述。

有意象图式并不意味着是古典风格。假设这几个句子写的是："古希腊人希望获得荣耀"和"物理学素有试图解释现实的历史"。这两个句子都将读者引向一个主题，接着尝试选了一个细节。两者都是无所不知的姿态，没有拐弯抹角地分散读者的注意力。两者都是一个人与另一个人交谈的典型场景，并且两者都是模仿声音而非写作。诸如此类还有很多。但要达到古典文章的标准，它们仍有瑕疵，因为古典表达是用准确的词汇表达细微的概念差异。

古典呈现的成败在于是否体现细微的概念差异。迈克尔·默林和理查德·费曼的两个选段，看起来是仔细斟酌过这种差异的。从这两段话可以看出来，要做出如此细致的选择和概念区分，作者必须掌握丰富的知识。它们都没有引起读者关注作者本人的学识，也没表示出即使读者有作者一样的体验也无法看到这些真相，但两者确实表达了这种印象：只有具备丰富的个人体验才能做出这些呈现，尽管只是呈现合理真相而非个人经验。

选段4-4的前两句尝试阐述一些极其复杂的事物的本质。每段都需要细致入微的观察。没有这种观察，它们与"在古代世界，每个人都相信神决定一切"或"性以某种方式让你感觉良好"这些句子没什么区别：表达的都是肤浅的知识，或者是没有根据的陈词滥调。

选段4-4的第三句出自理查德·麦克科恩，主题不明，尽管逐条比对传统的风格清单，但仍很难看出原因。惯用法手册通常不鼓励使用被动语态，但这个选段即使改成主动语态，也不好读。麦克科恩是罗伯特·波西格（Robert Pirsig）《禅与摩托车维修艺术》（*Zen and the Art of Motorcycle*）这本书中"主席"的榜样，像杰里米·边沁一样，他写文章是为了让人解谜而不是供人阅读。一些人认为这种写作特征造就了——虽狭隘但深入人心的——他那深奥的文风。当一位哲学家的作品很难读懂时，一些读者认为话题本身的困难导致了他的文学风格不易理解。他们理所当然地认为他的思想非一般人能懂，他的语言也非一般人能读懂。费曼认为，他可以让普通读者理解量子力学；相反，麦克科恩可能会把《巴斯克维尔的猎犬》（*The Hound of the Baskervilles*）写得像量子力学一样难懂。但是无论读者如何看待他的思想特点，阅读几页麦克科恩的文章确实常常让人觉得好像陷入了漩涡一样。读者之所以晕头转向，是因为麦克科恩是极少数不遵循人类常规感知模式的作家之一。这个选段看起来是在引导读者使用常规的感知模式和概念模式来理解——指向一个清晰的主题，然后深入研究其他细节——但读者尝试用这种方式理解时会发现，要呈现的主题看起来从未确定过。这句话好像在反复确认主题，而没有深入细节，犹如某种令人费解的循环论证。

别让叙事作者取代主题

选段4-5

　　马奎曾经在圣母玛利亚无原罪受胎节的宴席上庄严地发誓，只要圣母玛利亚允许他发现这条大河，他就用"受胎"这名字为河命名，并以此来纪念圣母。他实现了他的诺言。那时候所有的探险家在探险旅行时都带着传教士，德·索托的身边就有二十四个传教士，拉萨尔身边也有几位传教士。虽然探险队时常缺少肉食，衣服也显然不足，而用于做弥撒的设施和必需品却一应俱全，他们永远准备好这些物品。在当年的编年史中有一条颇为奇妙的说法，即这些物品是"为了向未开化的野人阐明地狱情形的"。

远在我孩提时代，与我同住在密西西比河西岸村子里的同代伙伴，都怀抱着一个永恒不变的远大志向。这个志向就是当一名轮船上的水手。我们也有其他各种各样的一时性的志向，所有那些志向不过是片刻的虚幻。比如，马戏团来到这里又走了之后，会留给我们一些火辣辣的思绪——想去当个小丑；又如，黑人乐团第一次来到这里演奏时，也激起过我们的幻象——想去过这种生活。不时有一种希望出现在脑海之中，那就是：如果我们活着，为人正派，上帝便允许我们去当海盗。然而所有这些远大志向都会一个个地轮流破灭，唯独"当一名水手"的志向会常驻心间。

——马克·吐温，《密西西比河上的生活》①6

古典文章是观看主题的窗户。主题从不会被作者本人替代。当主题是凤头山雀、龙骑兵的领带、安德鲁飓风、物理学、古希腊人或任何不可能混淆为作者本人的主题时，很容易区分。如果主题是作者曾经参与其中的某个事件，两者的区分会微妙起来。这种区分在古典风格的叙事性新闻（literary journalism）中极为常见，作者常常报道他经历的场景：呈现自己的角色是呈现场景的一部分。李伯龄（A. J. Liebling）《在巴黎

---

① 汉译文出自罗志野翻译版本，本书其他《密西西比河上的生活》选段均出自该翻译版本。——译者注

的餐桌上》(*Between Meals*) 这本书写学习怎么吃时，他写了一名年轻的美国大学生逃课去各种法国餐厅品尝美食。吐温写《密西西比河上的生活》时，他写了一个在密西西比河长大的男孩幻想成为领航员，后来他真的成了密西西比河上的领航员。

男孩吐温和少年领航员吐温都是主题的一部分；他们没有被作者吐温替代。我们不是在阅读一本开头声称讲密西西比生活，到作者回忆美国南北战争前的青春岁月时，却发现自己陷入作者个人内心动荡的书。

当一位古典风格的作家呈现自己的经历时，所呈现的是既非私密也非纯个人的东西。吐温呈现的经历并不私密：如果你在那里，你会看到他看到的，而他的目的是将你放在刚好能看到的位置上。你现在无法参观密苏里州的汉尼拔镇纯属偶然。同样，这些经历不是纯个人的。你可以看出他呈现的童年野心的真相，也可以通过自己的经历或别人的讲述确认这个真相。

因此，作家吐温和拥有这些个人经历的吐温，从未取代文章的主题——密西西比河上的生活。男孩吐温和蒸汽船领航员吐温是这个主题的一部分，也是这样被呈现出来的。

吐温是一个固执己见的人，他有些书的观点不够古典，带着某种利益倾向或好斗情绪，但《密西西比河上的生活》是一部古典风格作品，不关心利益，有断言但没有争辩。作者的姿态是：密西西比河上的生活新奇有趣，他刚好想着告诉你就即兴说了起来。他写得好像没有什么要论证的，只需讲述事实，读者只要在他那个位置立即就能看出来。讲述探险家和牧师的那段邪恶小史时，吐温把他自己的断言表达成纯粹的观察。吐温最好的一些作品把这种隐藏手法用得特别娴熟，就如下面一段话，吐温实际论证的观点是：派遣军队入侵的一方不可能对被入侵的那一方感同身受。吐温既不断定也不怀疑他的核心论点。他只是呈现出北方人和南方人在观点表达上的显著差异。

在北方，一般社会交际当中，你一个月会听到一次有关战争的谈话，有时候也会多到一个星期提到一次战争的事。但是作为特殊的题材，战争这个话题在很久之前就不走运了。之所以这样，其理由是很充足的。今天如果有六位先生在一起吃饭，通常他们当中有四个人，或者有五个人，根本就没有上过战场。所以谈论战争的可能性只是二比四或者一比五，今天晚上战争这个话题看来就无法进行了。不过谈论这一话题的机会还是有的，但是谈论的时长很短。如果在这行人中间再添上六位妇女，也就是说添了六位目睹极少战争可怕场面的人，她们就无法谈论很多年前的战争情况，你要是提到战争，要不了一会儿，她们对这个话题便感到厌烦。

在南方的情况完全不一样，那里你遇到的每一个男人都经历过战争，你遇到的每一个女人也都见到过战争。战争是他们最主要的谈话主题，一谈到战争，兴趣便来了，百谈不厌。而其他话题却是一谈便结束，是暂时的。一提到战争，原来沉闷的伙伴便兴高采烈起来，舌头一溜便谈开了，这时其他一切话题便显得毫无生气。在南方，战争就是其他地方的耶稣纪元，他们是以战争作为开始的日子的。一天到晚你都会听到什么事情是战争一开始发生的，在战争中发生的，在战前发生的，在战后发生的，或者是在战前、战后的两年、五年、十年发生的。这就说明，战争跟每一个经历过重大事件的人都联系得那么紧密，这就使得没有经历过的外地人对战争所带来的灾祸有了一个明确的看法，比他坐在炉边读描写战争的书要强得多。7

让抽象看得见

选段4-6

　　瞻仰今桐生家后代子孙所收藏之辉胜像，南蛮胴搭配黑革连缀的铠甲袖，铠甲下连护腿甲；头盔两旁有宛如水牛角的巨大装饰，右手持朱红指挥扇，置于膝上的左手大张，拇指按着大刀刀鞘，足蹬毛靴，双脚盘于虎皮垫上。若除去甲胄，也许能一窥体格，可惜如此装扮仅能瞧见容貌。战国时代的英雄画像大多像这样全副武装。观看历史图鉴常出现的本多平八郎、榊原康政等人之像，都非常类似，无不看起来威风凛凛，又让人觉得有点怒气冲天，仿佛旁人近身不得的紧绷模样。

　　——谷崎润一郎，《武州公秘话》，英文翻译：安东尼·钱伯斯 ①8

---

① 汉译文出自张蓉蓓翻译版本。——译者注

古典风格作者的优秀在于细致敏锐的眼光。从字面上来讲，这种眼光常常是视觉上的，如上面谷崎润一郎观察辉胜像左手的细节。古典风格的眼光是一种引申义，包括通过感官或通过推理观察到的任何事物。谷崎润一郎先是观察头盔、胸甲和指挥扇这些看得见的细节，接着观察了无法直接看到的细节：威风凛凛、怒气冲天、近身不得、不舒适的紧绷感；传统的英勇姿态；文化历史框架。我们不能像看一只手一样看到英雄主义、文化场合或冲天怒气，但是古典风格作者假定我们可以用同样的方式观察到。谷崎润一郎看到并呈现出来的真相是公开的：一旦指出来，任何没有视力障碍的人都能看到这只手及其异常粗大的样子。同理，一旦指出来，任何没有智力障碍的人都会看到文化框架、英雄主义、紧绷感和怒气。真相不言而喻，古典风格作者只需如实呈现，让读者自己观察和验证即可。

真相

真相终将胜利

选段4-7

> 我们认为以下真理是不言而喻的：人人生而平等；人人都享有上帝赋予的某些不可转让的权利，其中包括生命权、自由权和追求幸福的权利。

> ——托马斯·杰斐逊，《独立宣言》

> 一个人只要推理能力极强，极会把自己的思想安排得明白易懂，总是最有办法使别人信服自己的论点的，哪怕他嘴里说的只是粗俗的布列塔尼土话，哪怕他从来也没有学过修辞学。

> ——勒内·笛卡儿，《谈谈方法》[①] 9

"真相是纯粹的、永恒的，不是偶然的。"杰斐逊的话有如一颗明星悬于天上。他的话确实是对特定场合的回应，但他的回答既可使用于该场合，也能独立于该场合。他表达的是永存不变的事物：造物主把它赋

[①] 汉译文出自王太庆翻译版本，本书其他《谈谈方法》选段均出自该版本。——译者注

予我们。它是基本事实，而非某个过程的结果。它不是获得的。它不可转让，所以无法改变。

根据笛卡儿的说法，真相不仅是永恒的，而且是独立于任何场合的，任何人都有可能知道——原则上没有例外，除非是天然的缺陷，生下来就有心智障碍。令人信服无须具备精英专属的特殊能力，比如读写能力、良好的教育、城市居民、富裕家庭等。杰斐逊也认同真相是民主的，所以他才会认为"这些真相不言而喻"，所有人都能看到。一个没有上过学，不会说法语，只会说布列塔尼语的农民可以比一位巴黎的修辞学教授更具有说服力，如果他的思考比修辞学教授的更有逻辑。

两个选段都表达了一种整体的乐观态度。真相终将胜利，大部分当即就胜利。这种乐观是"美国化"的一种态度，是典型的"美国古典风格"。

真相：看到就会相信

选段4-8

呈现真相，就是让人相信它。

——布莱兹·帕斯卡，《沉思录》[10]

真相不可能说出来能让人理解，不能让人相信。

——威廉·布莱克，《天堂与地狱的婚姻》[11]

和杰斐逊和笛卡儿一样，帕斯卡认为："人人都可以知道真相：看到就会认出来。"帕斯卡的这句话中，让什么人相信真相？答案是看到真相的任何人，凡是身心健全的人都会相信真相。如杰斐逊和笛卡儿说的那样，观察真相与社会地位、教育、财富或任何其他资格都无关。它不是谁的专属。在什么样的场合，真相可以呈现出来让人看到？在什么样的情境，真相可以呈现出来让人看到？答案是在任何场合、任何情境下真相都可以呈现出来让人看到：因为真相与对真相的观察不依情况而变。

真相一旦被看到，就会立即让人完全信服。诡计也可以被亲眼看到，但你不会相信。你可以看到一些你相信不可能存在的东西，比如沙漠里的海市蜃楼。许多事情即使看到，也仍然被怀疑是假的。但是，真相不是这样，看到它就知道它是真相。

呈现真相的过程就是说服的过程。真相自有足够的力量。从这点来看，真相很不人道：它完全自给自足；它克服了一切人类缺点；它不需要人类的任何帮助。要让它被看到，只需纯粹地呈现。正如杰斐逊所言，一旦指出，真相不言而喻。

真相完美无缺。发现真相不会带来什么利益，因此它不偏不倚。它没有行骗动机。它无法虚伪地表现自己，因为它没有任何自我表现。自我表现只有人类才有。人并非完全可见，因为被包装着。这种包装总是受突发事件、一时利益和个人欲望的影响，因此不值得信赖。但真相没有包装。真相被包装后就不再是真相。

帕斯卡的话隐含着一个前提，适宜的文章或适宜的呈现是一扇窗户：透过这扇窗可以直达真相。呈现有可能出错，以至于真相无法展示出来，所以人们看不到真相。窗户可能翘曲、变脏或模糊，变成一种虚假的包装。这是呈现的失败，而不是真相的失败。真相从不缺乏力量或说服力。

真相总是能够经得起考验。它顶多被误解和误用。但没有什么对真相是致命的。真相是永恒的，任何试图玷污真相的行为注定失败。就如呈现的方式会被歪曲一样，观察的方式也可能被歪曲，但真相不可能被歪曲，甚至不会受这种歪曲的影响。它独立于人类的目的。尽管一个人可以拒绝观看真相或拒绝呈现真相，但不可能看不到被展示出来的真相，否则就是不通情理。

这需要训练，但任何人都可以呈现真相，而且真相通常会呈现出来。一旦呈现出来，它会发挥出其全部的效力。

布莱克的句子看起来和帕斯卡的句子很像。在风格上，威廉·布莱克的句子出人意料地有点复杂：真相不可能说出来能让人理解，不能让人相信。用平实风格表达这句话是"真相不可能说出来，也不可能让人相信"。

布莱克在平实风格的基础上做了进一步的提炼、限定和思考。他用简单的词句提炼出关键概念，让这种断言变得更加复杂巧妙，这是平实风格尽力规避的。这种言简意赅的概念提炼是典型的古典风格，所以布莱克的句子看起来很古典。

但布莱克不是古典风格。实际上布莱克的风格模棱两可。这个情况复杂且无法解决。经过考虑可以看出，布莱克的句子观点摇摆不定，但由于作者和读者之间的交流通道不完整，所以读者甚至不能确定布莱克是否有意摇摆不定。表面上他呈现的是永恒可知的真相，不是偶然，也不限于特定场合，但如果我们仔细观察，他可能在表达完全不同的观点。他从未说真相有可能说出来，所以能被理解。这样的观点违背了古典风格的基础前提。这个基础前提在布莱克的句子中摇摆不定，依据一个可能实现也可能无法实现的前提。这个句子不是古典风格，不是因为它背离了古典风格的真相立场，而是因为它呈现的东西不是确定的。它在古典视角和非古典视角之间摇摆。这种形式的未决事物不可能是古典风格。

布莱克的句子就像一个内克尔立方体：它包含两种不同的图形，观察时我们一会儿看到这个图形，一会儿看到那个图形。它并非永恒。它不稳定。它不可能稳定下来。它看起来很古典，但这只是虚假的表象。

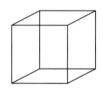

真相无须美化

选段4-9

> 写作要自然、有力、精妙，就需要表现出真相。
>
> —— 拉布吕耶尔，《品格论》[12]

> 事实是（国王）令人钦佩，并且肯定值得被历史学家载入史册，而不是被两位诗人歌颂。你和我一样清楚当我们谈到诗人时是指什么。无论怎样国王都不需要他们；不需要通过创造或虚构，将他推至别人之上；只需要一种纯粹的风格，干净而直接……
>
> ——塞维涅夫人，《致堂兄布西-拉鲁廷的信》，1678年3月18日[13]

这两段互为补充的话引自法国古典风格的两位奠基人，表达了古典风格对待真相的典型立场，按照这种传统，这种立场比任何创造都更具有说服力，而且是人类才智未受蒙蔽时自然追求的目标。创造需要技巧。而真相自带说服力，无须复杂的修辞技巧或诗歌技巧。它只需要清晰地呈现。人类的才智可以自然地识别真相。技巧只会误导——这正是它的目的。这种误导会降低人类对真相的天然敏感度，从而削弱人类观察真相的天然能力。

因此，真相自然、有力、精妙。呈现真相的语言最好不要引起对自身的关注。当我们谈论某人的个人风格或文章风格时，我们通常指那些显眼的特征。当拉布吕耶尔谈论"自然地写作"时，他思考的是一种毫无特色的风格，就像"自然"不具有特色一样。从这个意义上，现代书在版式上比古抄本更自然，因为书打开后相互对称，正符合人体的对称结构。十二开的书最初是为了适合手拿而设计的，而现代书籍的版式是一种文本排布风格——自然、有力、精妙，只有书目学家、图书装订员或档案管理员才可能意识到这是一种专为文本呈现而设计的版式。

古典风格就像一本书的版式，读者看得到，但它并不显眼。它适合呈现真相，就像一本书适合拿在手上。如果我们可以想象一台机器或一个外星人对人类身体一无所知，却要试图为人类读者设计一种文章呈现版式，我们就大概能理解为什么拉布吕耶尔认为作者没见到真相时应尽量自然、有力和精妙了。对人类读者而言，机械的设计或外星人的设计就不是自然、有力和精妙了，这好比让长着牡蛎身子的智慧生物拿一本十二开的图书一样。

塞维涅夫人是法国古典风格大家之一，接受过良好的文学教育。除法文外，她还懂拉丁文和意大利文，熟知许多写作风格。她喜欢塔索（Tasso）和阿里奥斯托（Ariosto）的寓言史诗，以及帕斯卡、拉罗什福科、莱兹和她的密友拉法耶特夫人的古典散文。但她认为诗歌无法表现一位名副其实的国王真正的品德，因为诗歌"美化"了真相。在十七世纪的法语用法中，poésie（诗歌）的意思是"创造的故事"，而不是"真实的故事"，它最大的特点是虚假的修饰和出色的创造。她遗憾没有人记录路易十四的胜利，只有两位担任皇家史学家的诗人于1678年记录了路易十四当年攻下根特城，尽管一位是拉辛，另一位是博伊洛。塞维涅夫人并非反对使用思想和语言修辞形式——隐喻、转喻、明喻、叙事、象征等不同的简化和具化形式——这些通常是思想和语言必不可少的形式，在呈现古典风格真相时发挥着重要作用。她只是不赞成把它们当作点缀、装饰和技巧以"美化"真相。对塞维涅夫人来说，诗歌的修饰手法适合用来谈论史诗和传奇故事中的罗兰（Roland）或其他英雄人物，但当代现实只需要一种纯粹、干净、直白的风格。任何修饰只会分散人们观察真相的注意力，真相不需要帮助，只需要一个不受阻隔的视野。

角色

让读者置身现场

选段 4-10（1）

  首支盟军登陆法国的第三天，我在一艘大型步兵登陆艇（LCIL）的军官室里。登陆舰在法国巡洋舰蒙卡尔姆号的背风处飘荡着，邻近诺曼底海岸。登陆艇名号中的"大型"一词仅是相对而言。我所在的那间军官室长宽各七英尺，里面有两张双层床，一张四人桌。它可以容纳四名军官，但由于他们中总有一个人必须外出巡逻，军官室的四人桌可以留出一个空位给客人用，所以我刚好有位子坐。蒙卡尔姆号正在发射炮弹，每次发射都会使我们的船舰震动。发射目标是距离海岸线数英里的一个德军据点。房间里的收音机传来英国广播公司播音员张弛有度的声音："本系列节目接下来报道的是前线的掩护炮火。"法国船再次发射炮弹，淹没了收音机的声音。我想播报的声音出自同一位播音员——我不确定，因为所有的英国广播公司的播音员的声音听起来都差不多——过了一会儿播音员又继续报道："我们现在可以说本次登陆一举成功，令人喜出望外。空军和海军的大炮摧毁了沿海防御工事，陆军占领了它们。"美国海岸警卫队后备队的亨利·里格中尉，我们登陆艇的船长，看着他的工程官：朗

（Long），两人开始笑起来。船上的通讯官员卡瓦诺说："现在你对此有何看法？"我轻呼一声"上帝"。在登陆艇上，诺曼底登陆日在我们看来似乎不是那样。没有哪个伦敦广播室能给一个小伙子提供客观视角。

——李伯龄，《渡海战役》¹⁴[14]

选段4-10（1）记录了1944年6月6日，李伯龄亲历的盟军入侵诺曼底事件，当时，他在一艘步兵登陆艇上。很容易看出这是古典风格。它的模式是对话，它的场合是非正式的，它的语气轻松、自信、没有防范，它采取的姿态是呈现而非论证的。它实际上有很多肯定的断言，有登陆日的真实情况、机构报道的性质，还有同质化播音员不可靠的广播，只遵照他们机构的纲领完全不符现场实况。但是，这些断言假装成呈现，好像任何人只要在这艘小船舰上都能看见的呈现。

文段还提到了一些读者想不到的意外信息：步兵登陆艇"大"到什么程度，船员数量和李伯龄在船上的容身方式。但没有无端展示与事件无关的晦涩军事知识。没有什么只有观察者自己看得到；没有什么必须依赖作者个人对证据的解释；一切都取决于读者能否处于作者所在的位置。

这件轶事是一位记者对新闻报道的对比反思，一方是没有根据的描述，一方是李伯龄的亲身经历。正如现场大炮的轰鸣淹没了收音机录制的大炮现场的声音，李伯龄和登陆艇军官在现场的经历淹没了伦敦广播公司播报的诺曼底入侵的新闻。这件轶事的说服力取决于作者身处的位置，所有细节都调集起来，让读者能够处于跟作者同样的位置，这样他可以自己看到作者讲述的事情。

和对话一样，这些句子彼此相继的顺序看起来很自然也非此不可，但这是一种非常高效的叙述。想一想，它可以说是完美的迷你结构。整个叙述是对李伯龄的新闻报道视角的形象化论证，作为对比抨击了英国广播公司的播报视角。这种形象化论证在它的内部还有一个迷你版——被现场实况吞没的英国广播公司录制的广播。这个选段描述的整体画面与大炮轰鸣的局部画面相互映衬，就像一个是宏观视角，一个是微观视角。两种画面都很有冲击力，读者自然能从如此形象的叙述中得出显而易见的结论。但整个选段听起来是即兴对话。作者在无形之中完成了所有工作，文章并没有引起读者关注文本本身或作者的思考过程。

古典风格的这种使用方式并不局限于现场报道。我们在"读者可以胜任"这部分讲到的多德的选段，也用了这种方式。它包含大量事实和学术体系，但它把它们呈现为偶然的信息，只要传达得足够清晰，那么读者会像多德一样得出必然结论。多德的文章和李伯龄的一样听起来像对话，自信且没有防范。文章能表现出这种自信，主要是因为作者引用事实和例证的方式十分清晰：各种事实及彼此的关联没有含混不清。各个部分之间的衔接非常连贯：作者完全知道他想要呈现的关系。

让读者自行判断

选段4-10（2）

虽然我依据埃利奥特的书信和著作，记录了他经历的十六世纪三十年代至四十年代间的圣经复兴潮，但他身处的背景显然深受文化和历史潮流的冲击，这些潮流远远不限于教义、宗教习俗和区分新教和天主教的基督教主权，尽管这些问题已经加剧。埃利奥特自己也认识到，他的文学事业所面临的挑战，是涉及投身国王和克伦威尔的改革措施或者"圣经"的"品位"的问题。埃利奥特在追求成为一名世俗作家并避开宗教问题的过程中成功采取了大众化和世俗化措施，我认为这可以理解为跟随而非对抗更大意识形态运动势头的证据——首先，因为大众化和世俗化对于埃利奥特而言是真正的选择；其次，因为他有能力让它们发挥效用。以我们今日所知，即使伊丽莎白·爱森斯坦关于印刷机作为文化变革动因的研究对此有所促进，大部分时候我们不得不从征兆性和预测性视角处理系列迸发式发展——其中印刷术、人本主义以及宗教改革在社会和经济发展中占据突出地位——这引领了图书的现代时代。

——贾娜尔·米勒，《母语和单词：1380—1580年间
英语散文风格的演变》[15]

贾娜尔·米勒这段写托马斯·埃利奥特爵士的话出自她的一本书，这本书讲的是中世纪晚期和文艺复兴时期英语散文的风格。这段话不是古典风格，主要不是因为一些局部的问题——比如次要问题使文章结构含混不清——而是因为它对场景、角色和主题的观念。它罗列了证据，但表现出一种断定和防范的态度，而没有做到不偏不倚。作者渴求认同又防范反对和攻击，好像场景和角色是对抗而非对话。如果作者把他要说的话说得越来越模糊，那是要服务于一个战略目的：最后不会得出一个清晰的说法，以防读者有所反应。这种风格最适合主张"胜利就是一切"的司法场景和角色；但它通常违背学术责任。米勒描述的混乱场景有一种明显的紧张感，导致形式上相互冲突，学术证据本身含糊，彼此的关联牵强，有时根本没关联："以我们今日所知——即使伊丽莎白·爱森斯坦关于印刷机作为文化变革动因的研究对此有所促进……"随机提到一些毫不相关的学术问题，看似博学，但缺乏学术论证。

李伯龄写的是你可以看到可以听到的东西，多德写的是文本编辑和历史解读这些最抽象的东西，两位作家都写得很清晰，好像他们呈现的主题独立于作者和文章而存在。而米勒写的主题好像依附于她本人而存在，这包括埃利奥特经历的"十六世纪三十年代至四十年代间的圣经复兴潮"，"他身处的背景"，"冲击"该背景的"文化历史潮流"的性质。"他身处的背景显然深受文化和历史潮流的冲击，这些潮流远远不限于教义、宗教习俗和区分新教和天主教的基督教主权，尽管这些问题已经加剧"。这段话的"显然"一词显得不可信的原因可能就在这里。真的很显然吗？对谁而言？对任何读过埃利奥特的"书信和著作"的人来说很显然吗？对埃利奥特自己很显然吗？明显不是。因为作者似乎不同意埃利奥特的说法。她说，他所做的一切应该以某种方式解释，即"跟随而非对抗更大意识形态运动势头的证据"。它应该这样被解释，她不断重复道，因为那正是他做的事情。她所提供的"证据"，依附于她的"视角"而"呈现"，作者提供的证据赋予这个特定视角说服力，但描述它的方式无法使读者站在她的视角看问题。只有基于那个视角才能得出结论，而且如此模糊，让人无从质疑。

虽然这段写埃利奥特的话表面上呈现了证据，但这些证据完全依附于作者的倾向。这种风格的作者可通过巧妙的处理，避免被质疑这类证据是否可靠，但这种情况下，要在本身既无形又不确定的抽象事物之间建立准确的联系，会有一种明显的紧张感，所以整个段落自然会透露出一种焦虑，甚至作者自己都不清楚她要讲的主题。她必须自我确认，她讲的都是真的，都很重要，她的理解合情合理且意义重大，读者会感兴趣。她的焦虑会传达给读者也不足为怪。

这类问题不常出现在数学领域，尽管数学主题一般都是抽象事物间的确切关系。这些事物虽然抽象，但它们与步兵登陆艇一样明显，而且这种关系的论据很明确，每个人都可以知道，不像"更大意识形态运动的势头"这种不明所以的方向。这种意识形态运动的边界，不像等腰三角形的边界——或步兵登陆艇军官室的大小——那样清晰可辨。这段对世俗作家托马斯·埃利奥特爵士的生涯的描述传达的明显紧张感，源于思想上的紧张：抽象事物本身不确定，却要为之构建关系并形成概念，还要呈现得跟平方根或大型步兵登陆艇军官的编制人数一样准确和可验证。而多德已经充分且准确地思考了他希望呈现的关系和抽象事物，所以写出来就像李伯龄写一艘船在另一艘船的背风处飘荡一样。古典风格非常适合呈现抽象事物，但古典风格作者要在仔细思考抽象事物的特征和边界后，才能自信地展现它们，不需要防范、歪曲或模糊，这些只会削弱读者自行判断作者的结论的能力。

思想和语言

晦涩主题清晰表达

选段4-11

文艺复兴时期，在战争中使用火炮是重要的首创，但直到一段时间后才完全发挥出它的效果。查理八世正是靠它攻下米兰、佛罗伦萨、罗马和那不勒斯。按照阿里奥斯托的叫法，这个"恶魔的发明"（在他之后拉伯雷也对此进行过抨击），直接结束了传统的战争模式，也结束了身着盔甲的骑士意气风发的战斗。最终，这让为战争而生的贵族阶级毫无价值——直到在意大利及其他地区经历了40年的艰苦战争，被战争再次教育之后，贵族们才找到用武之地。大炮的使用范围扩大后，城镇的内外防御工事也开始彻底改革，该领域最出色的专家弗朗切斯科·迪·乔其奥和朱利亚诺·达·桑加洛，发明了一套螺纹套绳和铰接式堡垒组合系统，彻底改变了城墙的朝向乃至整个设防城市的格局。最了不起的规划是那些米开朗琪罗为保卫佛罗伦萨（1529—1530年）所做的规划，凯萨·波吉耳还以工程师的身份请过列奥纳多·达·芬奇。战争艺术的演变多大程度上影响了文艺复兴还有待充分评估。

——安德烈·夏斯岱尔，《1420—1520年间的文艺复兴神话》[16]

这段话讲的是十六世纪在战争中引入火炮及由此带来的影响，除了社会影响，还有对"传统战争模式"等高度抽象事物的影响以及对城墙和防御工事等有形事物的影响——这些影响可能被别人写成"受系列军事发展冲击的文化和社会潮流方向"——但选段只有开头的简短观点和结尾的一点补充。中间部分都是对开头观点的展开说明，同时援引了事件和例证，为最后的结论作铺垫。虽然这段仅两百词的话谈到了八位人物、四座城市，还提及具体的防御工事、新防御工事计划和在两个地方（一处有明确地点，另一处没有）持续四十年的战争，除了引用的戏称和随后括号中的题外话，提的每个元素都在合适的位置上。没有哪一个让人感觉突兀或者随意。这种博学看起来并非毫无根据，也没有紧张感；没有模糊段落的组织结构，也没有阻碍行文的自然流动。主题复杂晦涩不代表呈现必须复杂晦涩。

选段4-12

论句子说，加朗的版本是所有版本里最差、最荒谬、最愚蠢的一种，不过却是阅读量最大的一种。谁与它比较接近，谁就了解它这种幸运和意外。加朗那现在看来很浅薄的东方学曾经使众多吸鼻烟的人目瞪口呆，并且使他们造成了一场五幕悲剧。十二本精制的卷帙在一九〇七年至一九一七年之间出现，十二卷书被无数人阅读，并被翻译成好几种语言，其中包括印度斯坦语和阿拉伯语。我们这些二十世纪不合时宜的单纯读者在书里闻到了十八世纪的甜蜜味道，而不是早在两百年前就为东方确定了其革新和光荣的矜持芳香。对于这种脱节，任何人都没有责任，特别是加朗更没有责任。

——豪尔赫·路易斯·博尔赫斯，《"一千零一夜"的译者》[①][17]

一千零一夜的故事也许不可言传。这些故事的文化起源——印度文化、波斯文化及阿拉伯文化——可能无法追溯。原作的手稿传统是一场噩梦，相比之下，传说中马洛的《浮士德博士》文本问题显得微不足道。这部作品的构成部分——哪些故事属于它，或者至少哪些故事属于它的哪一个版本，以及故事出现的先后顺序——基本上无法确定。它在十八世纪传遍整个欧洲时，出现了一系列著名译本，这些译本的历史往好说是复杂而微妙的，往坏说是无从知晓的。

任何一位作者，如果因为怀疑自己的写作能力导致风格受影响，面对这些知识障碍时就很难写下去。作者自身的文化处境和个人处境也可能导致其他障碍。豪尔赫·路易斯·博尔赫斯是二十世纪拉丁美洲优秀的古典风格作家，是图书管理员，是著名的博学之士，是男性。相比之下，"一千零一夜"发源的传统，不属于精英，不属于特权人士，不属于博学之士，不属于二十世纪，不属于白种人，不属于欧洲或拉丁美洲地区，也不属于男性：它的传播，也许还有故事的创作，很大程度上掌握在女性手中。它们在它们自己的时代已是公认的颠覆性故事，无论在我们这个年代，还是在它们自己的年代，都属主动背离政治正确：它们抨

---

① 汉译文出自《永恒史》刘京胜和屠孟超合译版本。——译者注

击当时的主流观念把意识形态工程当作对复杂的人类事务的有效回应。十八、十九世纪的英国人和法国人把这些故事传到了欧洲。

尽管博尔赫斯要面对这重重困难，而且在文化背景和个人经历上与这些故事的起源及它们的译者相差甚远，仍然写出了古典风格的姿态。他呈现的是普遍被知道的真相。原则上，任何人都可以验证这些真相，不管他是什么文化身份。他认为他的主题独立于作者存在，呈现上也是如此。他把它呈现给有能力的读者，从不会让文本本身成为写作主题。作者和读者之间是一种对等关系：就像多德在考虑《约翰福音》的文本历史时一样，博尔赫斯认为，原则上任何人都可以了解他了解过的，继而看到他所看到的。虽然博尔赫斯讲的是高度抽象的概念——东方学、版本质量、文本阅读量、幸运、十八世纪的味道、革新与光荣、责任和极其复杂的文化模式——但他认为它们清晰准确。它们就像切割的水晶一样轮廓分明、清晰可见。没有哪个概念依附于作者本人而存在。

任何东西都能用古典风格呈现，包括作者和读者的文化历史处境，只要这些是主题的一部分。博尔赫斯把呈现作为二十世纪读者的我们的处境当作呈现这些翻译及其历史真相的一部分。但这些问题不会取代选定的主题，也不会干预主题的呈现。虽然古典风格作者的写作主题可能因为文化、历史和个人处境的阻碍无法或者很难写下去，他实际写的时候绝不会表现出任何表达上的困难。他会用简单明了、通俗易懂、确凿无疑的语言去呈现文章不可能写得简单明了、通俗易懂、确凿无疑这个真相。他会以一种读者会像他一样认识真相的姿态来表达读者不可能像他一样认识任何事物这个真相。

抽象主题准确表达

选段4-13

图赖讷地区是法国的中心地带。和其他任何一个地区一样，正是在这里，发展了现代法国精妙、利落而细致的语言，恰恰也是在这里，发展了现代法国精妙、精细、专业的烹饪。

——威弗利·鲁特，《法国美食》[18]

人发现的可能是无意寻求的东西——事实上，每个鉴赏家都能切身体会到，人发现的东西几乎都不是他所寻求的。如果你去寻找草莓，你知道草莓长什么样子——但你去寻找事物之间的联系时，你不知道是什么样的联系。这种始终存在的危险恰恰在于，寻找某个东西的欲望和意愿会在寻求者心中预先投射一种关联——一种不存在的关联。

——马克斯·J. 弗里德伦德尔，《早期尼德兰绘画》[19]

绘画与文学之间不存在完美的结构对应，事实上这并不妨碍、更不能严格限制人们比较不同的艺术。相反，它鼓励人们寻找绘画者与写作者建立的一组不断变化的关系，他们可以自由强调各自艺术不同的结构元素，从而找到二者的对应关系。因此，艺术之间的相通不在于艺术本身固有的结构；而在于探索这两种结构如何彼此契合。这种契合属于符号现象整体中必不可少的同形特征和同义特征（homonymity and synonymity）的一部分，这些特征使得符号系统和它们的文本彼此接近又相互背离。

——温迪・史坦纳，《修辞的颜色：现代文学与绘画关系存在的问题》[20]

鲁特和弗里德伦德尔的这两个选段是古典风格；史坦纳的选段不是。这种差异与他们论述的主题的性质无关，但与这些主题构思的方式有关。鲁特和弗里德伦德尔以一种清晰准确的方式论述他们的主题，使它们看起来完全独立于作者。而史坦纳论述主题的方式，好像主题因她而存在，因为她才能表达出来。

鲁特写的是食物与语言，而弗里德伦德尔写的是事物之间的关系：食物可以通过感官体验，而事物之间的关系可以通过抽象思维体验，二者都能用语言匹配，说明古典风格与主题的性质无关。鲁特谈的是有悖常理的事情，而弗里德伦德尔说的是我们都可以证实的事情，说明古典风格与其所谈内容的真假无关。

鲁特的句子是一种轻松自信的古典风格对话。即使错了，也丝毫没有削弱古典风格的立场。所谓图赖讷地区说的是原始的"纯正"法语，这种谬传经久不衰但一直面临各种矛盾——图尔市的商店招牌上写着"Le Fast-Foud"（快餐）——任何声称现代法国美食起源于图赖讷的说法都会激怒一些地区的人，大概从桑斯算起直到里昂最南边。美食的特点与语言的特点存在某种关系——当然，鲁特此处说的语言特点是某种风格的特点，而不是某种语言的特点——这种说法必定无法让人信服。虽然许多大厨做的菜精妙、利落而细致，但他们说话的风格跟帕斯卡和塞维涅夫人相距甚远。其实鲁特并没有严肃地声明美食和语言之间存在必然联系。他虽未明言但断定美食——跟文学风格一样——是一种文化的重要标志。

语言和美食，即使仅限定在当代法国的语言和美食，仍是一个很大而且不确定的话题，但这里把它放入一个根深蒂固的本体论隐喻之中，看作与弗里德伦德尔笔下描绘的草莓差不多一样的"事物"。弗里德伦德尔是柏林凯撒·弗里德里希博物馆的第三任馆长，喜欢先用基础证据引入——实际的绘画——然后将抽象的东西归入这个模式中，将它们当作"事物"，呈现得如此清晰准确，让人几乎忘记它们是抽象事物。他以一贯辛辣的口吻指出，理论家如果不能清楚仔细地区别抽象事物本身和他讲述它们的方式，教出来的学生会和他们的老师一样，始终只能看到他们想看的东西；而像他那样的鉴赏家讲述抽象事物从概念上独立于他们的讲述方式，虽预想的是某个特定时间特定地方的画，但实际遇到的常常是意料之外的画。

史坦纳的写作是那种越写到后面越让人疑惑的类型。她的段落越写到后面，越偏向推测，也越不可能找出查验弗里德伦德尔所说的那种共同证据来验证特定的文本和绘画。而古典风格作者，无论他的主题多么抽象，都会非常明确地呈现出来，完全独立于作者，以至于我们所有人都会把它当作"事物"，也就是说，我们任何一个人都可以看到它的证据，只要我们处在合适的位置。相反，史坦纳的主题飘忽不定，依赖她本人存在，缺乏她与她的读者都能看到的对等证据，这些特征在她的文章中被认为是作者才识过人，而非作者无法胜任。最后呈现的这组包含文学和绘画的"结构"的抽象关系——"符号系统和它们的文本"和"符号现象整体中必不可少的同形特征和同义特征"——完全脱离了古典风格，暗示史坦纳的才能至少有某些神谕成分。鲁特的文章容易被攻击，正是因为他呈现的事物准确，且容易被我们自己验证，任何有幸同时学过法语和法国菜的人都可以质疑他。史坦纳把她的推测包裹在带行话色彩的修辞外衣中，暗示她知道别人不知道的事情，因此避免了像鲁特那样暴露自己的弱点，但是冒着自称有超自然的视野和洞察力的风险。她暗示她传达的是一般人看不到的奥秘，所谓的奥秘不过是绘画和文学虽不是各个方面相似但也能相互比较，大体了解主题后也不难得出结论：绘画和文学有相似也有不同。

| 参考文献 |

1 约翰·布尔和小约翰·法兰德.奥杜邦协会北美鸟类野外观鸟指南.美国东部地区.纽约:Knopf 出版社,1977.凤头山雀,第 658-659 页;灰伯劳,第 514 页;长嘴啄木鸟,第 644 页;西美草地鹨,第 512 页.

2 洛杉矶时报.1992 年 8 月 28 日,第一页.原文标题 *"Weathering the Storm, Cajun-Styl"*,文章作者 Douglas Frantz, Glenn F. Bunting.

3 迈克尔·默林.寓言史诗(*The Allegorical Epic*).芝加哥:芝加哥大学出版社,1980.第 3 页.

4 理查德·P. 费曼.QED:光和物质的奇异性.新泽西州普林斯顿:普林斯顿大学出版社,1985,第 4 页.

5 理查德·麦克科恩.哲学与方法(*Philosophy and Method*).刊载:Journal of Philosophy. 1951 年 10 月 25 日, 48: 653-682,引言出自第 667 页.

6 马克·吐温.密西西比河上的生活.纽约:企鹅出版社,1984,第 45 页和第 64 页.

7 马克·吐温.密西西比河上的生活.纽约:企鹅出版社,1984,第 319 页.

8 谷崎润一郎.武州公秘话.(英)安东尼·H. 钱伯斯,译.旧金山:North Point 出版社,1991,第 9 页.

9 勒内·笛卡儿.谈谈方法.出自:笛卡儿全集及通信录.安德烈·布里多编辑.巴黎:Gallimard 出版社 [Bibliothèque de la Pléiade], 1953,第 126-179 页,引言出自第 129-130 页.

10 布莱兹·帕斯卡.思想录.出自:帕斯卡全集.Louis Lafuma 编辑.巴黎:Seuil 出版社,1963,第 611 页,第 847 条。在 Léon Brunschvicg 的版本里是第 893 条.

11 威廉·布莱克.天堂与地狱的婚姻(1790?—1793).出自:威廉·布莱克文集(全 2 卷).G·E·小本特莱编辑.牛津:克莱兰顿出版社,1978,1:84.

12 拉布吕耶尔.品格论.Robert Garapon 编辑.巴黎:Garnier 出版社,1962,第 70 页.

13 塞维涅夫人.书简集(全 3 卷).roger Duchêne 编辑.巴黎:Gallimard 出

版 社 [Bibliothéque de la Pléiade], 1972-1978, 2:601，第 638 条 . Duchêne 对 *poésie* 的评注见第 1384 页 .

14 李伯龄 . A reporter at Large: cross-channel Trip 1. 刊载：纽约客 . 1944 年 7 月 1 日 . 引文出自第 34 页。根据 "And So to victory" 重印为 "Cross-Channel Trip"，出自：*Mollie and Other War Pieces*. 纽约：Schocken Books. 1964. 第 117 页 .

15 贾娜尔•米勒 . 母语和单词：1380—1580 年间英语散文风格的演变 . 芝加哥：芝加哥大学出版社 . 1984. 第 278-279 页 .

16 安德烈•夏斯岱尔 . 1420—1520 年间的文艺复兴神话 . 日内瓦：Skira 出版社，1969，第 29 页 . 斯图尔特•吉尔伯特译（英）. 日内瓦：Skira 出版社，第 29 页 .

17 豪尔赫•路易斯•博尔赫斯 . "一千零一夜" 的译者 . 出自：*Historia de la eternidad.* 布宜诺斯艾利斯：Emece 出版社，1953，第 99-134 页，引言出自第 101 页 .

18 威弗利•鲁特 . 法国美食（1958）. 纽约：Vintage 出版社，1992，第 21 页 .

19 马克斯•J. 弗里德伦德尔 . 早期尼德兰绘画 . 柏林：Cassirer 出版社 [第 1-11 卷] 和莱顿：Sijthoff 出 版 社 [第 12-14 卷]，1924—1937，第 4 卷，雨果 • 凡 • 德 • 古 斯（1926），第 8 页 . 英 译 本：Heinz Norden. *Early Netherlandish Painting* (16 volumes)．莱顿：Sijthoff 出 版 社；布鲁塞尔：Éditions de la connaissance, 1967—1976: 4，雨果•凡•德•古斯，第 9 页 .

20 温迪•史坦纳 . 修辞的颜色：现代文学与绘画关系存在的问题 . 芝加哥：芝加哥大学出版社，1982，第 68-69 页 .

第五章
古典论证

呈现即论证

选段5-1

有了这个真相，我不可能还说服不了你相信我的清白。

她跟他说话的语气如此笃定，即使是看起来不大可能的真相也很容易让人信服，以至克莱芙先生几乎相信她的清白。

——拉法耶特夫人，《克莱芙王妃》[1]

以上两个选段均选自《克莱芙王妃》里的场景，王妃在她丈夫临终前试图说服丈夫相信她没有背叛他。虽然她有自己的私心，但这个场景仍然是古典风格，因为王妃是一个杰出人物，对真相怀有自律又虔诚的忠诚，她的动机是尊重真相而非为己谋私。我们选入这些段落，是因为它们阐释了古典风格概念中的真相，因为它们明确将那种概念中的真相与说服关联起来。

真相即使不是看起来那么回事，也有足够的说服力，这种坚定不仅属于她最著名的小说中的叙述者，也属于拉法耶特夫人本人。这不是一个天真的人不切实际的想法。拉法耶特夫人是路易十四的小姨子亨利埃塔的密友，而且跟国王接触密切。虽然不清楚细节，但拉法耶特夫人在政治问题上表现活跃——尤其对一个女人来说。她代表萨沃伊公爵夫人游说法国法院，并通过她让法国人了解阿马德乌斯公爵的秘密政策决定。1670年亨利埃塔去世后，拉法耶特夫人因为健康状况不佳退出了法院，但法院的实权人物随后多年继续去巴黎探访她。1672年，她与法国国王同席用餐庆祝《凡尔赛和约》的签订，对国王的陆军大臣卢瓦依然有很大影响力。她见证了数十起因为政治阴谋声名鹊起又名誉尽毁的事件，她深刻地认识到，一种显然客观公正的陈述方式具有多么大的力量。人们都知道她素来尊重真相，也鄙视软弱之人逃避令人不快的真相。

她最喜欢的游说方式是私下对话。偏见、利益或激情或许会阻碍真相被接受，正如这里引用的她的小说段落所述那样。但在她的观念里，即小说中王妃的观念，真相具有天然的说服力，这种说服力如此强大，即使不是表面上看起来的那回事，任何一位公允的听众都会信服。正是奉行这种原则，她建立的职业生涯令所有现代政治律师或说客羡慕不已。

我们很容易怀疑这不是古典风格的场景，因为王妃显然有自己的利益考量，但她采取的姿态是，无论她可能感受到什么样的直接压力，她的最高首选动机都是真相。正如她所说："我承认，激情可以引导我，但还没有强大到可以蒙蔽我（J'avoue que les passions peuvent me conduire; mais elles ne sauraient m'aveugler）。"我们无法控制我们的利益——我们没有能力让自己时刻保持客观中立——但没必要让那些利益支配我们的行为，哪怕我们需要极大的自制力来抵制利益的诱惑。通常，我们很难相信那些声称不考虑自身利益的人。正因为如此，拉法耶特夫人才费心思为王妃这个人物塑造遵守纪律的形象。一旦同时用概括和事件塑造出人物形象，读者就有可能相信，尽管有利益方面的压力，古典风格真相仍是她的最高动机。这一动机，即使可能受到个人利益的诱惑，仍然可以指导任何愿意遵守特殊纪律的人的行为。当读者相信一个可能受个人利益影响的人，实际上依据真相行事时，这种古典概念——真相无论看起来多么不可能发生，都自带说服力——会产生一种让人非信不可的效果。

古典概念中的说服，只是建立一个古典场景，在这个场景中，真相最终替代了所有实际或可能的利益动机。在一个牵涉利益的情境中，无论说话者用什么方式，只要能建立这种场景，就相当于打破了人总是受利益支配这个刻板印象。

总体来说，人们可能会受利益支配，但并不意味着无论在什么场合每个人都会受利益支配。尊重真相的古典风格作者则属于贵族阶层——任何人只要愿意遵循古典风格的纪律，都可以成为这样的贵族。

选段5-2

> 哈代是更早年代的图灵；他是另一位普通的英国同性恋无神论者，只是恰好是世界上最优秀的数学家之一。
>
> ——安德鲁·霍奇斯，《艾伦·图灵传——如谜的解谜者》[2]

如果用几句犀利的话就能总结伟大历史事件的教训，那么研究历史对于政治教育来说就没有必要了。我们只需要几句总结的话就行了。但政治上的严谨，并不是口头可以传授的：它是一种必须付出艰辛才能获得的品质。一本好的指南如果能够带你领略其他人的重要经历，那么它就能为你省下很多心力。它只是告诉你最需要知道的，不会告诉你太多：比如为什么采取这一步，这一步如何让事情变成灾难。你需要自己去思考，为什么它变成了灾难性的事情，如何做可以避免——只有自己去判断，一个人才能获得政治教育；在那个领域，像所有其他领域一样，只有独立思考，才能学到东西。

> ——伯纳德·德·茹弗内尔，修昔底德《伯罗奔尼撒战争史》
>
> 托马斯·霍布斯译本"序言"[3]

霍奇斯的句子有一条不容辩驳的断言，虽然本身无可争议：在他所处的时代，G. H. 哈代是世界上最优秀的数学家之一。还有另一条更有观点的隐含断言：伟大的数学家在其他方面可能相当普通。最后一条不易察觉的断言是：无论对伟大的数学家这些特殊群体而言，还是对整个群体而言，同性恋或无神论者没有什么不正常的。

哈代是剑桥大学教授纯粹数学的萨德莱里恩（Sadleirian）讲座教授，于自杀未遂之后的那一年（1947）年逝世，享年70岁；艾伦·图灵被指控为性罪犯，被判处荷尔蒙"治疗"，于1954年自杀，享年42岁。在他们生活的时代和地方，人们通常难以将反常的现象联想到杰出人士。

作为一名反对把同性恋当作疾病的数学家，霍奇斯选取了一些典型案例证明：在图灵生活的年代，英国人的同性恋观以及这些观念给同性恋的生活带来的影响。他的书当然会鼓励对待这种问题的某些态度，也会否定其他态度，但用了古典风格的策略来表明自己的观点。这本书的力量不在于作者公开地论证，而是把呈现本身当作无形的论证。

这种无形的论证，没有试图指出其他观点的不足，也没有为自己的观点据理力争。它几乎只告诉读者往哪看。在这段中，霍奇斯试图让读者处于某种视角中，让读者将"同性恋、无神论者"与"伟大的数学家"融合在一起。有些人听到"同性恋无神论者"可能会感到震惊，怎么都不可能将其和"伟大的数学家"联系起来。但霍奇斯既没有自以为是，也没有高人一等。他说得好像他的读者当然知道，正如他知道一样，一位同性恋无神论者，可以是普通的英国人，也可以是伟大的数学家。

乍看之下，伯纳德·德·茹弗内尔的选段看起来与霍奇斯的选段相似。和霍奇斯一样，茹弗内尔直接断定，而不是事无巨细地逐一论证。但这些断言呈现的并不是读者理所当然会看到的真相。茹弗内尔的文章虽然没有曲解，但也不像即兴说话。他的断言像一段论证的开头，尽管后面并无论证。这一段话偏离了古典风格典型的场景和角色。这个场景不是同辈的对话，而是教授对大二学生的教诲。作者为自己克服困难所得的智慧而自豪，让读者相信他的话，因为他比他们知道得更多，而不是因为他们站在同样的视角可以验证他说的话。他的观点看似有理，表达清楚，但实际上是某种形式的自以为是。它不是古典风格，尽管句子写得不错，也总结了一个漂亮的（不劳而获的）泛论。

选段5-3

真相很少纯粹，也绝不简单。

——奥斯卡·王尔德，《不可儿戏》[4]

理解一个民族的文化，即在不削弱其特殊性的情况下，昭示出其常态。

——克利福德·格尔茨，《文化的解释》[5]

为了在社会上获得成功，人们就竭力做出在社会上已经成功的样子。

——拉罗什福科，《道德箴言录》[①][6]

毋庸置疑，论证或教导要想同时表现出力量和优雅，大部分取决于它们是否简洁。

——亚历山大·蒲柏，《人论》作者序[7]

这里不存在与间接的或复杂的东西相对的直接的或"自然

---

① 汉译文选自何怀宏翻译版本，本书其他《道德箴言录》选段均出自该版本。
——译者注

的"东西；在此存在的只是不同的复杂性程度而已。

　　　　　　　——迈克尔·奥克肖特，《经验及其模式》[①][8]

　　选段5-3中的五个短句，按照年代先后，最早的写于十七世纪，最晚的写于二十世纪。各自所处的文化不同，表达目的不同，甚至连语言也不同，它们出现在完全不同类型的作品中，但有类似的结构特点。每句话都有一个鲜明的观点，精妙而"简单"，一旦说出来，就必然如此。

　　它们有着相同的立场：他们看到的，好像是不经意的发现，只要正确地指出来，读者也会看到。读者非常乐意"验证"每位作者的言论，尽管每种言论是基于普通观察提炼出的新发现。

　　王尔德（Wilde）在他最著名的戏剧作品《不可儿戏》（*The Importance of Being Earnest*）中，充分表明了一种态度，即平实风格概念中的真相根本不对。他取材于平实风格常用的陈词滥调——真相纯粹且简单——并做了提炼。奥克肖特虽然不是用某个现成的陈词滥调，但同样做了概念提炼，将粗略的两极分化改成了由浅及深的程度变化。格尔茨提取了人种论的两种陈词滥调——要彰显就得削弱，要看到常态就得失去特殊性——并改写了它们的条件使其形成一种具体的四方平衡状态。拉罗什福科选择了通常被认为对立的情况——"属于什么样的人"对应"努力成为什么样的人"——并观察到二者在取得社会上的成功这方面密不可分，表象几乎是一切，以至于认真模仿某种社会状态是达到

[①]　汉译文选自吴玉军翻译版本。——译者注

这种状态的有效方式。蒲柏的写作风格以简洁见长，用简洁证明了这个词自身的含义，他重新思考了"优雅"和"力量"这二者的简单对立，细致地发现二者都源于"简洁"。

格尔茨和蒲柏都没有正面驳斥公认的陈词滥调，但不动声色地否定了没有新意的概念。格尔茨间接反对了彰显一种文化就要让它跟所有其他文化一样的主张。而蒲柏实际上展示了优雅与力量并非相互排斥。每个例子的效果就像下象棋时的精彩一招；它自始至终都在那里，一旦决定，似乎只能这么做，但要一开始就看出来，需要不同寻常的敏锐洞察力。

意像图式

选段5-4

> 你想象你所渴望之物；你寻求你所想象之物；最后，你创造
> 你所寻求之物。
>
> ——萧伯纳，《千岁人》，蛇对夏娃说的话[9]

选段5-4的思想有三个层级。它们的图式结构完全相同。每个层级都发生一项活动，这项活动又成为下面一项活动的发端。一个层级对应一句话表达。每句话都沿袭了思想的图式结构，比如"你想象你所渴望之物"这句话。活动两两一组，表达成句子也是两两一组——"你想象"和"你渴望"——一组活动的概念关系反映在一组从句的语言关系中。

这三个层级并非相互独立，而是按时间顺序排列的：一个层级的末端是下一个层级的开端。这种概念顺序反映在语法结构上：三个句子语法形式相同，呈线性排列；指称一个句子末端的分句，用来指称下一个句子的发端。

萧伯纳的这段话——精准贴合意象图式——正是概念与语言相互匹配的结果，但这种匹配过程没有被展示出来。阅读这些句子犹如观看一位体操冠军表演一套双杠动作。显然，这套体操表演是先前训练的结

果，展现给观众的只是成果。

成果是最完美的呈现。在古典视角中，思想先于语言，语言足以表达思想。任何表达问题都可以在语言中找到合适的解决方案，这种方案一旦找到，看起来理所应当、完美且无以复加。作者知道调整到什么程度才算结束。

古典风格措辞完美被认为是前期思想准确的结果。完成全部分析后古典风格作者精准区分出概念差异并确立准确的概念关系。然后他把这种分析结果表达出来。它在概念上的图式结构体现在语言的图式结构中。这种结果看起来常常像数学公式。

在古典风格中，分析的目的是找到最高效、最准确的真相。表达因言简意丰而优雅，就像一件调弦完美的弦乐器：每根琴弦拉紧到特定程度，发出特定的音高，这种音高与其他音高构成特定关系。琴弦的音高和音高间的关系在调弦之前就已存在。每根琴弦调试到各自音高后，对照这个早已存在的事实可以判断演奏的效果。乐手调试乐器直到一切都刚刚好才算完成，一旦调到刚刚好的状态，也就没什么要做的了。

同样，在古典视角中，思想先于表达存在，对照早就存在的思想可以判断表达的好坏。作者写句子，知道什么时候刚刚好，之后就没什么要做的了。

萧伯纳的句子知道什么时候结束，因为他表达了完整的分析。可以将它和下面一段话对比。这是一位编辑为他服务的一本有影响力的杂志写的，句子虽然结束了，实际却没写完。

空间形式概念无疑对现代批评极为重要，不仅是文学批评，通常还有美术批评、语言批评和文化批评。事实上，二十世纪自然科学和人文科学从始至终的目标是发现和（或）构建解释具体现象的共时结构模式。[10]

古典风格不是谁的专属风格。作者的地位或身份不会帮助他成为一名古典风格作者，但也不会妨碍他成为一名古典风格作者。一名本科生在讨论伦勃朗（Rembrandt）的画《戴金项链的老者》（*Old Man with a Gold Chain*）的空间形式时，用古典风格写出了下面这段话：

伦勃朗画这幅画时还是一位非常年轻的小伙子，但这幅画展示了一位长者的洞见和智慧。这是一幅悲楚的画，看着令人痛苦，因为它不单是一张年轻人的画作，也是一种对死亡的表达。[11]

选段5-5

……自负，与我们沉溺其中的自信，促使我们引出那些并非直接源于事实的各种结论；结果我们变得有几分爱好自欺。

——安托万-洛朗·拉瓦锡，《化学基础论》序言[①][12]

———————
① 汉译文选自任定成翻译版本。——译者注

人从来不像自己想象的那么幸福，也并非自己想象的那么不幸。

——拉罗什福科，《道德箴言录》[13]

因为在我看来，普通人的推理所包含的真理要比读书人的推理所包含的多得多：普通人是对切身的事情进行推理，如果判断错了，它的结果马上就会来惩罚他；读书人是关在书房里对思辨的道理进行推理，思辨是不产生任何实效的，仅仅在他身上造成一种后果，就是思辨离常识越远，他由此产生的虚荣心大概就越大……

——勒内·笛卡儿，《谈谈方法》[14]

……那种正确判断、辨别真假的能力，也就是我们称为良知或理性的那种东西，本来就是人人均等的；我们的意见之所以有分歧，并不是由于有些人的理性多些，有些人的理性少些，而只是由于我们运用思想的途径不同，所考察的对象不是一回事。因为单有聪明才智是不够的，主要在于正确地运用才智。杰出的人才固然能够做出最大的好事，也同样可以做出最大的坏事；行动十分缓慢的人只要始终循着正道前进，就可以比离开正道飞奔的人走在前面很多。

——勒内·笛卡儿，《谈谈方法》[15]

将这些古典风格的法语文段——来自化学、哲学和人类行为观察领域——放在一起看，表达的意思很明显。尽管每个人都有理性，但每个人的理性都会因为自我欺骗和个人利益而受到损害。古典思想在于通过自律避免这些弱点，同时还要避免为此沾沾自喜。这当然不可能。

选段5-6

自我，不可能逃脱，但可以，通过才智和努力，转移对它的
注意力。

——唐纳德·巴塞尔姆，《杜米埃》[16]

古典风格表达某种完整的性情只用了一句话。不喜欢这种风格的人，认为这种特点狭隘且千篇一律，容易落入俗套或自嘲中；而欣赏这种风格的人，认为它的格言特点与其所表达的思想一致，像某种完整统一的东西。巴塞尔姆的句子不仅是一种陈述或一种观察，还是一种生活态度的表达。它就像一种表达性情的自传的缩影。它的主题对表达的性情很重要——自我，在文中被当作某种笼子。关在笼子里的人自然想出去，但第一个分句明确告诉我们，逃离是不可能的。有意思的是，这种情境引发的不是绝望，也不是被动，而是行动。因为"通过才智和努力"，自我的受害者，即使无法实现理想目标，也可以实现最迫切的实际目标。这是一个相当惨淡的世界，但正是这个世界，给了你一个意外的理由去重视才智和努力。

这种性情与杰弗逊或笛卡儿表现出来的性情不一样，他们都不是从

人类基本潜力的局限开始的。然而，在十七世纪一些著名的法国古典作家中，也可以发现像巴塞尔姆这样退而求其次（resignation）的性情。比如拉罗什福科，他认为人类的基本潜力存在根本的局限性：人不可能没有自知之明，而对他人的认识，如果正确，揭示出来的总是为己谋私的品性。拉罗什福科的箴言"人从来不像自己想象的那么幸福，也并非自己想象的那么不幸"（On n'est jamais si heureux ni si malheureux qu'on s'imagine）表达的性情是：面对人类潜力不可改变的局限，我们只能听之任之。

巴塞尔姆的思想整体上是一种向目标运动的图式结构，有两次冲动：先前往理想目标但没成功——标志着不可能实现——再换成前往替代目标。第一次冲动是欲望，第二次冲动是接受。第二次冲动到达预期目标之前被中断，没想到这个可实现的次级目标要求的条件也相当困难。

这句话模仿了它要表达的思想的图式结构：它直接前往的目标（逃脱）被否定了，又从这个被否定的目标前往有可能到达的目标（转移注意力）。根据语法规则，"can be"（可以）后面应该紧邻过去分词"be distracted"（转移对它的注意力）。

但是这句话在语法上用了意想不到的迂回，在过去分词前面插了一个插入语。这种语法迂回创造了一种转移注意力的效果，这正是句子末尾所指的目标。

把插入语"通过才智和努力"（with ingenuity and hard work）插到

最后一个动词短语"可以转移（对它的）注意力"（can be distracted）之中，破坏了基础句子的对称性："自我不可能逃脱，但可以转移对它的注意力（The self cannot be escaped, but it can be distracted）。"这个细微变化暗示逃避的幻象和转移注意力的辛苦这两者截然不同。逃脱，因为不可能做到，没有附属条件。转移注意力，属于不同类型的事物，不像幻想那样渴望，也不像幻想那样简单。

在古典风格看来，真相的结构是它的意义的一部分，而且很可能在它的表达中沿袭下来。这种沿袭为表达结构赋予了意义——两个语法对等的表达，包含的意思不同。我们看看下面的两种表达。

自我不可能逃脱，但可以，通过才智和努力，转移对它的注意力。

[The self cannot be escaped, but it can be, with ingenuity and hard work, distracted.]

自我不可能逃脱，但通过才智和努力，可以转移对它的注意力。

[The self cannot be escaped, but with ingenuity and hard work it can be distracted.]

第一种表达的图示结构：前往目标时有脱轨、延误、干扰和辛苦。它从它要表达的思想中沿袭了这种结构。第二种表达没有这样的图式结构。两种表达的差异微乎其微，但不可忽视。

古典风格非常注重细节，因此对表达的图式结构很用心。古典风格认为，细微差异不是随意为之，也不是为了装饰；它就是意义本身。只有严格要求和精益求精，才能看出细微差异，稍有马虎就很难注意到。细微差异是古典风格的精髓。不论多么细微，这些细节的意义是绝对的。两件看似几乎一样的东西，实际上不同，而古典风格专门用来呈现这些细致敏锐的差别。

古典表达呈现最简单、准确的分析结果。前提是分析已经完成，它只需用最简单准确的形式表达结果。思想会找到确切的差异、确切的关系、确切的事物和形式，表达只用把这系列的分析呈现出来。表达如真相一样清晰简单，但不能更清晰、更简单了。巴塞尔姆的句子是古典风格，在于它表达了精准的分析。句子清晰简单，却也呈现出了想要传达的思想中必不可少的细微差异。

不露声色

> 他们糟践了你，你的爸妈。也许不是有意，但事实如此。
>
> ——菲利普·拉金，《高窗》[①17]

这两句话在这里排列成散文，是一首十二行诗的前两行。虽然拉金使用了传统诗歌的韵律和节奏，但他赋予了他的诗歌说话的声音——随意、即兴、对话感。他最好的诗歌不仅向古典风格散文看齐，而且具备了古典散文的条件。

他的第一句话，"他们糟践了你，你的爸妈"听起来像是一边对话一边观察；这些词似乎与它们要表达的思想一样平淡无奇，它们说的是陈词滥调，但有一种不经意的新颖。这种观察萃取了大量个人经验历史，而不是抽取其中一个案例。读者可以直接参照自己的经验验证真相。

他的第二句话，"也许不是有意，但事实如此"，听起来像是补充的想法。实际上，这是作者无形中做好了所有工作。不像拉罗什福科、萧

---

① 此处参考舒丹丹的翻译，根据本书作者讨论的用词差异调整了"fuck"和"mum and dad"的翻译。原翻译为：他们搞糟了你，你妈咪和爹地。也许不是有意，但事实如此。——译者注

伯纳或王尔德这些古典作家，拉金故意避免显露自己的才华，而是尽可能地隐藏他的才能和努力——如果读得不仔细，就可能认识不到。但这些词句是作者做了很多无形工作之后精心呈现出来的。试试别的表达——比如，"你的爸妈糟践了你，即使他们不是有意"——可以看到本来犀利的短句变得多么平淡无奇。

如果细细体味拉金的用词，我们可以看出来这段话虽然表面上很随意，但实际上有多么细致和考究。稍想一想就能发现，"你的爸妈"（your mum and dad）和"你的父亲母亲"（your mother and father）、"你的爸爸妈妈"（your mommy and daddy）或"你的爸妈"（your dad and mum）是不一样的效果。"爸妈"是对父母的常见称呼，因为对他们的孩子来说，他们充当着特定的角色。母语为英语的人，尤其是说英式英语的人，确切地知道什么时候什么场景用这个称呼，但这个称呼有大量的变体。拉金在文中称呼父母的词非常完美，因为父母正是以"你的爸妈"身份"糟践了你"。拉金的语言用了一个完美的词汇萃取出这种极其复杂却又寻常的经历——父母也不是不称职，但常常不出所料不可避免地让孩子变得更糟。"也许不是有意，但事实如此"。

脏话几乎不会出现在古典文章中，恰恰因为说脏话的事由通常不是古典风格。它很少能正确地呈现，反而常常让观察更模糊不清。不正式的"爸妈"和粗俗的"糟践了你"，在这段话中特别贴合主题。表达本身虽然显得很普通，用词低调，但令人难忘，且不容置疑，由文化孕育，自然也能由文化证实。

选段5-8

西奥多·德莱塞的小说，马克思主义的政治修辞，新泽西州北部的景观，机场的纪念品商店——这些都有一种丑陋的特质，虽然能很快融入自身，细节也各不相同，但必然会没完没了地持续下去。

——罗伯特·马丁·亚当斯，《说人坏话》[18]

谢弗勒兹夫人光芒四射，集智慧、抱负和美丽于一身；她风情万千、活泼大胆、勇于开拓；她动用她全部的魅力，争取把事情办成功，在这过程中她几乎总是给那些她碰到的人带来灾难。

——拉罗什福科，《回忆录》[19]

当拉罗什福科写谢弗勒兹夫人时，西奥多·德莱塞还没有写小说，马克思主义政治修辞还未出现，新泽西州北部的景观还未被英国教授开发出来，机场里还没有纪念品商店，也不存在机场。他和罗伯特·马丁·亚当斯各自受某种知识环境影响，但他们生活的社会不同，谈论的事情不同。尽管如此，他们的观察有很多共同的地方——如果我们不考虑他们说的内容只看他们怎么组织语言。

他们每个人都在精心盘算着一个点，从一开始就已经知道这个点，但为了水到渠成地达到它最大的效果，一直在做预备和准备工作。因为对自己谈论的话题有丰富的经验，他们每个人都表现出一副自信十足的姿态。他的判断无可辩驳，那些忍不住质疑的念头通常都会被打消，因为他们不会因言过其实而显得焦虑不安。亚当斯表示他不仅熟悉这种丑陋，还熟悉其他种类的丑陋时，消除了读者的疑虑。就好像不存在这些事物是否丑陋的疑问；他只关心他对它们的丑陋类别是否归属正确。

从拉罗什福科的话中我们可以看出，他认识很多女性，其中一些人很有魅力，另一些人很有才华或很有抱负，但是没有一个人像谢弗勒兹夫人那样。拉罗什福科和亚当斯都是从一个安全的话题讲起。亚当斯描绘的永恒无望的丑陋没有威胁到他自己；拉罗什福科也不会参与到谢弗勒兹夫人的任何项目当中。他们的安全处境，表明他们没有迫切的利益企图，没有急于让读者相信他们所说的话，这种隐含的主张，也体现在句子本身的结构和语气当中。

亚当斯的句子有一种沉思的语气，当然他并非不加选择地写下任何类型的丑陋。拉罗什福科也不急于否定谢弗勒兹夫人；他的描述中有一种欣赏和公正的语气。虽然事实证明接触这个女人很危险，但是这丝毫不减她的魅力，这些魅力不仅丰富多彩，而且很少在同一个人身上出现。想想看，如果拉罗什福科这样写，效果会有多不同："尽管谢弗勒兹夫人美丽、聪慧……"

这些句子没有表达任何疑问，做出的肯定且不加掩饰的判断可能会引起读者质疑，但他们平静而沉着的判断和对细微差异的表达，打消了读者质疑的念头。这种差异不是随意写的；它们是作者思考、观察和验证的结果——像某种调查研究。但这种努力不会反映在表达上；就连写作本身也要听起来很容易。两位作者都没有暗示，他们要设想某些方式消除读者质疑的冲动，虽然他们已经预想过问题，也想出了应对之策。

虽然都仔细斟酌过每个单词的用法和位置，但写完的句子像是即兴的说话。细细思考才会意识到，要即兴说出这么复杂又完美的句子是多么难（两个句子不论怎么改只会改得更差）。两位作家都不想让人察觉到他们付出的努力。这就是为什么要煞费苦心才能让写作看起来跟说话一样；因为写作意味着努力和刻意，有说服力的写作意味着策略。让写作模仿讲话需要做很多努力，出口成章、恰到好处且听起来事实就是如此，可以发生在对话中——常常是正题之前已经说了很多不妥帖的话，大家忘了而已。

因为所有这些共有的特征，所以这些句子在风格上看起来很相似，尽管它们说的不是同一个主题，甚至用的不是同一种语言。

选段5-9

一座栩栩如生的休伊·朗英雄雕像立在美国国会大厦墓地上方的高座上。他不拘、庞大、年轻的脸庞面向一座大楼，共三十四层，是他花了一年多一点的时间建成的，大部分是联邦政府投入的资金。那件青铜双排扣夹克，紧紧地裹住他隆起的肚皮，有着那个时代着装的尊严，像穿着林肯的双排扣长礼服大衣。黄铜雕像的休伊，看起来跟阿什维尔和纳什维尔、南本德和托皮卡的滑稽佬一样，他们喜欢出没在二十年代末三十年代初一些非法经营的昂贵酒馆里。他看上去像一个边打高尔夫边说黄段子的男人，渴望每个遇到的人的夸赞。看到他立在那里，让我感到悲伤，感到自己老了。他的脚下有一座大理石做的飞马浮雕，刻有一行字，"分享我们的财富"。那是休伊·朗的一句口号，另外一句是"人人都是国王"。

——A. J. 李伯龄，《路易斯安那公爵》[20]

在这最后一章，我想观察和追溯美国非洲主义的演变史：从它简单但令人生畏的目的即建立等级差异开始，到它失去这种差异后自我反思的替代性能，再到它在恐惧和欲望的修辞中欣欣向荣的存在。

——托妮·莫里森，《在黑暗中游戏：白人性与文学想象》[21]

克里斯托弗·莱曼-豪普特（Christopher Lehmann-Haupt）在《纽约时报》中评论托妮·莫里森《在黑暗中游戏》和她的小说《爵士乐》时，引用了这句话说明她的文章风格，并把这篇的风格与他称为莫里森的小说之诗进行了对比。他不认同"她用来表达她的观点的风格"[22]这句话。他有一个默认的、传统的假设，几乎是新闻界通行的做法，即风格与思想完全分离。所以莫里森应该以更容易理解的方式呈现她的想法。正是基于这一假设，许多修改文章的做法都是最后抖一抖文章的表面，以为可以把污点和瑕疵抖落干净。

莫里森的句子难以理解，不在于它的表面，而在于它的思想。句子的意象图式结构——沿着一条路径从一个位置移向另一个位置的空间移动——是基本的古典特征。下面这句一看就懂的话就是根据那种意象图式写出来的：

我想观察和追溯基督教的历史，看它是怎么从犹太教的异端，发展成为古罗马帝国的国教，再演变成中世纪欧洲的主流宗教的。

这个意象图式融合了一个基本隐喻：思想、信仰和制度——都不是实物，也不能移动——但可以通过隐喻将它理解为可移动的实物。不同国家是比喻意义上的不同位置；演变过程是从一个位置移向另一个位置的隐喻。人们可以"追溯"某观念、信念或制度的历史——从视觉上的"追踪"其历史时期的"运动"所"沿循"的"路径"。莫里森的句子和这个描述基督教的句子，同样是建立在隐喻和意象图式相结合的基础上的。但是这句描述基督教的话一读就懂，而莫里森的句子令人相当费解。两者的差异体现在对主题的构想上。

无论具体的主题还是抽象的主题，在古典风格中都会被构想为大家能看到的"事物"，各个层面都清晰明了——从结构到细节。任何有能力的观察者看到后，都会承认这种文化"事物"。它的存在独立于作者的构想，当然也独立于作者的文章。一个主题，通过这种方式被构想为"事物"，既契合空间运动的意象图式，也契合将变化比作空间位移的隐喻。

即使读者无法准确描述基督教，甚至也许只能勉强将它与佛教区分开来，但《纽约时报》的大多数读者都会承认——当然也包括克里斯托弗·莱曼-豪普特——人们可以观察基督教，就像可以观察巴吞鲁日国会大厦里的休伊·朗的雕像一样。和基督教不一样，"美国非洲主义"因为自身的抽象而吸引注意力，正是因为它没有一个普遍认可的边界——无论一个概念多么不确定都需要这样的边界，有了边界，才能从只有特殊读者理解的特殊观念变为日常谈论的通俗观念，在修辞目的上和可追溯轨迹的行星一样没有区别。

美国非洲主义历史的三个阶段同样很难理解，所有这些都是陌生的抽象概念，在当代美国文化中还未得到普。"中世纪欧洲"也是一个抽象的概念，但大家基本都知道；即使《纽约时报》的读者对中世纪欧洲完全没有概念，他们也可以认为这种抽象概念是确定且合理的，因为这类读者相信他可以自己查到。"恐惧和欲望的修辞"还没有这种普及程度，所以，美国非洲主义在恐惧和欲望的修辞中欣欣向荣的存在不能理所当然地被接受。

莫里森的描述难以理解并不是因为偶然因素，不是换"另一种语言风格"即更容易理解的语言就能被理解了。她谈论的是一些还没有普及的特殊概念，这些概念无法独立于她的思想而存在。因此，在这段话中，作者和读者之间的不对等关系说明她的风格不是古典风格。假如一位作者是以古典风格呈现这样一个主题，要想追溯它的运动轨迹，就得先分析出美国非洲主义这个事实的具体细节，让读者能当作一件他可以体验的"事物"来理解。要用读者不易察觉的方式把实际的说服场景换成典型场景，而古典风格作者还得说服他的读者相信，他可以用理解金星的方式理解美国非洲主义，像一个天文学家追溯金星轨迹一样追溯美国非洲主义的发展路径。主题的抽象性质并不妨碍作者构建这样一个概念：像夏斯岱尔记录文化历史一样，像弗里德伦德尔鉴赏古画一样，像多德翻译新约一样，像费曼研究数学物理一样，像拉法耶特夫人观察情感一样，像塞维涅夫人观察社会一样，呈现最抽象的领域里最抽象的事物，就好像在谈论雕像、草莓或昏星一样。

第一眼就能看出来，李伯龄描述休伊·朗的雕像的话可能与托妮·莫里森的那段话没有任何共同之处。莫里森谈的是抽象的文化现象和它的发展顺序；李伯龄谈的是任何人站在休伊·朗的坟墓前都能看到的静态雕像。把两段话放在一起，看起来好像验证了众多写作指南的建议："要表现具体，避免抽象"。当然，无论思维还是写作都无法避免使用抽象事物，所以像大多数毫无针对性的建议一样，"要表现具体，避免抽象"这条准则很难用于实践。不过这条准则与风格上的合理观察至少有那么一点点关系，就像"你无法确定任何事情"这句话与海森堡的不确定性原理的关系。

李伯龄描述的休伊·朗的雕像，依据的是二十世纪二三十年代的美国文化，这种文化概念跟莫里森笔下的文章一样抽象，至少对李伯龄来说是个人想法，就像莫里森说的美国非洲主义运动对她来说也是个人想法。两者在风格上的差异体现在他们阐述抽象概念的方式上。莫里森说的美国非洲主义很难代入进去，因为莫里森没有把她描述的主题当作一种任何人都可以验证的"事物"。因此，她的概念的抽象性质更为突出，她留给读者的选择是，要么认同她说的或她思考的，要么多多少少都会觉得这是一种个人的随意视角。

李伯龄展示了古典风格的一种典型过渡方式，从任何人都可以自己看得到的事物——雕像——到基于抽象文化和道德观念的个人解读。他从没说任何其他人都能看到他这座雕像的文化环境；他把那种环境当作一种理所当然的实物，暗示任何人只要在现场都能描述出最细微的细节。所以仔细分析后才会意识到，虽然任何人都能验证雕像的存在与卷轴上刻的字（"分享我们的财富"），但如果读者不是把李伯龄的思考当成一种事物，就不会理解他从描述雕像自然过渡到描述卷轴的解读方式。李伯龄知道，要获得认同就得说服读者，但他从未明确承认有说服读者的必要。相反，他解决这个问题用的是一种巧妙的并置和不言自明的保证：他所说的一切（不论是事实还是观点），跟他眼前的事物一样可信——排除偶然的空间因素和时间因素——你也可以在眼前看到。看看"分享我们的财富"与"每个人都是国王"的对比，第一句是刻在卷轴上的口号，而第二句是李伯龄引用的休伊·朗的另一句口号。休伊·朗的墓地上看不到第二句口号，但它是休伊·朗最著名的句子之一。任何人只要查阅相关资料，都能印证李伯龄说的话。把作者的解读当作一种可以通过相关出处验证的事物，只是一个隐形的步骤；不让读者察觉到这段话的相关出处源于作者的想象，是一种古典风格技巧。

| 参考文献 |

1 拉法耶特夫人 . 克莱芙王妃 . 出自：*Roman et Nouvelles*. Émile Magne 编辑 . 巴黎：Garnier 出版社，1970，第 376 页 .

2 安德鲁•霍奇斯 . 艾伦•图灵传 . 纽约：Simon & Schuster 出版社，1983，第 117-118 页 .

3 伯纳德•德•茹弗内尔 .《伯罗奔尼撒战争史》序言 . 出自：伯罗奔尼撒战争史（全 2 卷）. David Greene 编辑 . 安娜堡：密歇根大学出版社，1959.

4 奥斯卡•王尔德 . 不可儿戏（1895）. 出自：奥斯卡•王尔德 . 伊索贝尔•穆瑞编辑 . 纽约：牛津大学出版社，第 485 页 .

5 克利福德•格尔茨 . 文化的解释 . 纽约：Basic Books. 1973. 第 14 页 .

6 拉罗什福科 . 道德箴言录（1678）. 第 56 条 . 出自：拉罗什福科全集，Jean Marchand 编辑 . 巴黎：Gallimard 出版社 [Bibliothéque de la Pléiade]，1964，第 410 页 .

7 亚历山大•蒲柏 . 人论（1733—1734）. 出自：亚历山大•蒲柏诗集 . 约翰•布特编辑 . 康涅狄格州纽黑文：耶鲁大学出版社，1963，第 502 页 .

8 迈克尔•奥克肖特 . 经验及其模式（1933）. 剑桥：剑桥大学出版社，1966，第 20 页 .

9 萧伯纳 . 千岁人（1921）. 出自：萧伯纳戏剧全集（全 6 卷）. 纽约：Dodd, Mead, 1963, 2:10.

10 W. J. T. 米歇尔 . *Spatial Form in Literature: Toward a General Theory*. 出自：Critical Inquiry 第 6 卷第 3 号 . 1980. 第 539-567 页。W. J. T. 米歇尔是 *Critical Inquiry* 的主编，芝加哥大学英语语言文学系的加洛德•唐奈利杰出服务教授 .

11 苏珊 C. 派普斯 . 伦勃朗：戴金项链的老者（未出版文稿）.

12 安托万－洛朗•拉瓦锡 . 化学基本原理 . 巴黎: Cuchet 出版社，1789，第 ix-x 页 .

13 拉罗什福科 . 道德箴言录（1678）. 第 49 条 . 出自: 拉罗什福科全集 . 第 409 页 .

14 勒内•笛卡儿 . 谈谈方法 . 第 131 页 .

15 勒内•笛卡儿 . 谈谈方法 . 第 126 页 .

16 唐纳德·巴塞尔姆.杜米埃.出自：纽约客.1972 年 4 月 1 日，第 31-36 页，引言出自第 36 页.重刊：Sadness.纽约：Farrar, Straus and Giroux 出版社，1972，第 161-183 页，引文出自第 183 页.

17 菲利普·拉金.高窗.伦敦：Faber & Faber 出版社；纽约：FSG 出版社，1974，第 30 页.

18 罗伯特·马丁·亚当斯.说人坏话.伯克利和洛杉矶：加州大学出版社，1977，第 104 页.

19 拉罗什福科.回忆录（1662）.出自：拉罗什福科全集，第 40 页.

20 李伯龄.路易斯安那公爵.出自：纽约客，1960 年 5 月 28 日，第 41-91 页，引文出自第 41 页。重版：路易斯安那公爵.纽约：Simon & Schuster 出版社，引文出自第 8-9 页.

21 托妮·莫里森.在黑暗中游戏.马萨诸塞州剑桥：哈佛大学出版社，1992，第 63-64 页.

22 克里斯托弗·勒曼－豪普特.2 voices as Far Apart as the Novel and the Essay. 出自：纽约时报，1992 年 4 月 2 日，第 c21 页，该文章是对托妮·莫里森的《爵士乐》（纽约：Knopf 出版社，1992）和《在黑暗中游戏》（马萨诸塞州剑桥：哈佛大学出版社，1992）两本书的书评.

第六章
风格的误区

不同场合需要不同风格

选段6-1

当那个解放事业开始以后，我就一点也不害怕。我认为自己在其他国家的学者中所听到的对宗教法庭的抱怨，决不会被我们同样博学的人在议会执政期间提出来抱怨书籍出版许可制。然而事实上这种抱怨却如此普遍地产生了，当我表示自己同情他们的不满时，如果不致见怪的话，我倒要引证一个事例来说明当时的情况：以往有一个财务官很得西西里人的爱戴，后来听到西西里人一再指控维列斯。我国有许多尊敬诸位而又受到诸位尊敬的人，他们向我们颂扬诸位的话决不会少于西西里人民的控告。然而他们却一再劝说和请求我决不要灰心失望，而要把我在公正理性的指导下为争取废除这一奴役学术的制度所产生的想法提供出来。

——约翰·弥尔顿，《论出版自由》[①][1]

这个选段有142个单词，几乎不可能一遍读懂。虽然这段话表面上是一篇议会演讲稿，但它的风格不是演讲，而且有意偏离任何可能的对话形式。它没有指示明确方向或目标的意象图式。它不具备任何古典风格特征，与同时期法国散文最突出的风格形成鲜明对比。

---

① 汉译文出自吴之椿翻译版本。——译者注

任何一位现代写作顾问都会忍不住用常规方式修改这句话——要不是它出自十七世纪的著名文本，三百年来被世界各地的人们研读和称颂。这样一位写作顾问会特别注重表达清晰，会提供一些有效的建议改写《论出版自由》以便读者理解。但是，在弥尔顿看来，这些修改完全破坏了他那种成熟卓越的风格，结果也证明他是对的。

清晰既是古典风格的主要优点，也是实用风格的主要优点，很容易用这两种通用风格的任一标准评价其他风格，尤其是那些经常使用二者之一的作者。像实用风格一样，古典风格支持这类评价，暗自主张成为通用风格。但这种主张容易引起误导。古典风格和实用风格都无法实现弥尔顿的目的，因为他的典型场景不是古典风格或实用风格的核心场景。从这点来说，这段话像塞缪尔·约翰逊在《莎士比亚戏剧集序言》开头评论的那样：弥尔顿和约翰逊写出来的风格成熟一致，但和古典风格或实用风格格格不入。古典风格背后的典型场景是对话，因此往往以独立片段出现，摘录的选段也很好理解。《论出版自由》背后的典型场景需要淋漓尽致地展现苦心孤诣的博学。这种场景最看重的是气势庄严和引经据典——而非文笔清晰。它所用的模式不是对话，甚至都不是口头英语；它用的是书面拉丁语模式。弥尔顿的典型场景对他的风格的影响是，单独摘录的片段几乎无法理解，但弥尔顿不会因此把这看作缺陷。他没打算让《论出版自由》以小片段的形式流传，而且让他用一种看起来容易阅读或方便小段选摘的风格，他必定会很难受。假若按照拉罗什福科或李伯龄的风格重写《论出版自由》，弥尔顿的读者肯定当即给它贴上不值一读的标签。

苏格拉底在《苏格拉底的申辩》里提到古典风格的一条检验标准，仿佛它是所有风格的首要问题："如果你在这个城市的露天场所（你们很多人听过我演讲的地方）或其他地方，听到我用惯用的那种语言为我自己辩白，不要觉得惊讶。" [2]

他明确拒绝采用法庭那种有腔有调的风格，他暗指这种风格有虚情假意的成分。他采用对话、声音和即兴作为他的典型场景，所以很容易从他的演讲里摘录出通俗易懂的独立话语片段。毕竟《苏格拉底的申辩》加上极少注释翻译过来后，完全能被现在的俄勒冈州或俄亥俄州或上海市的读者读懂，哪怕读者对公元前四世纪初雅典法庭的公约一无所知。

相比之下，想象一位雅典演说家的演讲，和苏格拉底不一样，他的主要目标是要赢得这场审判。当然，上海市或俄亥俄州的现代读者不可能去想这些事情的细节。这样一篇演讲的一些精妙之处，很难被注意到或者很难被理解，就像弥尔顿在《论出版自由》中使用的复杂句法和引用的典故一样。如果不能像弥尔顿（或者那位雅典演说家）那样理解促成他风格的场景，就不可能"改良"他的风格。现今只有少数精通十七世纪英国议会历史的专家才通晓这样的知识，但不见得有谁能用弥尔顿希望的方式以及他自己表达出来的方式，向议会发表演讲。一般的原则（比如"删掉不必要的词"）无法替代场景和角色这类决定某种风格的具体知识，因为只有它们才能表明哪些词不必要。

选段6-2

> 虽然之前我已经向你们表明我们的体系中很可能会有，也确实可能有足够的货币刺激措施来创造[经济复苏]，但我不确定我们是否不需要一些保险措施或不需要重新讨论这个问题，我只能对你们说，我们都在观望渗透其中的同一套数据、同一经济体、同一种信心。我们都在决判经济活动如何演变以及采取各种不同行动的风险在哪里。将来这不可避免会有分歧。
>
> ——国会听证会上参议员试图让格林斯潘降低利率加速经济复苏
> （1992年3月），美联储主席阿兰·格林斯潘对此的回应[3]

《纽约时报》1992年4月20日报道的格林斯潘这段话，当然不是古典风格的例子，但它是一种确定的风格，一种高素质的风格。因为它首先是口语风格（尽管是发表在报纸上供人阅读的报告），格林斯潘先生把它称作"没有条理的喃喃自语"。它的优点恰恰是古典风格的缺点，不应该把这种风格的表现和演讲者的表达能力相混淆。它不是一种含糊的风格，尽管有时看起来这样，因为作者实际表达的结论和观点并没有被隐藏，只是淹没在令人困惑的冗词中了。这更像是一种僵局风格，表达方式依据的是运动不一致且不对称的意象和变化多端的限定条件。它不像古典风格那种通用风格；它是一种特殊风格，专门服务于少部分位居美联储主席这类高位的人，这些人权力很大，他们说的话会被别人用来细致分析他们可能的行动。如果细读上面那段话可以发现，它丝毫没有透露，格林斯潘会降低还是不会降低利率，他是否已经在这个问题上做出了决定，甚至他是否赞成降低利率可以带来参议员们认为的效果。

有影响力的政策负责人不得不回应公众时，古典风格的优点可能是他的灾难。国会听证会的调查对象应该看上去是尊重委员会的，所以像阿兰·格林斯潘这样的人不能说："我来这里是因为我必须在这里，但我不会告诉你们任何东西。"这种场景的情况比较特殊，应该让人觉得他实际上可能说了一些实质性内容，还要尽可能避免说些明显要进一步澄清的问题。如果格林斯潘说，"我认为我们已经把利率降得足够低了，但我们正在不断监测进展，也许到某个时候有可能进一步降低利率。我会适时采取我认为有必要的行动，可能你们不一定认为有必要。"可以更清楚地表达他的主要观点，但要为此付出不可接受的代价。他用一种明确的方式向参议员表明，他会做他认为最好的事，不管他们怎么想的都不会影响他，这种做法不够明智，而且他也不希望明确否定他们的建议，因为无论他表明会还是不会降低利率都对他不利，表明他何时会下定决心也同样不利。前面假定的修改版本当然更清楚，但会引来恼人的追问：那么就目前来说，您已经不考虑降低利率了？未来什么情况下，降低利率是合理的？你是依据什么指标判断出目前的利率太高？

必须避免引发所有这类提问，因为他实际上不希望透露自己之后的任何行动方向。他对可能的行动给出的任何暗示，都会引发不同市场的回应。在这种情况下，"虽然之前我已经向你们表明我们的体系中很可能会有，也确实可能有，足够的货币刺激措施来创造……"，这句话在各方面都会优于"我认为我们已经把利率降得足够低了"。这种声明附加各种限定条件，也没明确生效日期或谈论内容，虽然看起来做了让步，但实际上对他可能要做的事只字未提。"虽然我在过去的某个时候说过某事X"，让听众以为下一句是"现在我要说说某事Y"。实际的顺序不是这样，接着的那句话完全不符合预期，而且极其混乱不清，以至于读者很难立即认清其实没有做出任何让步。事后分析后可能才生出疑惑，但他甚至仍然认为已经采取了足够的措施"来创造"（创造什么呢？厌烦的读者会问），因为整个句子的框架是"之前我已经向你们表明"，但后面没有对等地提到讲话人现在要讲什么。为避免说成毫无防范的现在陈述语气或一瞬间就能被识别出来的确定主张，格林斯潘使用了微妙的语言资源：情态动词、模棱两可的参照、疑问副词、不确定的将来时或不确定的现在进行时。

从这个选段及其特殊场景考虑的特别要求中，我们得到两点提示：第一，某种风格的缺点会成为另一种风格的优点；第二，不是只有好与坏两种风格之分，而是有很多种风格，有些是通用风格，有些只适用于特定场景。几乎所有的英文作文教师都会说这个选段"需要修改"，然后指出它的错误之处。事实上，它哪里都没错。这是一种高超的表达方式，把迟迟不作答复的态度伪装成语言表达上的不连贯。它写得一点也不马虎，也并非毫无计划。它故意违反预期中前后对称、方向一致的意象图式，运用精湛的技巧阻断了这种预期。这是一种非常准确的表达，就像一只猫跳上一张杂乱无章的桌子，走过一片狼藉，却没有搅乱这片狼藉。

表面特征不决定风格

选段6-3

本备忘录……讨论的话题可以说是作者和出版商遇到的问题中最不重要的部分。正是因为它们相对来说没那么重要（尽管它们也有可能带来麻烦），所以我们应该不用太担心。换句话说，我们的工作就是让它们不成问题，以便将我们的精力投入到更重要的事情中——作者和编辑发挥才智和想象力平衡事实和表达，设计师和排版人员做出高效精美的排版，校对人员保证快速准确的勘误。

虽然逗号风格的一些问题（例如，限定性从句与非限定性从句，一个用逗号隔开主从句，一个不用逗号隔开），在日常表达中已经根深蒂固，以至于成为某类规则，但几乎所有这些都只是偏好问题。我们更偏向列举事物时在连词前用逗号（red, white, and blue），也会在"i. e.（也就是）"和"e. g.（例如）"之后加逗号。

——《作者、编辑、排版人员、校稿人的原稿准备和校样处理备

忘录》，普林斯顿大学出版社，1990年1月

> 在事倍功半这点上，英语拼写体系符合那些人尽皆知的规范的全部要求。它过时、累赘又低效；掌握英语拼写需要花大量时间和精力；一旦拼错，很容易被发现。
>
> ——托斯丹·凡勃伦，《有闲阶级论》[4]

对于只在英文写作课上读过写作指南或手册的读者，普林斯顿大学出版社备忘录的态度可能让他们感到惊讶，因为在他们的写作课上，大写、拼写、发音和用法看起来不仅是写作最明显的表面特征，实际上是写作的全部。这种本末倒置的问题很常见，正因为这些偶然因素容易被注意到。这是为什么托斯丹·凡勃伦在一本古典风格社会学著作中提到，拼写体现了某种形式的社会差异，有闲暇的人才能学会一种随机又低效的体系。地名的发音和拼写这类问题，常常用作区分当地人和外地人的标记。一位杰出的美国神学家在高速公路上开车，中途停下来问贝洛伊特（Beloit）怎么走，当地人听到他的法语发音方式"贝瓦（Bell-wah）"后哈哈大笑，然后告诉他说，"是贝洛伊特（Beh-LOIT），伙计。你现在在威斯康星州了。"

偶然因素几乎不会成为风格要素的一部分，但是如果不妥善对待，它们会带来各种大大小小的问题，因为它们体现了作者对写作规则和规范的掌握程度。有人认为字典和手册规定了这些问题，这是一种常见的误解。字典和手册只不过尽可能符合某个没有明确定义的人群的说话习惯，是他们规定了这类问题普遍的偏好限制。词典编辑的立场跟不希望因某种错误方式惹人注目的个人一样。但跟他们很多人不同的是，词典编辑自知只是观察一场社会影响力比赛，而不是记录——更不是定义——某种正确的立场。

露易丝·布鲁克斯一定是默片年代所有性感偶像中最优秀的一位作家，她在《露露在好莱坞》这本书里解释说，她意识到自己有堪萨斯口音时很痛苦，因为这让她在纽约看起来像外乡人。她在一家经常光顾的杂货店的饮料柜前，遇到一位哥伦比亚大学的学生，她说尽好话，让他做她的语言老师。用她自己的话说就是：

> 不读"mulk"读"milk"，不读"kee-yow"读"cow"。还有：不要像读"hotter"一样读成"watter"，要像读"daughter"一样读"water"。不是"hep"，你真是乡巴佬——读"help""help""help"！吃了一个月的巧克力圣代，这个男孩用他自己的方法教我词汇，我讨厌的堪萨斯口音连最后一点痕迹都没有了。从一开始，我就想好了，不能从一种标签换成另一种标签。我不想学艾娜·克莱尔、鲁斯·查特顿那些正统的喜剧明星，说一本正经的伦敦舞台英语。我只想说一口纯正的、不带标签的英语。我在饮料柜前认识的小伙儿说的就是纯正的、不带标签的英语。[5]

露易丝·布鲁克斯认为在二十世纪二十年代的纽约，一位性感尤物不能经常把"cow"说成"kee-yow"，这种想法无疑是对的，但是由此认定她已经会说"无标签"英语，就大错特错了。她只是放弃了一个不合时宜的标签，换上一个与她努力塑造的形象更相符的标签。且不说她原先的堪萨斯口音，她跟那位饮料柜前的纽约小伙儿学会的"纯正的无标签英语"，如果在路易斯安那州的巴吞鲁日听起来会怎样呢？在得克萨斯州的沃思堡呢？在伊利诺伊州的芝加哥呢？又或者在布鲁克林区大桥对面呢？

同样的社会原则适用语言的许多显著特征，但这些特征都不能决定语言风格。"Negro"（黑鬼）这个词已从现代美式英语用法中剔除，后来出现的替代语"black"（黑人）也逐渐被摒弃。"黑鬼"的古老用法是什么时候出现的，谁决定了这个问题？当然不是美国的词典。它们只是调查目前的词语用法，直到确定这种变化被广泛接受。今天，同样的现象也出现在"black"（黑人）这个词上，它本身很快就会在日常使用过程中被淘汰，被"Afro-American"或"African American"（非裔美国人）其中一个词取代。哪个词会赢得这场竞争取决于谁最先被广泛使用。

所有这些竞争会引起许多作者和演讲者的焦虑，因为用词"不当"会让作者或演讲者看起来可笑。因此，自称语言大师的人总有大片的市场，而且每家书店都有整排的语言规范手册，好像所有这些问题都已经解决了似的，虽然这些书之间总不免会相互矛盾。出版商及其技术人员倒没有什么幻想；他们知道用母语说话或写作的人只是社会地位不同，没有谁是语言权威。他们也知道虽然偶然的问题可能会带来尴尬，但无论用词多么准确，也不可能形成一种风格，而且太过担心偶然问题，反而可能损害风格。二十世纪二十年代有很多女演员把"cow"说成"kee-yow"，但她们中没有一个能塑造出露易丝·布鲁克斯塑造出的那种形象。而且，假如露易丝·布鲁克斯太想发音准确而表现得焦虑，她将破坏那种形象。

有时候即使有非凡影响力的人，也会误解这方面的问题。《纽约时报》和《华盛顿邮报》报道了瑟古德·马歇尔1989年决定在一份以美国最高法院副法官身份提交的书面意见中使用"Afro-American"一词。

一开始，这位声名显赫的法官解释自己的动机："我花了大半生时间，费尽心思让人们拼写'Negro'这个词时大写首字母……后来人们开始改用'black'，我从来都不喜欢这个词。"[6]

然后他说自己当初如何严重低估了自己的权威："马歇尔法官说他会用Afro-American，而不是African American，现在前一个词越来越流行，因为'词典收录了Afro-American但没收录另一个词'。"

优势可能是缺陷

选段6-4

> 蒙田在他的家乡加斯科涅和他的蒙田塔楼里，就已经发现一
> 种天才风格，但那是一种完全个人化的风格，很难效仿。帕斯卡
> 发现了一种风格——既是一种带天才属性的个性化风格，完全属
> 于他自己，任何人都无法夺走，又是一种有逻辑有规律的通用风
> 格，有法则般的力量，每个人或多或少都能、也应该采用的一种
> 标准——他开创了法国散文。
>
> —— 圣伯夫，《波尔-罗雅尔修道院史》[7]

在行家里手的笔下，古典风格可以独具一格，又不显得个人化。它
默认无须依赖作者的个性形成风格。圣伯夫在对比蒙田和帕斯卡两位伟
大的法国作家时，指出了古典风格的这种特征。

当然，正是十九世纪的法国教育官僚主义使帕斯卡的风格成为类似
"法则"一样的风格，也决定了他不仅展示出一种风格的力量，而且"开
创了法国散文"。尽管如此，这种明显的悖论——声称帕斯卡的风格既能
保留个性，又能为每个人所用，甚至多多少少还是一种规定——源自古
典风格在真相、呈现、场景、角色、思想和语言上采取的立场。从教学
目的上来说，帕斯卡可以说是典范，因为他的风格恰是一种通用风格。

没有学生可能达到帕斯卡那种精通水平，但他的风格作为典范的用处在于，几乎任何人都可以掌握基本能力，且不需要帕斯卡那样的非凡才能，也不需要他那种特别的热情和使命感。只属于他个人的东西不属于古典风格，从这点来看，他的主要成就更多在于对写作的发现，而不是对他自己的思想的书面表达。古典风格并不要求出众的反思能力、非凡的个人洞见，或突出的个人努力；它自始至终默认的主张是，只呈现读者站在合适位置就能自己验证的内容。十七世纪的法国作者将这种风格运用到各种文学形式上：个人信函、道德箴言录、至少一部知名小说，以及代表十七世纪法国散文特色的回忆录文学。拉罗什福科和他的对手莱兹两人的回忆录，都具备古典风格所有的重要特征。虽然他们的观察结果确实是他们自己观察来的，但他们从不要求读者接受完全个人化的表达。像所有古典风格作者一样，他们要做所有工作，而且不能被察觉到，他们暗示，他们在做的事情，（除一些碰机会的偶然事物外）读者都能做到。正如十九世纪莱兹的一位文学编辑所说：

> 对他（莱兹）来说，语言显然只是一种呈现他的思想的方式，或者更妙地，可以信手拈来呈现任何一天的人、事，尤其是他自己的行为。[8]

选段6-5

对人物和场景犹如潮涌、充满细节的回忆，让这位写回忆录的圣西门公爵感到自己的笔几乎跟不上。显然圣西门完全相信，对整个回忆录来说，他所能记起的一切是不可或缺的，并且他也可以把所有的一切安插进去，无须事先考虑取舍。

—— 埃里希·奥尔巴赫，《摹仿论》[①]9

他坐在桌子对面，两根蜡烛之间，我们面对面，中间只有一张桌子的宽度。我刻意描绘了他那可怕的表情。突然我被看到的和听到的所震撼，他谈论起什么才是一个教士：无论以其个人还是公众身份，一个教士都无法为他的家人做什么，也不可能用他的地位和权利为自己谋私利，甚至不可能比别人多一个苹果或多一杯酒；只有到了一定的年龄才可能与上帝会面；处心积虑的阴谋会把国家和教会置于水深火热之中，并会因为一些涉及莫利那学派声誉的问题而纠缠不休。他的深奥，他所表现出的粗暴，所有这一切都令我迷茫，于是我打断他问道："我的上帝，您多大岁数了？"他是那么的惊讶，因为我全神贯注地看着他，他那种惊讶呈现在脸上，唤醒了我的意识……

—— 埃里希·奥尔巴赫，《摹仿论》引用圣西门的话10

在《摹仿论》一书里，罗曼语语言学家埃里希·奥尔巴赫提供了一系列精彩的风格分析，分析类型为文本解释（explication de texte）。他

---

① 汉译文出自吴麟绶、周新建、高艳婷合译版本，本书其他《模仿论》选段均出自该版本。——译者注

按照时间顺序编排他选出来的文章，开头是荷马和古代以色列的宗教圣典，结尾是弗吉尼亚·伍尔夫和马塞尔·普鲁斯特的选段。这本书英译版的副标题"The Representation of Reality in Western Literature"（西方文学中现实的再现）反映了他的书的主题，他讨论的文章的排序体现了该主题，被认为是反映了再现型风格的演变进程，这类再现型风格的效果越来越取决于作者与读者的典型角色要求的明显对等关系。在这里，莱兹和帕斯卡的古典风格被认为俗套和肤浅，而圣西门的表现奇特且不拘一格，他描绘的路易十四宫廷人物无可比拟，不仅表现在人物的个性和复杂性上，还表现在戏剧性上。圣西门的散文不是一扇窗，而是杂技演员走的高空钢丝，这个平台上展现的高超技艺，显然超出了读者的能力，而且作者也只能勉强驾驭。作者挑战他的艺术极限时并没有那么得心应手，他的语言时不时在句法不连贯的边缘跄跄，但又常常取得惊人的结果，部分源于天才的灵感，部分源于幸运的巧合。

奥尔巴赫对圣西门的评价基于一种信念：人类生存的真相远非清晰简单；对任何一个个体来说，它都是未知且不可知的，但在历史进程中展示了自己，即个体的对立统一面，这些个体被看作一种序列，不知不觉中逐渐揭示了我们认识的人类真相。

古典风格视角把具体的历史事件看作揭示永恒真相的场合，而浪漫主义视角把它看作真相在历史中逐渐展开时的某些时刻，从后者的视角来看，古典风格的呈现（presentation）不如浪漫风格的再现（representation）。这正是奥尔巴赫的选择。

他对古典风格和浪漫风格的这种比较，自然会推翻古典风格的价值。它开头的说明偏好灵感而非理性次序：构思过程中出现的不可预测的洞见优于古典模式中写作之前的深思熟虑。对于像奥尔巴赫这样的浪漫派来讲，深思熟虑后的表达只是肤浅而虚伪的幻象；写作过程中产生的灵感才是真实与真相的标志："一切与他的主题相关的事物，他依照脑海中浮现的样子写进一个个句子，他完全相信统一清晰的句子会自然而然地形成。"[11] 对奥尔巴赫来说，圣西门可能没有看到这种统一和清晰，这不是缺陷，他可以充当一位灵感传导者，让未来的读者看到。

古典风格注重可靠而非个人化的理性分析次序；它不相信感觉和情绪上的体验次序，它们不可靠、过于个人化，而且常常被证明是错的。奥尔巴赫则颠倒了这种价值标准：

> 圣西门的深刻认识不是通过对思想及问题的理性分析获得的，而是通过他面对的任意一个感官现象所产生的、深入生存内部的经验。相反（为了引用一个易于理解的例子）《致外省人信札》第一封信中的耶稣会士显然是按照上述理性认知而被风格化了。[12]

浪漫风格认为真相难以捉摸，难以窥见全貌，所以从浪漫风格视角来看，为瞥见不可预知的真相而追随感觉自然在情理之中。如果真相不是恒定不变可进行理性分析的，而只是闪现出暗示性的零星画面，那作者肯定总是写得诚惶诚恐，时刻担心脑海中闪现的灵感一瞬即逝。因为闪现的节奏是间歇且不可预测的，浪漫风格总是急于捕捉这种感觉以及它可能暗示的含义。这种模式在古典风格中是不可想象的，因为真相对任何有能力的人都完全可见，也不会一闪即逝。古典真相从不会消散。所以古典呈现从容而自在——但这在奥尔巴赫看来是自负和自我欺骗的表现。

> 表达内心冲动的欲望使得（圣西门的）语言不同寻常，也偶有强词夺理、言过其实之处，与那个时代轻松自如、讨人喜欢的审美品位大相径庭。[13]

奥尔巴赫认为人性真相"深奥晦涩"（profondeurs opaques）：真相会表现成特殊的灵感碎片，在特殊的时刻被特殊的人发觉。它会在观察者没有预料到的时候出现。例如，圣西门在与耶稣会士泰利埃神父对话的过程中，根据奥尔巴赫的说法，顿悟到"任何组织严密的团体的根本性质"[14]这一真相。当然，这种真相观念完全不属于古典风格。深奥晦涩的灵感碎片只能凭个人的才智捕捉到，在奥尔巴赫看来，作者呈现这些无法完全理解的碎片是正直的表现。但从古典视角来看，这样一种呈现只是失败的实证。在古典风格中，表达呈现的是思考的结果。不经思考的灵感捕捉式写作，对古典风格而言是缺陷，但对奥尔巴赫来说是优势：

> 书中没有虚构，没有编造，所有内容都出自作者的耳闻目

睹，这使圣西门的作品有一种生活的深度。在这方面，甚至连几十年中以描写人物见长的莫里哀和拉布吕耶尔都望尘莫及。[15]

古典风格认为，这种评价根本无法理解，因为用来支持该主张的证据看起来反倒对它不利。在古典风格看来，这种评价的逻辑无异于"猜测胜过正确认识，因为猜测更个人化"。

如奥尔巴赫所述，个人的才智由不可预见的碎片灵感构成，作者无法控制它们。任何能够用理性的方式控制的东西都是肤浅的技巧，而非深刻的真相。这种才智是一种特别恩赐——可以在某些灵光一现的预见性时刻洞察真相，就像 E. B. 怀特记录他对绕着马戏圈骑马的女孩的印象时，短暂地瞥见了时间的性质。但不论是圣西门还是怀特，都不能指望这类启示。它们可能再也不会出现在作者的脑海中，它们可能永远都无法被读者捕捉到。奥尔巴赫认为的优点，对古典风格而言是自我错觉。

简·奥斯汀对《傲慢与偏见》中的柯林斯先生的描写令人印象深刻——这已是深思熟虑的常规描写——但用奥尔巴赫的价值标准看来，这必然也是流于肤浅。

柯林斯先生并不是个聪明人，他虽然受过教育，踏进了社会，但是先天的缺陷却没得到多少弥补。他长了这么大，大部分岁月是在他那个爱钱如命的文盲父亲的教导下度过的。他也算进过大学，但只是勉强混了几个学期，也没交上一个有用的朋友。

父亲的严厉管教使他养成了唯唯诺诺的习性，但是这种习性如今又给大大抵消了，因为他本来就是个蠢材，一下子过上了悠闲生活，难免会飘飘然起来，何况年纪轻轻就发了意外之财，自然会越发自命不凡。当时亨斯福德教区有个牧师空缺，柯林斯鸿运亨通，得到了凯瑟琳·德布尔夫人的赏识。他一方面敬仰凯瑟琳夫人的崇高地位，尊崇她作为自己的女恩主，另一方面又非常看重自己，珍惜自己做教士的权威，做教区长的权利，这一切造就了他一身兼有傲慢与恭顺、自负与谦卑的双重性格。[①][16]

从古典风格的角度来看，简·奥斯汀的呈现优势在于，一旦她告诉你往哪里看，她对柯林斯先生的评价就可以由任何读者独立"验证"（就像她书中的人物验证的那样）。圣西门运用精湛的手法描写泰利埃神父，并讲述了他对耶稣会士的本质的洞察，但是，虽然有些人或许能验证圣西门呈现的耶稣会士的可怕相貌，但除了作者本人没人能根据一位耶稣会士的外貌描述看出整个人群的本质。从对单个个体的印象推断出对整个群体的认识，这种思维模式正是简·奥斯汀所说的"偏见"。《傲慢与偏见》描述了伊丽莎白·班纳特从这种自欺欺人的思维模式中悔悟的故事。圣西门的真相启示在简·奥斯汀看来是偏见。

《摹仿论》是一本关于风格演变史的书，这必然是后来者居上的事情。奥尔巴赫可能会把某个特定的作家，比如圣西门，看作一种能展示

---

① 汉译文出自孙致礼翻译版本。——译者注

未来生活的神奇突变："从文体上说，圣西门是描述各种现代和最现代的人生观和再现生活的先驱。"[17]。对奥尔巴赫来说，真相不是个人财产，实际上根本无法被个人拥有：它存在于一种辩证过程中——存在于时代的历史主义行为而非个人的历史行为当中。个体作家的价值，体现在他在多大程度上参与了这一辩证过程。也就是说，一位伟大作家的个人才能，在于他能通过直接的人和事，看到进化历史主义进程中的真相。圣西门的成就在于，他是第一个瞥见更高阶段的时代真相的人，正如奥尔巴赫分析圣西门对洛尔日公爵夫人（duchesse de Lorge）的描述时所言：

> 到十九世纪末，甚至直到二十世纪，人们才在欧洲文学中找到一个类似的语调，一个完全脱离传统和谐，直接从任意的表象信息深入到一个人生存环境的综合体。[18]

按照这种观点，奥尔巴赫有可能为不同时代及其发展进程赋予能动性，而不是将其赋予在个人身上；比如他写道，"那个时代轻松自如、讨人喜欢的审美品位"，就好像时代有品位，而不是个人。在奥尔巴赫的表述中，早期的品位必然不够完善。虽然早期的品位可能会延续到未来，与后期的品位融于同一个时代，但它们将在历史主义的巨大完善链（Great Chain of Adequacy）中占据较低的位置。埃里希·奥尔巴赫透露，轻松自如和讨人喜欢的品位现已成为演变史的过去，几乎不可能让今天的我们——处于风格等级演变史较高位置的我们——理解以前的风格创造出来的品位。

在奥尔巴赫看来，判断风格是否成熟的标准在于写作能否超越当前的及个人的人类目的传达历史主义真相，他自然也认为个人目的会阻碍真相再现。作者涵盖的内容越广泛，按个人目的选择的内容越少，他的文章就越可能触及超脱他个人的真相。尽可能减少"事先谋划"的个人目的对文章的影响，真相越有可能选择他作为传达者。所以奥尔巴赫从原则上忽视非圣西门一流的肤浅作家的个人目的。比如，帕斯卡在《致外省人信札》第一封信里对耶稣会士的描写，就服务于古典风格论辩；帕斯卡没有必要也没有理由，巨细无遗地随机描写某个个体耶稣会士。但奥尔巴赫认为，帕斯卡这种呈现原则，实际上是为了实现他当前的目的，因此超脱个体目的存在的真相不可能通过帕斯卡传达给读者。

像所有古典风格作者一样，帕斯卡为自己说话；奥尔巴赫推崇的作者几乎从不说话；是历史年代在通过他们说话。奥尔巴赫通过个人才智发出的声音，不是他自己的声音，是黑格尔派历史进程发出的声音。

因为奥尔巴赫的演变史是要认识和揭示写作的终极目的的，所以它追求一种优于所有其他风格的风格。尽管奥尔巴赫博学而包容，他的演变史只是从意识形态上证明了他那一种风格胜过所有风格，但不曾也不会有任何作者写出任何文本充分体现这种风格。

作为一种适合呈现任何事物真相的通用风格，古典风格自成一体，没有连续的演变历史。修昔底德、塞维涅夫人、简·奥斯汀、李伯龄写出了完美的古典风格。并不是以前的每篇文章都用古典风格写。它只是众多成熟一致的风格中的一种。它的优势源于它对风格要素采取的特定立场，包括清晰和简单，因为语言可匹配思想，动机是真相。其他风格也都有其各自的优势。

参考文献

1 约翰·弥尔顿. 论出版自由. Don M. Wolfe 主编. 康涅狄格州纽黑文：耶鲁大学出版社，1953—1982，卷 2: 1643-1648. Ernest Sirluck 编辑（1959）. 第 486-570 页，引言出自第 539 页.

2 苏格拉底. 申辩. 出自：苏格拉底最后的日子. 休·特雷登尼克译（1954）. 哈蒙兹沃思：企鹅出版社，1969，第 45 页. 重版：柏拉图对话集. 艾迪斯·汉密尔顿，亨廷顿·凯恩斯编辑. 纽约：Pantheon 出版社 [Bollingen]，1963，第 3-26 页，引言出自第 4 页.

3 史蒂文·格林豪斯. *The Fed's Master of obfuscation.* 出自：纽约时报，1992 年 4 月 20 日，全国版，c1 版.

4 托斯丹·凡勃伦. 有闲阶级论(1899). 哈蒙兹沃思：企鹅出版社，1979，第 399 页.

5 露易丝·布鲁克斯. 露露在好莱坞. 纽约：Knopf 出版社，1983，第 10-11 页.

6 瑟古德·马歇尔. *Justice Marshall, on 'Afro-American': yes.* 出自：纽约时报，1989 年 10 月 17 日，A21 版；亦报道于：华盛顿邮报 "Talking Points"，1989 年 10 月 18 日，A29 版.

7 圣伯夫. 波尔－罗雅尔修道院史（1840—1859）（全 3 卷）. Maxime Leroy 编辑，巴黎：Gallimard 出版社 [Bibliothèque de la Pléiade]，1953-1955，1:135.

8 路易斯－阿道夫·雷尼耶. *Lexique de la langue du Cardinal de Retz*. 巴黎：Hachette 出版社，1896，第 [i] 页.

9 埃里希·奥尔巴赫. 摹仿论. 伯尔尼：Francke 出版社，1946，第 370-371 页. 翻译出自：西方文学中现实的再现（The Representation of Reality in Western Literature）. Willard R. Trask 译（英）. 新泽西州普林斯顿：普林斯顿大学出版社，1953，第 420 页.

10 埃里希·奥尔巴赫. 摹仿论. 第 427-428 页.

11 埃里希·奥尔巴赫. 摹仿论. 第 421 页.

12 埃里希·奥尔巴赫. 摹仿论. 第 428-429 页.

13 埃里希·奥尔巴赫. 摹仿论. 第 433 页.

14　埃里希·奥尔巴赫. 摹仿论. 第 428 页.

15　埃里希·奥尔巴赫. 摹仿论. 第 423 页.

16　简·奥斯汀. 傲慢与偏见. R. W. 查普曼编辑. 第三版. 伦敦: 牛津大学出版社,
　　1932，第 70 页.

17　埃里希·奥尔巴赫. 摹仿论. 第 431 页.

18　埃里希·奥尔巴赫. 摹仿论. 第 425-426 页.

第三部分

古典风格工作室

| 导语 |

第一部分介绍了古典风格的原理，第二部分展示了古典风格作品及不同风格的对比赏析，到这里，我们已经具备了学会古典风格的全部必要知识，唯一缺的是实践了。于是我们为本书增加了第三部分——古典风格工作室，这里有导师平等友善的引导，可以帮助初学古典风格的人渡过必然会写得磕磕碰碰的练习阶段，令初学者成长为自信而熟练甚至超越导师的写作者。

第七章

写作基础练习：先练说话

古典联合注意与非古典思想网络

在工作室里，学生入门要先学基础，然后才会慢慢精通。本工作室部分要教的基础是一组通用练习——通用是因为既可以用于说话也可以用于写作。我们从说话开始练习，因为古典风格写作根源于说话。

练习1：古典联合注意

呈现的本质是认知科学家称为"联合注意"（Joint Attention）的场景。联合注意是一种熟悉且常见的场景，我们日常都有体验。在联合注意的场景中，人们在同一个地方关注同一件事情；他们知道彼此都在关注它，他们也知道因为共同关注，彼此之间建立了某种联系。他们在联合互动。他们可能比画着谈论那些吸引他们注意力的事物，但有可能实际上一句话都没说。他们相互影响着彼此的思想；言语可以提供帮助但不是必要的。联合注意不一定要有实际目标。重要的是要建立一种共同的交互注意力。

古典联合注意是一种最简单、最基本的联合注意。我们在原理篇和博览篇说过古典联合注意的特点：只有两个人，正观察着某些直接可见的东西，比如树上的一只乌鸦。它具备古典风格的所有特征：动机是真相，目的是呈现，场景非正式，语言充分，真相可知，说者和听者均能胜任，等等。这两个人不仅看到了同一只乌鸫，而且在同种包含相互之间影响的思维情境中看到了它。

因为古典联合注意太常见了，我们通常不会思考它，甚至都不会注意到它。但古典联合注意是古典场景，是古典风格的"锚"。要成为一个古典风格作者，必须能够有意识地思考古典场景，注意哪些真实场景可以对应古典场景，哪些相似，哪些背离，真实场景和古典场景之间有什么不同。没有这种古典场景做对照，写出来的风格会缺失风格之锚。自然，工作室的第一个练习是练习如何让自己沉浸到真实的古典场景中。

第一个练习如下：注意一些可直接观察的事情，口头呈现给身旁的同伴。你和你的同伴可以在任何地方练习：公园里、花园里、餐厅里、大街上、杂货店里、火车站候车处。原理篇提到向某人呈现某物不单是引起注意，如"看，有只乌鸫"，而是呈现你想让你同伴看到的事物。你希望你一指出来，你的同伴就能看到你在说的事物，如"篱笆边的树枝上站着一只乌鸫，每边翅膀都有一溜红色小条纹"。你可以呈现一个建筑细节之类的事物，一旦注意到很容易发现，但也很容易忽略。它不一定是视觉可见的东西，它可以是鸟鸣的旋律，或者是带着咸味的海风。

像工作室的所有练习一样，第一个练习适合在教室进行。找一个伙伴。观察房间、人、窗景、移动设备的声音和图像或任何在你观察范围之内的事物。可以让一个人播放幻灯片，展示大自然、建筑物、艺术作品、机场、城市景点、一部电影。开始与同伴对话，一边说一边做简短的古典呈现。可能一开始的对话听起来刻意、不自然，因为你正在有意识地做一些原先不假思索就会做的事情。练习过程中，不仅要听你同伴的声音，也要听你自己的声音。当你说话时，注意你自己在说什么。刚开始，这种有意识注意自己说话会令你犹豫甚至尴尬。坚持下去。最终你会越来越放松，直到自然而然地沉浸到古典联合注意的场景中，并用古典风格讲出来。老师可能希望将同学们带出教室散散步，去咖啡馆，逛城市街道，参观艺术博物馆或走进花园。走路时继续和你的同伴对话，抓住每次机会做古典呈现。

练习指导：非古典联合注意

学习有意识地关注古典场景，并在这种场景中呈现事物，是成为古典风格作者的第一步。但人类大部分交流因为各种原因超出了古典场景的范围。在任何一种交流行为中，你的心里都会有一个错综复杂的思想网络，这个网络太大、太细致、太复杂，以至于你无法同时思考。这个网络可能包括你自己的身份、他人的身份、过往经历、渴望、推测、判断、预测和各种文化知识，还有一系列参与者：你也许认为许多人此时在听你讲或将来会听你讲。也许在你的思想网络中，听众的个体之间有很大的差异。也许这个网络的参与者是未知的，甚至是虚构的或想象出来的。这个思想网络可能包含较长的时间间歇——你正在回应某人一周前对亚伯拉罕·林肯的言论的批评，而你知道明天别人会评论你的回应。思想网络可能涉及漫长而复杂的因果链。它可能涉及不同甚至冲突的动机或目的。在这个思想网络中，你可能会想一些复杂的问题，比如你的表达如何被传达、接收和记住。当然，你思想网络中的主题——你想谈论的事物——和能直接看到的事物可能差异很大。你的思想尽力兼顾的所有事物，我们将其称作"思想网络"。这个网络可能接近也可能背离古典场景的想法。有些网络在某些方面接近，在其他方面背离。学习把任一种思想网络锚定在古典场景中，是成为古典风格作者的第二步。

当你身旁实际上有一位同伴，你看到一只在树上栖息的乌鸫，并向他呈现乌鸫的某些方面时，你正沉浸在古典场景。但是现在假设你正在通过电话与同一个人说话，告诉他一些他不在场时你看到的东西。这种电话交谈，你用的正是某种特定的思想网络。它包含你想要呈现的东西、交流的方式、不同地方的另一个人、彼此见不着面的事实、观察和对话之间的延迟——诸如此类还可以列出很多。打电话不属于古典场景。虽然两者的差异在你注意到时很明显，但一开始可能意识不到。一开始看不出两个场景属于两种类别，是因为我们构建电话交流场景时用到了古典场景。我们把前者锚定到后者中。即使实际场景不是古典联合注意场景，把我们的行为锚定到相应古典场景中，我们也能呈现事物。我们将一种思想网络——比如我们认为自己身旁只有电话或电脑——与我们的古典联合注意想法融合在一起。给某人写信不等同于直接和他对话。写作从来都不是古典场景。但给熟悉的人写信，自然会把信当作对话来写。这就是我们说的用一个场景（对话）构建另一个场景（写作）。从某种意义上说，我们把一个人在纸上写信的场景，看作两个人面对面说话的场景。简·奥斯汀写信给她姐姐时说："我现在已经掌握了写信的真正艺术……整封信我一直在同你说话，说得快极了。"[1] 写作并非说话，没有多少对话，但我们可以把写作锚定为我们理解的说话，甚至可以像写信一样，锚定为我们理解的双方对话时轮到其中一方说话。

把不完全是古典场景的思想网络与古典场景融合一起，这种融合方式是古典风格的基础。把我们看不见的事物（比如一个明显的失误）当成好像任何人都能"看到"，就是把判断当作看得见的东西的例子。判断在思想网络中，看得见的东西在古典场景中，我们将它们融合在一起，融合时从风格上把判断当作看得见的东西。日常交流中，我们一般很自然地用到古典风格，但如果我们没有有意识地注意古典场景和我们用它锚定非古典网络的方式，我们的表达就不一致、不可靠。在无意识的情况下，我们可能在古典场景和非古典场景之间相互切换，却不知道自己在做什么。结果是我们写出的风格不受我们控制，而且容易令读者困惑。古典风格作者清楚地知道哪些属于风格之锚，哪些属于思想网络，并将思想网络锚定到古典场景中。我们实际交流时的思想网络可能千变万化，但锚定场景——古典联合注意——从不会变化，正是这种风格之锚奠定了古典风格。

想象你坐在火车上，路过的是你从未见过的风景。下午时分，列车在某个乡村车站停留。你指着车窗外一棵树对同伴说："那棵苹果树结了两种不同的果子。"这是一种古典联合注意的场景。现在想象你正在给你在家的同伴写信。你写道："火车停在某个乡村车站。窗外的苹果树结了两种不同的果子，一种是斑驳的青色，另一种是红黄色。"这是锚定在古典联合注意场景中的古典风格。

接下来的每个练习的目标都是培养你识别非古典联合注意场景的能力以及从风格上把它们锚定到古典场景中的能力。

专门强调古典联合注意场景和那些仅由此构建出来的场景有哪些差异似乎没有必要，但认识这种差异对学习古典风格是必不可少的。在工作室，你学习了如何通过古典联合注意场景构建不同网络，而要做到这一点，你必须首先认识到发生的是什么。一旦你认识到，你就会注意它，并学习将思想网络锚定到古典场景中。如果你意识不到发生了什么，你要表达的东西会很难让人理解。认识到通过古典联合注意构建思想网络意味着什么，是掌握古典风格最重要的一步。

练习2：隐藏事前功夫

第二个练习在第一个练习的基础上做了一点小变化。你仍然在花园里，或走在街上，或在餐厅里，或正和别人一起听段音乐。你把同伴的注意力指向看得见的事物，但你让你的同伴注意的不是你自己刚刚注意到的东西，而是你早已知道的东西。当你引导你的同伴注意它时，你要表现得就像刚刚发现一样。你不需要解释自己是怎么注意到它的，或注意它多久了。它其实就在那里，可以被看到，你不用假装刚刚才注意到它，你只要把它指出来。你呈现的风格不要表现出你早就知道了。想象你站在你的冲浪板上经过碎波带，你的同伴站在他的冲浪板上离你五码（约4.6米）远。几年前你就知道海浪的形状会随着潮汐的变化而变化。而且你看了当天的冲浪报告，知道潮水正在退去。你说："要退潮了。海浪正发生破碎，向更南边传播，并且更大。"潮水对海浪的作用虽然在指出来时非常明显，但是那种即使看到也不一定会注意到的事物，你自己并不是看一眼就知道了，这需要一个长期观察和了解的过程。你正在处理的思想网络不是古典联合注意场景，但你说的内容从风格上被锚定在那种场景中。

练习题：向你身旁的人呈现直接可见的事物，实际上你先前就已经注意到这件事了，但风格上不要表现出你早就知道了。

练习3：即时推测

第三个练习需要你接下来关注推测。例如，你认为某人"看起来很失望"是你推测出来的。"失望"是一种推测而不是看见的事物，人们往往容易忽略这个事实。我们得提醒自己，"你可以看到他满脸的失望"这种日常说法实际上不是这样。矛盾的是，生活中一些看不见的推测被你无意识地当作看得见的东西——但是现在，我们要你意识到你正在做的这件事，这样才能提升你对风格的运用能力。

练习题：向你身旁的人呈现看得见的事物，除此之外，这次还要呈现一个相关的推测，但风格上不要表现出这种变化。像呈现看得见的事物一样呈现推测。举个例子："一只白鹭正一动不动地站在河口捕鱼。"
你可以看到白鹭、河口、站立、一动不动，但你看不到捕鱼这个动作。
古典风格把推测与观察融合在一起了。

练习4：预先推测

第四个练习：这是练习二和练习三的综合版本。仔细观察并思考某个
场景，根据看得见的事物做出一个推测。然后，当你的同伴加入时，你的
呈现风格不要表露出观察和推测的差异、观察与推测的顺序或推测依据的
历史信息。举个例子：与你的住所隔一条街的地方，有一家带海景包厢的
餐厅，你曾推测过它以前肯定是一个户外露台，现在被围了起来。你对一
起吃饭的同伴说："我们坐这里真幸运，刚好迎着海上的风暴。墙上有带
盖子的电源插座是因为这个房间以前是露台。"

练习5：观察一个人

第五个练习与第四个练习一样，但观察的是一个人。有很多无法直
接看到的事物——兴趣、失望和希望——很多甚至无法一眼推测出来，
需要花费一些时间。它们需要几番推敲才能有所推测。但是，正如我们
在阐述古典风格的原则时所说，古典风格"不承认发现有过程和步骤，
不承认需要修正和反复推敲"。由于古典风格不承认过程，本来实际上要
花费很长一段时间，经历很多阶段和很多修正后才能得出的结果，在风

格上呈现出来就像一只乌鸦一样，一眼就看能见。

拉罗什福科要花多长时间了解谢弗勒兹夫人，才能说出她"光芒四射，集智慧、抱负和美丽于一身；她风情万千、活泼大胆、勇于开拓；她动用她全部的魅力，争取把事情办成功，在这过程中她几乎总是给那些她碰到的人带来灾难"？他若第一次见到她，不可能知道这些，但古典风格没有把注意力放在他是如何一步步了解她的。

每个人，经过一段时间后，都会注意到别人的气质、个性和性格等无法直接观察的特征。它们通常是一种潜移默化的观察。

练习题：你和你的同伴都在看一个人。介绍此人，包括呈现出需要慢慢观察才会注意到的东西。观察的对象可以是酒保、邮政员、你的中文老师、自行车修理铺的老板，或者如果你在教室做这个练习，可以观察室内的人或从这教室可以看到的人。要把推测包含进去。呈现你的观察结果时不要展示推测过程，在风格上也不要区分推测和观察。

练习指导：古典风格的两个步骤

现在你已经做了第一个基本练习和非典型古典联合注意场景的另外四个练习。在练习2至练习5中，你用古典场景构建因为各种原因与之不匹配的场景——呈现的事物不能直接看见，或者不能当即发现。

这种模式——沉浸到古典场景中，然后用它来管理非古典场景的网络——是工作室的核心课程，因为这两个步骤是古典风格的全部艺术。

步骤一：有意识地沉浸到古典联合注意场景。在这第一步中，过去我们无意识、偶尔才做的事情，现在要学着有意识地、始终如一地做。

步骤二：学习如何将任何支持表达的思想网络与古典场景融合在一起，融合之后思想网络可以通过一种熟悉的风格之锚呈现出来。你可能不习惯把古典联合注意视为一般的"场景"；你可能无法始终如一地区分可以直接看见的事物（比如乌鸦）和不能直接看见的事物（比如荒诞感）。所以，当你让同伴注意某人的荒诞感时，尤其是那个人不在场时，你应该意识到你根本就不在古典联合注意的场景中。在之前的练习中，你已经从步骤一前往步骤二了。比如，当你呈现推测时，你在邀请你的同伴像观察看得见的东西那样观察你的结论。这个典型例子借助古典联合注意构建了不可见事物的呈现。

在写作时，你通常会觉得事物遥不可及。你没有弄错，事实上事物确实遥不可及。但是当你给身旁的人指出某个直接可见的事物时，你从不会觉得事物遥不可及。你在这种情况下感到轻松自然，因为古典场景本身清晰明白。在古典风格中，所有其他场景都会变得明白易懂、易于呈现，因为它们均由古典场景构建。步骤二练习的是如何以古典场景为风格模板构建古典场景之外的所有场景。当你感觉事物遥不可及时，做第一步练习，然后再回来把思想网络融入古典场景中。古典风格中的任何一个问题，都可以用这两个步骤解决。

古典风格完全取决于圈定边界模糊的现实：嫉妒、怨恨、遗憾。你永远无法直接看到它们，只有把它们当作别的东西时（尽管我们知道它们不是），才能用思想和语言来表达它们。当我们谈论"放下怨恨"时，没有人会傻到以为我们可以将我们的怨恨像车道上的自行车一样搬走，但是如果我们要试图表达怨恨形而上学的特征，却没有将它锚定到可见的事物中，我们要么无法厘清思想，要么无法找到合适的语言表达。将怨恨转化为实物是一种认知压缩。认知压缩通常发生在融合的过程中，可以把难以驾驭的概念类事物变成易于呈现的场景。支持表达的整个思想网络可以在思想上与古典场景融合在一起，为表达创造一种风格之锚。这种网络涉及的事物复杂程度不一。举个例子：在《密西西比河上的生活》这部作品里，马克·吐温对着一群看不见且不确定的读者，讲述南北战争前少年时代的他在密西西比州的成长经历。古典风格把不可见的、不确定的观众当作一个人，把写作当作说话，把此时此地不复存在的"少年时代的经历"当作可直接观察的事物：有确定的形状、确定的纹理、确定的边界。这是一种精妙的古典认知压缩。

现在你已经学会使用简单场景圈定概念类事物——如果未圈定就很难被理解。这样做可以为概念类事物构建出结构清晰的简化版本。语言是指导我们找到那种结构的最佳工具。在我们的经验中，乌鸦与愿望大不相同，但语法上"乌鸦"和"愿望"是同一类别。像信心、宗教、国家、愿望和金钱这样的名词可以帮助我们把复杂的概念构建为事物，它们被赋予结构后，都是可以识别的事物。单个的单词提示简单结构。相应地，语法结构越长概念越复杂。"酸会破坏金属""酸会侵蚀金属""酸会腐蚀金属"，这些句子提示我们把酸当作行为主体，把金属当作行为受体。众所周知，事实上，酸与金属会发生化学反应，而金属跟酸一样，都是引发这个化学反应的因素。我们通过语法来简化复杂思想的结构。这种结构化的版本包含人所共知的场景，这是一种因果场景，行为主体作用于被动事物，就像雕塑家雕刻大理石一样。

融合、压缩和锚定是词汇和语法的核心和灵魂。在工作室，你将你的融合、压缩和锚定能力从简单的词汇和语法逐渐拓展到沟通，尤其是写作。你正在学习将支持表达的复杂的思想网络与简单的古典联合注意场景融合在一起。古典场景提供一种清晰直接的沟通方式，来呈现清晰直接的事物。这些练习训练的是如何把这类网络与古典场景融合在一起，无论这类网络涉及什么事、什么人。

知识漫游

练习6：知识漫游①

这个练习分五个部分。在所有练习里，都要遵循古典场景的特点：

你有一位同伴在身旁。你一边说话一边比画。

你向你的同伴指出某个可以直接看见的东西。

此外，保留你在练习2中练习的特点：

无论你是否当即认出某个东西，都要像古典风格呈现刚看到的事物一样呈现它。

但现在，你要开始处理练习1之外的场景。

在本练习的五个部分里，我们使用通俗的语言标注不同的知识来源：特别是直接观察、推测、判断、预测、文化知识和信仰。从科学和哲学的角度来看，知觉认识与其他知识来源很难划清界限，为便于理解接下来的练习，假定每组知识来源之间存在显而易见的差异。练习6的目

---

① 原英文为"Surfing"，表示在不同事物之间切换，如"Internet surfing"指网上冲浪，这里指古典风格的呈现从观察转换到推测、判断、预测、文化知识等非可见的知识来源或者任意二者相互转换，表达同等意思的还有"Safari"（本节练习6第5部分的标题），本意是"游猎"，也是苹果手机浏览器的名称，两个词在本书中著均译为"知识漫游"。——译者注

标不是为知识来源创造统一的分类方法，而是为了熟练掌握在所有这些来源之间自如切换的能力，同时保证风格恒定不变，从一种来源过渡到另一种来源不着痕迹。

试着用同一个主题列表逐一练习五个部分。我们提供一个反复测试过的列表：

1. 一种无生命的自然物

2. 一种无生命的人造物

3. 一种植物

4. 一种动物

5. 一处景观

6. 一种食物

7. 一件艺术品

8. 一个人

9. 一次双人互动

10. 一处公共空间

本练习五个部分的风格始终不变。

1. 从观察漫游到推测

2. 从观察漫游到判断

3. 从观察漫游到预测

4. 从观察漫游到文化知识

5. 在观察、推测、判断、预测及文化知识之间任意漫游

第1部分：推测知识

对于列表中的每项事物，呈现可直接观察的部分及相关的推测性认识。考虑到古典风格会弱化两者的差异，在我们自己举的例子中用斜体表明实际上看不见的特征。前面三个例子会附上分析，因为自然的过渡不易察觉，尽管刻意练习时很明显。

1. 一种无生命的自然物：带状岩石通过*沉积作用形成*。

你能看到岩石；你能看到它们的条带形状；但是你看不到岩石和它们的带状成形所需的数百万年的地质沉积活动。沉积活动已不再发生。虽然这个差异没有细微到难以察觉，但古典风格弱化了这个差异，就好像沉积活动跟岩石一样可以观察。

2. 一种无生命的人造物：*任何一位车主听出那个声音，都会修好那辆敞篷跑车打滑的风扇传动带*。

你可以听到声音并看到这辆敞篷跑车。声音来自打滑的风扇传动带是一种推测。车主没有听出这声音也是一种推测，因为他若听出就会把它修好了。

3. 一种植物：这棵*挣扎着的*柠檬树要少浇水多施肥。

可能只有专家才能从柠檬树的外观中推断出它正在挣扎，以及它

必须少浇水多施肥。但这些推测呈现的方式和呈现可直接观察的柠檬树一样。

4.　一种动物：一只在悬崖边活动的松鼠，*因为干旱饥渴难耐*，扩大了觅食范围。

5.　一处景观：为了防止冬季海浪*侵蚀砂岩峭壁*，沙堤已被推平。

6.　一种食物：那块较硬的*山羊奶酪放久了*。放久后水分会流失。

7.　一件艺术品：石碑上戴头盔、倚长矛的女人是*战神雅典娜，雅典的保护神*。

8.　一个人：她有撑竿跳高运动员或体操运动员的强壮手腕和前臂。

9.　一次双人互动：主人和厨师之间互相开玩笑，*熟得像结婚三十年的恋人一样*。

10.　一处公共空间：只有一个人经营着花店，*生意回到了冬季水平*。

第2部分：判断知识

对于列表中的每项事物，呈现可直接观察的部分及相关的判断。

1.　一种无生命的自然物：一个巨大的海浪越往上砌越薄。在它即将破裂的时候，有一会儿阳光穿过其中，将它变成兴奋的绿色。

2.　一种无生命的人造物：冲浪板反射的绿色跟波浪的半透明绿色*很*

不协调。

3. 一种植物：被狂风暴雨刮倒的蒙特利松树，*看起来没那么美丽*。

4. 一种动物：海湾中*调皮可爱*的海獭，其实正在把鲍鱼敲开来吃。

5. 一处景观：基克拉迪群岛上的港口小镇，有深蓝色的海水、白色的建筑和*纯净*的阳光。你要想知道一个人是精神压力大还只是*焦虑*，就让他来这个地方。*无论是谁，到这里后仍然焦虑不安，那是真遇上问题了*。

6. 一种食物：在海边的饼摊吃到美味的墨西哥牛肉卷饼，在当地人看来理所当然。

7. 一件艺术品：花上一个小时去圣吉尔维克多·奥塔的房子走一圈，看看新艺术派建筑的*魅力*。

8. 一个人：他总是错过风头。他的*运动天赋*、*踌躇满志*与*优柔寡断*是一种致命的组合。

9. 一次双人互动：不是因为他*帅气*的面孔让她紧张。而是因为她知道他希望她看到他的*帅气*。

10. 一处公共空间：古玩一条街的游客们，没看到这里的*猫腻*，因为他们铁了心要感受某种体验。*他们在度假，期待度过一段美好的时光*。

第3部分：预测知识

对于列表中的每项事物，呈现可直接观察的部分及相关的预测。

1. 一种无生命的自然物：*经过这场暴风雨之后，西北偏西的海浪在接下来几天，将流经数千里*。在天气的作用下，像那样的海浪流远之后，损失的能量比想象中要少得多。

2. 一种无生命的人造物：*一旦没有砂岩峭壁的阻挡*，这些房子就成了*未来的海滩雕塑*。

3. 一种植物：这些梨*一个月后就能采摘*了。

4. 一种动物：优秀的赛马的标志是欲望，即使体力不支，它们*也绝不放弃*。

5. 一处景观：当你坐在火车内看向窗外欣赏瑞士乡村时，*偶尔出现的几处建筑显得格格不入*。

6. 一种食物：晚餐的价格包含整个晚上的*幸福感*。

7. 一件艺术品：早期尼德兰画作的展厅负责人想到画作要被借到纽约参展有些沮丧，担心脆弱的画框*不可避免会损毁*。

8. 一个人：平静而美丽的母亲无奈不能延缓女儿*即将*堕入狭长黑暗的青春隧道，在这条隧道里，悲痛、愤恨和阴郁的仇恨是情感生活的重力和弦。

9. 一次双人互动：*第一印象过去后*，他的热情将会消退。

10. 一处公共空间：改善周边环境将*破坏*它的历史魅力。

第4部分：文化知识

对于列表中的每项事物，呈现可直接观察的部分及相关文化知识。

1. 一种无生命的自然物：没有哪个政治或金融方案削弱了*两岸芝加哥居民悬殊的贫富差距*。

2. 一种无生命的人造物：尽管主教冠能展示*主教的尊严*，但除非是最庄严的主教，任何其他主教戴上它都显得荒谬可笑。

3. 一种植物：茶是中国的葡萄酒。它甚至有*葡萄酒的某些神圣特性*。

4. 一种动物：马不再是一种战争工具，但它们作为*权力象征仍未被*取代。

5. 一处景观：*英国人对托斯卡纳山痴迷到把它当作人间天堂*，一直让意大利人感到费解。

6. 一种食物：它之前的传统法国菜和它之后现行的技术派法国菜都摒弃了新式法国菜的原则——*一道好菜不应该掩盖食材固有的味道*。

7. 一件艺术品：詹姆斯·恩索尔是*十九世纪晚期唯一一位画过伟大的原创宗教题材的艺术家*，他的作品《1889年基督进入布鲁塞尔》被收入布伦特伍德的盖蒂博物馆，成为该馆最有代表性的收藏品，但该作品因其怪诞而出名。

8. 一个人：托尼去*佛兰德斯学习中世纪建筑*，但最后却花费了大部分时间*在奥斯坦德冲浪*。

9. 一次双人互动：她获得了晋升，因为她是这家餐厅历任服务员中最出色的一位，尽管她没有严格遵守*服务员不能跟客人调情打扰客人用餐*这条硬原则。

10. 一处公共空间：尽管这种观光经历*已颇负盛名*，当你坐船来看圣马可广场时，你绝不会失望。

第5部分：知识漫游

对于列表中的每项事物，呈现可直接观察的部分，并任意组合相关推测、判断、预测、文化知识、信仰或任何其他这种常见类别。

练习7：古典风格没有边界

第1部分：一份新主题列表

下面是另一份经过测验的列表。

练习题：对于列表中的每项事物，呈现可直接观察的部分，以及相关的推测、判断、预测、文化知识、信仰及其他任何不可直接观察的事物。

1. 一件休闲服装
2. 一种建筑特征
3. 一件家具

4. 一套制服

5. 一段音乐

6. 一种身体感觉

7. 一种味道

8. 一件电子设备

9. 一件行李

10. 一位正在表演的演员

第2部分：另一份新主题列表（自选）

当你完成第二份列表的练习时，写出你自己的十个类别创建一份新列表，你会发现古典风格无处不在。比如一张某人脸部的照片。当你看到这样一张照片时，你几乎是不自觉地迅速反映出照片中的特征。当然，你能看到的只有照片。但古典风格的呈现可以包含推测、判断、预测、文化知识，事实上可包含任何一种认识。雷蒙德·钱德勒（Raymond Chandler）的作品《长眠不醒》（*The Big Sleep*）里的侦探马洛（Marlowe）看到一张照片，那上面正是他在找的一名男子："他把一张反光的照片往桌面上一推，我看到一张爱尔兰人的脸，这张脸看起来欢乐实为忧伤，看起来傲慢实为拘谨。它不是一张铁汉的脸，也不是一张任人差遣的懦夫的脸……他的脸看起来有些紧绷，是一个行动如风、为生计奔波的人的脸。"[2]

练习题：创建你自己的十个类别列表，然后每个类别都像练习6一样做。享受新一轮的练习吧。

综合应用

练习8：描述不是呈现

练习6和练习7主要是练习把任一种主题和可直接观察的事物融合在一起。现在我们要把任何一种目的与呈现融合在一起。呈现的本质在原理篇已充分讨论过，在博览篇也进行了举例分析。可以回想一下，呈现时作者要对一切负责。作者使用古典风格说话，是为了呈现他们认为值得呈现的东西。尤其在古典风格中，作者不是按照指令或模版写作。

在这个练习中，对比另一个不同且容易混淆的目的"描述"，可以加深我们对呈现的理解。虽然"描述"这个词的含义很广，但与我们所说的"呈现"完全不同。我们所说的描述，是一种说话者充当信息传送者的活动。在有些场合，说话者会提供某种监测服务，持续介绍某个主题的重要内容，就像播报员播报体育赛事一样。在另一些场合，说话者只要补充预先设置好的模板。不论哪一种场合，说话者都要遵循别人指定的规范。如果遗漏这个规范的某部分，描述就不会充分。相比之下，呈现由个人全权负责——讲什么、不讲什么都要为之负责。呈现可能有某些用处，但它的目标从风格上来说不是实用主义。比如，你要描述一幅画，画的尺寸与它的材料（画框或者画布）一样重要。你可以在描述性目录中找到这类信息，而呈现可以考虑纳入这些特征，但不是非要不可。

当朱利恩·格林（Julien Green）呈现根特祭坛画（Ghent Altarpiece）时，他只介绍了多联画屏的其中一联。如果你对祭坛画的认识仅限于格林选择呈现的部分细节，那么你不会知道它展开时由二十个部分组成，收拢时由其他九个部分组成。你不会知道它是一个侧翼双面上漆的橡木画框。如果格林的介绍是一种描述，那完全不够，但他不是为某个书画目录的编辑而工作的；他介绍的是他认为值得呈现的东西。格林在他的呈现中所说的内容，因他独特的想象和智慧被赋予了新信息。他呈现的内容一旦呈现出来，就能立即看到，但换成其他人站在他那个位置，就不一定认为他呈现的东西值得呈现。如果一位专业的艺术史学家或策展人描述这幅画，描述的内容将与任何其他称职的专家完全一样。你能够从描述中识别出这幅画，就像你能够从稀有图书经销商的目录描述中识别出一本书一样。

现在还没有到开始练习写作的时候，但在这个练习中，虽然仍然保留古典联合注意场景作为思想网络的风格之锚，但你身旁没有人。

练习题：通过电话或某种语音聊天方式联系一个人，对话时描述你可以看到的东西。然后联系另一个人，对话时呈现同样的事物。这两种活动应该感觉非常不同。

本练习的用意是区分呈现和描述。你可以重复这个练习——先描述，再呈现，直到能区分二者——选择前面练习的列表中的不同类别练习。你可以先选择一个具体、明确、可见的物体，比如一把椅子。然后逐步深化练习：一棵树、一只鸟、一件衣服、一种特定动物移动的方式、一个特定人物谈话的方式、一种当地环境（比如巴尔的摩弗农山广场）、一座城市、某人的性格、一种法律概念（比如伪证）。

练习9：回忆对话

练习题：当你和同伴在一起时，回想一下你过去与他的一次对话。用古典风格呈现那段对话。把先前的对话看成正在发生的事情，你和你的同伴能共同看到，注意这是很正常的事情，尽管你们两个处理的是各自单独的记忆、单独的心理表征，可能且很有可能跟彼此的大不相同。古典风格的基础是，任何一种交流场景都可以与古典场景融合在一起，放到人类可以理解和接受的范围内。你很熟悉这种融合方式，并且常常在无意识中这样做，就像呈现回忆中的对话一样。这个练习你要做的实际上是你日常生活中一直在做的事情。从呈现观察（"树枝上的那只乌鸫两边翅膀上有红色标记"）到呈现记忆（"我两天前建议我们周末去远游，你的回应令人意外"）。你可以同时看到乌鸫和红色标记，但无法观察到"回应"和回应让人感到"意外"这种性质，虽然呈现它们的风格与呈现乌鸫和红色标记一样。古典风格的一致性要求意识到这些特征不属于古典场景，但要把它们锚定到那个场景中圈定它们。

练习10：隐形论证

古典风格总是避免明显的论证，而且似乎从来不急于达成一致意见，因为构建它的场景无须论证，也无须紧迫。你要达到论证目的，显然只需做好呈现。你看到一只栖息在树上的猫头鹰，它自身的颜色使它融入树和枝叶中难以区分，如果你要指给你的同伴看，你不需要向你的同伴证明猫头鹰实际就在那里；他只要知道看向哪里就会自己看出来。古典风格作者想要说服时，他们会使用一种隐形论证，写得好像只是呈现而已。在博览篇，我们列举了不同例子分析"呈现式论证"，包括笛卡儿的方法论，马克·吐温描述的战争经历，李伯龄不屑提及英国广播公司播报的诺曼底入侵事件，以及史密森尼博物馆介绍的龙骑士领带把商业动机伪装成艺术历史。霍奇斯写的艾伦·图灵、谷崎润一郎写的辉胜像、简·奥斯汀写的柯林斯先生以及拉罗什福科写下的谢弗勒兹夫人都是呈现式论证。

练习题：复习以上这些段落，然后写一段自己的隐形论证。

练习11：风格切换

许多场合因为某些要求或惯例要用到指定的风格。主持婚礼的公职人员必须遵循场合规范，并实现这种规范。当一个人要代表一个群体时，生活中会出现这些情境。一个卖饼干的孩子可能会说："您好，我们属于女童子军第二十七队，我们在卖饼干，为实地参观盖蒂博物馆筹钱，在那里我们会获得我们的视觉艺术纪念章。"这种交流非常不古典，所有与女童子军说话的人可能都知道她们说的这些话是组织者教的。但是，当女童子军被问及不同种类的饼干有什么差别时，她们可能会切换到古典风格。结束古典风格的介绍后，为了完成交易她们可能又会回到读稿式的推销对话，感谢客人，或用其他方式表示友好。从卖女童子军饼干到向最高法院提起诉讼，很多场合会在古典场景与非古典场景之间切换。这些场合常常有书面规范。遵守规范的时候非常不古典，因为它们很正式，而且是强行规定的。不过说话者或写作者可以在古典风格和非古典风格之间切换，将规范减到最少。这样一来，一段话即使保留规定的部分，大多时候仍然感觉是古典风格。

在官方风格中，说话者是某种体系的代理人。例如，布鲁塞尔机场的护照管理员，对你的旅行计划提出规定的问题后，可能会直接进入古典风格。"你的旅行目的是什么？""文化旅游。我想去安特卫普看詹姆斯·恩索尔的画。""你不会失望的。恩索尔住在奥斯坦德，但他最好的画在安特卫普。"

假设有两个人对你进行工作面试。这种场合既复杂又陌生，而且很难掌控，许多人会不知所措。实际的角色和目的都不是古典风格。这种场景会引起糟糕的焦虑；你想控制它的表现常常会被面试官察觉。但工作面试也可以使用古典风格。只是这回你呈现的是你自己，呈现的方式要像你呈现乌鸦一样。一旦你告诉面试官看向哪里，你就相当于指出你希望他们看到的东西。当被问道："那么，你在大学里做了什么？"你回答说："我的时间都花在分子遗传学和冲浪上了。"

　　练习题：进行一场古典风格的工作面试。工作室的读者可能没有机会参加现场面试。但可以想象着做，或者和朋友模拟面试。同样，一份求职信也是一种规范。如果它只是遵循规范，那么它很难从另外一百份求职信中脱颖而出。因此，即使是这种最不古典的场合，用古典风格表达也有实际的优势。情境不一定——通常也不应该——指定风格。

　　练习题：先从非古典风格开始——比如官方风格或实用风格——然后从这种风格切换到古典风格。

练习12：对一群陌生人讲话

　　我们从由两个角色组成的古典联合注意场景开始。这个场景和它的角色锚定了古典风格，虽然在大多数形式的写作以及多种形式的广播演讲中，听众的人数没有限定，听众可以是已知的，也可以是未知的，可以是看得见的，也可以是看不见的。无论什么样的听众，他们都被看作单独的个人。我们看一下亚历克·吉尼斯（Alec Guinness）接受奥斯卡终身成就奖时的致辞，他风趣地呈现了那段把他塑造为电影演员的重要时期（你可以在YouTube上找到这个视频）。尽管他的发言听起来不正式，但有很多理由认为它是经过精心准备的：他的发言没有错误的开头或尴尬的句子，没有语法或句法上的错误，也没听出犹豫不决。与达斯汀·霍夫曼（Dustin Hoffman）的致辞对比，你能听出亚历克爵士的语调、抑扬顿挫和节奏；你看不出来他们提前做过准备和思考，甚至一开始一点都不明显。他的话听起来是自然的即兴发言。虽然他可能事先写了讲稿并熟读于心，但它听起来像对话。他和一群人说话，但听起来他好像只跟一个人说话——你。当然，他不会直接叫你的名字，但是他与听众互动的方式就像一个人在跟他的同伴说话。

现在，做同样的事情。

练习题：向一群人演示，但把这种演示锚定在古典场景中，在风格上把这群人当作单个的个体。

| **参考文献** |

1 简·奥斯汀. 书信集（第3版）. Deirdre Le Faye 编辑. 纽约：牛津大学出版社，1995，第68页，第29封信，写给卡桑德亚·奥斯丁的信，1801年1月3日—5日（星期六—星期一），全信可见第66-69页.

2 雷蒙德·钱德勒. 长眠不醒. 纽约：Vintage 出版社 [vintage crime/Black Lizard], 1992，第123-124页.

第八章

写作基础练习：写为其次

如果你已经完成口头形式的通用练习，你可能准备好开始书面形式的练习了。如果你想知道为什么学习一种写作风格之前，需要做这么长时间的口头预备练习，答案可以在本书的开头几段找到。写作是一种脑力活动。要写出不错的风格，作者需解决思想问题，而不仅仅是学习机械的写作技巧。古典风格的核心是古典联合注意这一基础场景。写作的实际场景与古典场景融合在一起，所以可以把写作看作说话。无论要面向多少人，无论这些"读者"多么不确定，无论他们身在何处，古典风格都把他们当作与作者对话的一个个体。推测、判断、预测和文化知识被视为可以直接观察的"事物"。无论古典联合注意的概念，还是将实际场景与古典场景融合的能力，都无法通过单纯的写作和一些局部修改掌握。将复杂的网络融合到古典场景确立了古典风格，虽然模仿古典风格范例有可能获得这种能力，但这种方法不可靠而且低效。在工作室，我们提供了一种经过验证的可靠方法。如果你先解决思想问题，写作活动只是一种风格概念问题，然后就可以自信地写了。

你已经完成了口头形式的通用练习。现在是时候注意，适用说话的不一定直接适用写作。重新做一遍通用练习，这次写出来。我们不是让你把之前说过的话转录成书面形式，而是要用书面表达资源来做这些练习，不要依赖口头表达资源。将写作锚定到说话场景，不是假装写作就是说话。将支持表达的思想网络锚定到古典场景，不是假装你就在一个真实的古典场景中，实际情况要比这微妙得多。一方面，做这些口头表达练习将帮助你掌握一种写作风格；另一方面，写作因为缺乏口头表达资源与说话大不相同，这两种说法似乎相矛盾，但两者都能成立，且基于一个重要原因：古典文章的风格将说话与写作融于一体。一位古典风格作者肯定会借助想象力融合古典联合注意的结构，补足实际写作环境欠缺的东西。

接下来做书面形式的通用练习，我们会增加一些评论。

练习指导：融合场景

写作不是一种古典联合注意场景，但是在古典风格中，作者把古典场景用作风格之锚，所以锚定融合之后，写作变成了讲话，不在场的不确定观众变成了正在现场的个人，主题变成可以被观察的事物。如果说写作不是古典联合注意场景，那么阅读也不是——写作，尤其是古典风格的写作，会假想一个读者，因此作者的任务之一就是引导读者将他自己的活动也锚定在古典场景中。

作者和读者都不会上当。双方都知道他们并没有处在同一个可直接参照的环境中，但作者将实际场景锚定到古典场景可以保持风格一致。

练习指导：文字中的缺失

面对面交流的魅力，一旦用文字表达出来，就会消失殆尽。你无法表现手势、亲近、热情和语调。面对面时，你可以依靠个人魅力吸引和保持对方的注意力，但写作无法发挥这样的效果。你唯一可以发挥的就是呈现的魅力——语言和思想的魅力。一位魅力无穷的人，即使重复陈词滥调，也会让它们听起来有意义，但在写作上，陈词滥调看起来永远都是陈词滥调。现场感对古典场景至关重要。但古典风格的写作，没有人说话，没有共同的环境，没有说者与听者的互动。写作本身需创造一种现场感。剧作家萧伯纳写剧本要能读出来，对这种细微差别特别敏感。他曾说过，有五十种方式说"是"这个词，有五百种方式说"不"这个词，但两个词都只有一种写法。

练习指导：开头和结尾

文章都有开头和结尾——有第一句话，就有最后一句话。文章的章节也有开头和结尾。通常，说话不是东拉西扯，说话时，进入古典风格之前要说很多话——问候、闲聊和必要的礼节性问答——结束时又总会断断续续地说些零零碎碎的告别语，维也纳人曾经称为"告而不别"（Goodbye without leaving）。你开头的话不可能作为一个连贯呈现的开始。在古典文章中，默认第一句话就是开始。最后一句话，至少章节的最后一句话，代表着结束。干净利落的开始和结束对古典写作很重要，并且远超过它在古典讲话中的价值。

第九章
写作进阶练习

每位古典风格作者都会遇到新的情境。我们在原理篇解释了有些场合何种情况需要用到一组风格，或者混合风格，或者一种由一般风格发展而来的特殊风格。毕竟，风格的确立取决于对风格元素采取的一种连贯一致的立场，这种立场通过一系列问题表现出来，即真相、呈现、作者、读者、思想、语言，以及它们两两之间的关系。这些问题是我们开始写作之前，必须刻意回答或默认回答的基础问题。决定风格的是思想，遇到任一情境都要充分思考这些问题。学完工作室全部课程的人，即使后续没有进一步的指导，也可以通过思考这些风格元素并运用工作室学到的技巧，识别和处理新的主题类型。下面我们列举一些可能会遇到的新情境。

练习13：速写

美国大部分写作教学强调文章的修改。这种方法对想要学习古典风格的学生来说是致命的。古典风格作家的基本能力，是让自己沉浸到这种风格中，在这种风格中写作。拖着一篇一开始就不是古典风格的文章穿越乱石丛林，妄想通过某种方式把它改成古典风格，几乎总是面临失败。沉浸到古典风格中，就是想象着把古典场景和支持表达的思想网络融合在一起。这种融合可以锚定思想网络，提供古典风格的结构。这也是古典风格作者从始至终的工作平台。古典风格作者学习直接以融合场景中的视角说话，即使一开始的表现一般。一篇在古典风格框架内构思和创作的文章有修改的余地，但没有确立特定风格的草稿不可能改成古典风格。传统建议都是把"风格"看作最后的润色，这种见解简直是灾难，因为风格不是改改就能加上去的表层修饰。风格必须从一开始就考虑。别再以为"开始写作"是在你写下什么之后才开始的。

艺术工作室经常要求学生带着速写本去野外速写。他们看到一些东西，迅速画出来，从不擦改，而是很快翻到下一张空白页继续画其他东西。之后，他们会回看自己的速写，但他们不会修改。本工作室的速写练习要求你像艺术生速写一样写作。

练习题：观察野外的场景；进入古典风格；呈现你的观察。不要修改。坚持做完十篇文章速写。当你开始做速写进阶练习时，你可能要增加难度，像你做通用练习一样，去挑战那些没那么容易直接观察到的事物，在风格上要始终将它们融入可直接观察的事物中。完成十个古典风格速写练习后，把这阶段的练习放到一边。过段时间再回看，但不要修改它们。明天，再做一遍速写练习。每天做一点速写练习并连续坚持几周，看起来能快速提升学生的风格水平。一开始，他们觉得很难，进步也不明显，但几天后，就开始自然而然地写出古典风格了。通过几周的速写练习改掉坏习惯后，一些学生很快克服了前期的适应阶段。

练习14：风格融合

一个主张古典风格的工作室，提倡学习不完全是古典风格的风格，看起来自相矛盾。但只要有少部分古典风格成分，也能体现古典风格的特点，而且应用这种混合风格的机会很多。指导手册的动机是实用，但也没必要表现得很冷淡；角色之间可以多些互动；思想和语言可以更鲜明。它的口吻不一定是用一项工作描述回应另一项工作描述。我们可以换一种方式，把实用动机与古典呈现结合起来，创造一种混合风格，也许可以称为古典实用风格，这种混合风格的魅力和力量并不局限于实现一个实际的目标。想象你在读一本烹饪菜谱，尽管你没有烹饪的意愿。古典实用风格的烹饪菜谱，可能仅仅因为古典呈现的特点很吸引人。许多风格都可以融入古典风格的成分，创造出一种毫不违和的古典风味。

练习题：挑一个你理解得比较透彻的主题，写一篇"如何做"的教程，主题不限。如何通过树叶认出一棵树，如何避免遗嘱认证，如何举办一场晚会。当然了，文章的目的是实用，但尝试把古典风格的成分融入其中。这些古典风格的成分可能包含古典风格的口吻、相互配合的角色、充分表达的语言、利落的开头和收尾、作为互补动机的真相、作为互补目的的呈现。

练习15：清单

清单可以用古典风格写吗？当然！写作素材并不决定风格类型。写清单的人完全可以按照模板要求写，像公证人出具物品清单一样。但作者还可以采取古典风格的立场——某人发现值得向他人呈现的东西。作者会为他的选择承担所有责任。

一份菜单就是一份清单，但如果用古典风格来写，也能呈现一家餐馆的特色和传统，以及某种菜系的性质。呈现的背后有餐馆老板、厨师和餐厅经理。古典风格中，一份菜单或酒单，绝不是毫无章法地列出刚好能供应的食物和酒水清单。一份酒单可以透露侍酒师的知识、文化和品位。在上一个练习中，你练习了如何把具有其他实用目的事物写成古典风格。同样，菜单和酒单也能用古典风格写出来，尽管它们的实用目的很明显。对食物和酒感兴趣的人，阅读一份古典风格的菜单或酒单，也能读得津津有味，哪怕这家餐馆远在大陆的另一边，或者关门好多年了。

菜单和酒单，作为清单的其中一种形式，可以用古典立场呈现，自然也能阅读和欣赏，无论论它的实用目的是什么。乔治·佩雷克（Georges Perec）在《人生拼图版》（*La vie mode d'emploi*）这本书中想象出一座公寓大楼，呈现了其地下室储物柜的物品清单。每一份清单都是一份精彩绝伦的呈现，用个体口吻讲述的不只是物品本身，还有屋主的习惯、历史和性格以及不同屋主的文化共鸣。试举其中两例。

巴特尔布思的地窖：

巴特尔布思的地下室里放着用剩的煤，煤上还放了一只装着木柄铁丝把手的黑色搪瓷桶，一辆自行车挂在肉钩上，放瓶子的空柳条篮和四只大旅行箱鼓鼓的，油布面，木条腰带，四角包铜饰，箱内全部用薄锌片衬里，因此箱子严密不渗水。[1]

罗尔沙斯的酒窖：

栅栏门左侧放着一个搁瓶子的包塑铁丝笼，下层放着五瓶果酒：樱桃酒、黄香李酒、紫罗兰李酒、李子酒、覆盆子酒。中间条板上放着里姆斯基-科萨柯夫根据普希金作品改编的《金公鸡》——俄语写的——和一本通俗小说《鲁汶铁匠的讼费或复仇》，封面印着一位年轻姑娘把一袋金子送给一位法官。上面条板上放着一个没有盖的八边形盒子，里面放着几个模仿中国牙雕的塑料棋子：马是一种龙，国王是一个坐着的菩萨。[①][2]

据说欧内斯特·海明威写过一篇只有六个词的短篇小说——"出售。婴鞋。未穿。(For sale. Baby shoes. Never worn.)"——这给了本练习灵感。

练习题：找一份合适的出版物，刊登分类广告的那种，并为该出版物编写一份待售物品清单。用上古典立场。

练习16：简历

简历是一种呈现个人的清单。写简历的人也可以采取古典立场。一般，简历完全不属于古典风格，它的格式和措辞处处透露着焦虑和渴

---

① 《人生拼图版》两个选段的汉译文均出自丁雪英和连燕堂的合译版本。

——译者注

望。简历看起来既咄咄逼人又急于自我辩护，页边距很窄，没有多少空白，字密密麻麻，措辞夸张且一副志在必得的口气（"自我驱动力强，寻求潜在晋升空间大的管理岗"），为了说服读者，逐一列出所有能想到的全部事实（东方止境中学七年级全班作文比赛第二名）。学术型简历通常在"发表作品"栏下自揭伤疤（《科学》"ALDH2中心的基因"，已提交）。在学术界立足的人都知道任何人可以在任何地方提交作品；但提交不代表发表。相比而言，用古典风格写简历的人，在风格上笃定从容，只是呈现。从风格上看，作者没有一丝焦虑。作者对读者别无所求。动机就是真相——而不是想要一份工作——作者与读者之间是对等关系。一份古典风格作品，常常选用古典字体，并留出合适的页边距和充分的空白。它的措辞沉着冷静。因为没有低级的废话，格外与众不同。古典风格不会因为缺乏安全、恐惧失业或感到紧迫受任何影响，不管作者的思想网络发生了什么。

练习题：为一位历史人物写份古典风格的简历：结婚前的安妮·博林（Anne Boleyn），曾在瑞士专利注册局工作的爱因斯坦（Einstein），入侵欧洲之前的汉尼拔（Hannibal），拍出电影处女作前的格蕾丝·凯利（Grace Kelly），申请加入画家协会的维米尔（Vermeer）。

练习17：申请书

申请加入某个项目时呈递的论文或陈述，是一种现实场景，与简历和面试一样，角色和目的都不是古典风格。但申请人完全可以采用古典风格撰写论文，还有可能借此从众多墨守成规的申请书中脱颖而出。

练习题：想象这样一种场合，为候选人写一封申请书，候选人可以是你自己、你知道的人，也可以是一位历史人物或一位小说角色。

练习18：科学写作

古典风格常常是科学写作的理想风格。

练习题：用古典风格写一篇科学论文。向读者指出应该关注的地方，并呈现你的观察结果。在风格上，你的读者与你处在同一个古典联合注意场景中，也很乐意待在那种场景中。

优秀的科学家通常避免任何形式的咄咄逼人，毕竟文章主题大部分时候应是科学本身，而不是科学家或科学教条。把科学写作当作针锋相对的辩驳忽视了一个事实：一篇成熟的科学论文处处都在呈现相关的研究传统，呈现读者想了解的事实、事件和证据。

你本次练习的文章不会像艾萨克·牛顿爵士的文章一样，因为他写于十八世纪早期，但是你也许会惊讶地发现，牛顿经常使用的写作风格，跟古典风格非常接近。下面一段话摘自牛顿的著作《光学》（*Opticks*）（1704）。

> 在一间非常黑暗的房间里，护窗板上开了一个三分之一英寸的圆孔，我在圆孔处放了一块玻璃棱镜，太阳光束透过这个圆

孔，可能会向上折射到室内对面墙壁上，并在那里形成太阳的彩色图像。本实验以及接下来的实验中，棱镜的轴（通过棱镜中心从一端到另一端且与折射角的边平行的直线）与入射光线垂直。我围绕此轴慢慢转动棱镜，看到墙上的折射光，即太阳的彩色图像，先下降，然后上升。在下降和上升之间，当图像看起来不动时，我停止转动棱镜，并将它固定在这一姿势中，以使它不再转动。因为在这种姿势时，光的折射在折射角两侧，即在光射入和射出棱镜处，彼此相等。[①]3

练习19：讣告

讣告通常严格按照模板来写，不会用古典风格呈现。这些讣告主要是对表面信息的常规描述——出生的地方和日期、教育程度、职业成就、死亡原因。一般看不出来这些常规描述是作者个人的选择或独立判断。但是，也有例外。我们在博览篇第一条引用过一本书《奥杜邦协会北美鸟类野外观鸟指南·美国东部地区》，其中一位作者是约翰·布尔，他逝世后，杰拉米·佩尔斯为他写了一则讣告，刊载于2006年8月15日出版的《纽约时报》上。这篇讣告除了给出必要信息，还以古典立场呈现了作者认为值得呈现的内容，讣告结尾如下。

布尔先生的妻子，一位美国自然历史博物馆的教育工作者，

---

① 汉译文出自周岳明、舒幼生、邢峰和熊汉富合译版本。——译者注

经常陪同布尔观鸟。 1989年，这对夫妇合著了一本书《观鸟速查手册：北美西部地区鸟类图鉴》（*Birds of North America: Western Region: A Quick Identification Guide for All Bird-Watchers*）。

　　布尔先生在中央公园看到一对哀鸣的鸽子，评论道："我见过的鸟当中，它们最遵守一夫一妻原则。它们总是成双成对地飞行。"

　　这就是古典呈现，不用任何模板。作者把布尔先生与他妻子的旅行，类比为布尔先生看到的一对哀鸣的鸽子的飞行时，决定了什么信息是重要的、合适的。他用古典风格写出了完美的结尾，这是一位作者的结尾，而不是一份模板的结尾。现在试着为自己写一则古典风格的讣告。

练习20：房产广告

　　同讣告一样，人们在很多房屋出售资讯中看到的那种房地产介绍通常枯燥乏味。用词夸张和佯装热情是一贯的做派。

　　练习题：先研读一些真实的房地产介绍信息，然后写一则房产介绍，就好像要放到市场上出售一样，用古典风格写，给真正有买房意愿的读者提供他想要的信息。或许你也可以给不供出售的房产写广告：威尼斯的黄金宫（Ca'd'Oro）、法国布尔日雅克·柯尔酒店（Jacques Cœur's hôtel particulier）、比利时安特卫普洛克斯庭院（the Rockoxhuis）、加州马里布的盖蒂别墅（the Getty Villa）、联邦政府破产期间出售的美国白宫。

练习21：餐厅评论

在古典风格中，直接观察、推测和判断都可以看作可识别的事物并呈现给身边的人，一旦指出来，他们会像你一样看到这些事物。餐厅评论不完全是推测与判断；它们是典型的现代食评文章，容易引发没完没了的争议和解释。在古典风格中，食物味道可以跟桌上的餐具一样具体可见。古典风格作者写餐厅评论就好像他的评判标准自然公正，读者不仅会认可作者对沙拉酱甜面包口味的评判，还会认可他的评判标准。古典风格并不看重这些评判标准可能是什么。这些标准可以把创新看得一文不值，也可以认为创新高于一切。一篇古典风格的餐厅评论，既可以批判一家正统餐厅使用新奇原料而非常规原料做一道传统菜肴，也可以赞赏它使用新奇原料创新传统菜肴。古典风格的餐厅评论很大程度上将读者置于一种位置，让他既能看出评判是否合理也能看出评判标准是否恰当——好像一旦清除障碍，读者的视线畅通，就不可能漏掉这些问题。我们来看下面这一段文字。

在法国第戎十一月的某个晚上，让-皮埃尔·比尤（Jean-Pierre Billoux）烹饪了一道烤野鸭子，就着鸭子自带的酱汁，跟苹果一起烤。这是一位烹饪大师对一道经典菜式所做的改良。没有强硬的态度，也不是非创新不可。八年的戈东格朗赛葡萄酒，似乎专为这道完美的烤鸭酿造。这道菜标志着传统菜系的巅峰，可以回溯到中世纪法国宫廷御厨纪尧姆·蒂雷尔（Guilaume Tirel）的"炖肉主题"（Chapitre de Fricassure）；这反映了六百年工艺传承下来的智慧，将自然与季节以及它们古老的周而复始化成肌理、芬芳和口味，让你觉得自己是它们的一部分。它也有自己的专属领地；它不会出现在"国际酒店"里。勃艮第的季节、芬芳和风味，不是京都、伦敦或拉斯维加斯的季节、芬芳和风味。

一道独属某个地方某个季节的菜肴，远胜"国际酒店"专供的菜肴，这种优势没有被反复强调，而是被看作和鸭子以及它搭配的苹果一样显然。

练习题：写一篇古典风格的餐厅评论，并发布到任何一个可以线上点评餐厅的网站上。重点在于你的评价不要太刻意，几乎是顺口一提，好像它们根本不是个人的评论，而是餐厅本身的元素——任何一位有能力的食客都能看到，只要指出正确的方向。

练习22：旅游纪行

跟食谱、餐厅评论和房地产资讯一样，旅游纪行可以很实用。读者计划去某个地方，为组织旅行寻找事实和信息。但是所有这些题材的实用目的可以是顺带的，或者甚至可以忽略。旅游纪行完全可以写成呈现，一旦用这种方式，它可以将各种历史、判断和文化评论都包含进去，把它们都当作直接可见的事物。

《米其林绿色指南》（*The Michelin Green Guides*）是商业旅行指南的黄金标准。下面这段文字是《米其林绿色指南·勃艮第版》对枫特奈修道院（Abbey of Fontenay）的介绍。

> 十二世纪上半叶勃艮第首次出现熙笃会[Cistercium是Cîteaux（熙笃）的拉丁文]。它以简洁的风格著称，遵从圣·伯纳尔德（St. Bernard）的教律。他极力反对一些修道院教堂的奢华装饰，不认同十一、十二世纪那些热情洋溢的伟大建筑师的理论。圣·休（St. Hugh）、尊者彼得（Peter the Venerable）以及苏杰尔（Suger）等修道院院长认为，为了上帝的荣誉再怎么富丽堂皇都不为过，圣·伯纳尔德对此有截然相反的意见，他在写给圣·蒂埃里（St. Thierry）修道院院长威廉的信中问道："为什么教堂要建得这么高、这么长、这么宽，远远超过正常的需要？为什么用这些奢华的装饰物和激发好奇心的画作吸人眼球、分散注意力和扰乱清修？……我们这些僧侣，因为热爱耶稣基督，放弃了凡俗的生活，放弃了世俗的财富和荣誉，……我们希望用这些装饰唤起谁的热忱呢？"[4]

枫特奈修道院，自1789年法国大革命结束后不再发挥教堂的功能，现在作为一道历史遗迹，完好保存着熙笃会建筑典型的简洁朴素特征。只是，如今参观枫特奈的游客再也不会遇到圣·伯纳尔德，再也无法体会他的心态，再也不会看到两种相互对立的精神风格和这种对立表达在建筑上的特点——枫特奈修道院简洁朴素，而另一座同在勃艮第靠南边的克卢尼修道院（Cluny）装饰繁华。

仔细想想，古典纪行作家呈现的见闻不一定是直接观察到的事物，也没什么奇怪的。以纪行开启作家生涯的马克·吐温说："生活的主要构成部分——或者说大部分构成部分——不是事实或事件，而是人们头脑中时刻发生的思想风暴。"[5]古典风格将这巨大的思想网络与古典场景融合在一起。纪行是练习这种大容量古典呈现的最佳题材。

练习题：用古典风格写一篇纪行，介绍一个或多个地方，跟着你的思路走，不用特别强调任何实用目的。

练习23：偏见：花生酱是不是更好？

偏见是未经过深思熟虑就确认的观点。举个例子，当一个人只品尝过瑞士巧克力或中国茶，不知道实际上还有别的同类产品（比如比利时巧克力或者印度茶）可以比较时，他就会偏好瑞士巧克力或中国茶。每个人都有这类偏见，但很少以这种方式表现出来。如果你喜欢新艺术运动风格的建筑却不喜欢巴洛克风格的建筑，只是因为你关注你喜欢的风格没关注任何别的风格，那么你的品位就带着偏见，但这不一定是件坏事——尤其在古典风格中，古典风格因人类的局限性有它自身的基本偏见，而人生苦短，不可能客观、全面地考虑到巧克力的每个品种或建筑的每种风格。

一个带着偏见、品位狭隘的人，实际上可以把原本局限的品位呈现得十分精彩。你可能会发现，一个对艺术运动风格有自己偏见的人，对维克多·霍塔（Victor Horta）[①]的介绍可能恰恰最实用甚至最中肯。人物传记《数字情种》（*The Man Who Loved Only Numbers*）中的主角保罗·埃尔德什[②]（Paul Erdős），认为一旦停止数学活动，人就"死了"。对他而言，不从事数学的人没有活着的。埃尔德什贬低数字之外的一切事物，这种人所共知的偏见，并不意味着当埃尔德什谈论数学时，他的观点就不值得听。

追求面面俱到的呈现，不一定胜过专注某一个方面的呈现，即使是出于偏见。

练习题：介绍一种你熟悉并且钟情的事物，不用为它辩护，也不用担心你的介绍是否有失公允或有所偏颇。比如比利时啤酒、巴洛克音

---

① 维克多·霍塔（Victor Horta），1861—1947，比利时人，世界著名建筑设计大师，新艺术运动的杰出代表人物之一。——译者注

② 保罗·埃尔德什（Paul Erdős），匈牙利籍犹太人，数学家，论文数量居史上数学家之最。——译者注

乐、南加州冲浪。忽略这些声音："德国啤酒怎么样？格里高利圣咏呢？澳大利亚阿拉亚冲浪呢？花生酱怎么样？"

练习24：镣铐之游：谈隐私

为这次进阶练习选一个与"树上的乌鸦"截然不同的主题，用古典风格呈现时需要考虑到几乎每一种概念地理环境（Conceptual geography）。我们仅举隐私概念这一个例子。隐私是一种无法直接观察到的东西。它是一个延及整个人类历史的概念，不同文化对隐私与公开之间的界限有截然不同的区分。它是一种相当微妙的概念，从未有确定的定义。相反，从法理到道德再到心理学，它的每一个方面似乎都受到我们自己时代和社会的质疑。它涉及很多人，这当中的人数无法确定，还包括未知的人。呈现隐私概念，与古典联合注意的场景格格不入。如果你能将思考隐私和谈论隐私的概念网络与古典场景结合起来，我们认为你有能力将任何东西与古典场景结合起来，你也就可以把自己看作一位合格的古典风格作者了。

｜参考文献｜

1　乔治·佩雷克. 人生拼图版 .（英）戴维·贝罗斯译. 波士顿：Godine 出版社，1987，第 72 章，"第三个地窖"，第 344 页 .

2　乔治·佩雷克. 人生拼图版 .（英）戴维·贝罗斯译. 波士顿：Godine 出版社，1987，第 67 章，"第二个地窖"，第 325 页 .

3　艾萨克·牛顿. 光学，1704 年，纽约：Dover 出版社，1952[1979 年重版]，第 26 页和第 28 页 .

4　勃艮第·侏罗. 伦敦：Michelin Apa，2007，第 76-77 页 .

5　马克·吐温自传（第 1 卷），Harriet Elinor Smith 等人编辑；Mark Twain Papers. 伯克利和洛杉矶：加州大学出版社，2010，第 256 页 .

结语

　　每一位伟大的艺术家都曾当过学徒，向才华远不如自己的老师学习基础知识。委拉斯开兹是一位比他的老师杰出得多的画家。牛顿是一位比他的老师杰出得多的数学家。如果不搭建基础知识框架，他们谁也不可能取得后来的成就。现在你已经搭建了一些关于写作的基础知识框架，也尝试了一些进阶练习，已经完成了本工作室提供的学徒训练。但艺术家从来没有真正离开过他们的工作室。他们不断深入学习基础知识，拓展运用范围。这种精进或拓展没有终点。假如说本工作室有一个终极训练，那就是抓住一切新机会，提升你对古典风格的应用能力，同时始终铭记你所呈现的要像真相一样清晰简单。

附录A
古典风格延伸阅读

入门读物自然是从古典风格的指南开始的。它们形成的题材大且广泛，实际的场景和角色与古典风格典型的场景和角色几乎完全相同。所以这类题材不需要作者做过多的隐秘转换，因此也很容易分析。"奥杜邦协会野外指南丛书"（The Audubon Society Field Guide Series）主题包括：鸟、蝴蝶、鱼、鲸、海豚、化石、昆虫和蜘蛛、哺乳动物、蘑菇、夜空、爬行动物与两栖动物、岩石与矿物、贝壳、海滨生物、树、天气、野花。"米其林绿色指南丛书"（The Michelin Green Guide Series）：介绍的地方包括法国所有地区，希腊和意大利等多个欧洲国家，巴黎、罗马、伦敦以及华盛顿特区等一些大都市区。

古典风格指南包括历史遗迹和古迹相关的导览和介绍，比如布兰尼斯拉夫·布兰科维奇（Branislav Brankovic）的《圣德尼修道院教堂的彩色玻璃窗》（Les vitraux de la cathédrale de Saint-Denis），一本前修道院教堂负责人为游客编的小册子。纪实摄影盛行之前的艺术史著作与指南很相似，有些是总结过去思想方法的指南。埃米尔·马勒（Émile Mâle）关于中世纪基督教意象的奠基之作《13世纪的法兰西宗教艺术》（L'art religieux au XIIIe siècle en France）（1898年）就是一个典型例子。艰深难懂的艺术作品，如彩色稿本，仍在用这种风格，如弗吉尼亚·威利·伊格伯特（Virginia Wylie Egbert）反映日常生活的彩色稿本《中世纪巴黎的桥梁：十四世纪早期的生活记录》（On the Bridges of Mediaeval Paris: A Record of Early Fourteenth-Century Life）。

复杂的古典风格指南一般是游记和地方文学的形式，包括历史性过去的政治地理和虚构场所的描述。科林·麦克伊韦迪（Colin McEvedy）写了《中世纪历史企鹅图集》（*The Penguin Atlas of Medieval History*），雅克·赫雷来特（Jacques Hillairet）写了《巴黎街道历史词典》（*Dictionnaire historique des rues de Paris*）。乔治·佩雷克（Georges Perec）发表在期刊《弓》（*L'Arc*）第76卷上的文章"人来人往的圣母升天路"是对他成长的街道的回忆，他的《人生拼图版》（*La vie mode d'emploi*）是对一座虚构的巴黎公寓楼的精彩描绘。其他作品还有乔纳森·拉班（Jonathan Raban）的《如迷宫一般的阿拉伯》（*Arabia: In the Labyrinth*）和马克·吐温（Mark Twain）的《傻子国外旅行记》（*Innocents Abroad*）。

下面的例子按照时间和主题顺序概述了不同时期的古典风格。

古典时代的古典风格：代表作有修昔底德（Thucydides）的《伯罗奔尼撒战争史》（*The Peloponnesian War*），柏拉图（Plato）的《苏格拉底的申辩》（*Apology*），欧几里得（Euclid）的《几何原本》（*The Elements of Geometry*）。欧几里得的古典风格大师身份常常被忽略，尽管《几何原本》中的欧几里得几何证明几乎不论从哪个方面看都是古典风格，而且古典时代晚期普洛克洛斯（Proclus）还对它的几何证明做了细致分析并明确了它的古典风格特征。典型的欧几里得证明使一些东西很明显。它的动机是真相，目的是呈现，作者与读者是对等关系。阅读《几何原本》就跟阅读拉罗什福科的《道德箴言录》（*Maximes*）一样，两者都暗示看到真相需要始终如一的自制力，但这种自制力并非不可能，它的结果也很有价值。就像拉罗什福科箴言录里的每条箴言一样，一条欧几里得证明是一个独立的整体。尽管它一开始就为结尾铺垫，而且不断推进累加，但它的结尾不可预测，不管看到的时候多么显而易见。过程工作被隐藏了，最终的呈现有趣、有力且新颖。

法国的十七世纪古典风格：代表作有笛卡儿（Descartes）的《谈谈方法》（*Discours de la méthode*），拉法耶特夫人（Madame de Lafayette）的《克莱芙王妃》（*La princesse de Clèves*），帕斯卡（Pascal）的《致外省人信札》（*Lettres Provinciales*），莱兹主教（The Cardinal de Retz）的《回忆录》（*Mémoires*），拉罗什福科（La Rochefoucauld）的《道德箴言录》（*Maximes*）和《回忆录》（*Mémoires*），塞维涅夫人（Madame de Sévigné）的《书简集》（*Lettres*），拉布吕耶尔（La Bruyère）的《品格论》（Les *Caractères*），还有圣伯夫（Sainte-Beuve）十九世纪的古典风格历史著作《波尔-罗雅尔修道院史》（*Port-Royal*）。

英国的古典风格：十八世纪见证了一波职业记者及审稿人的发展，他们的日常工作就是写稿。这些记者试图向读者展示自己的见闻。塞缪尔·约翰逊（Samuel Johnson）是第一代此类报刊作者中最负盛名的一位。从他的《漫步者》（*Rambler*）到艾迪森（Addison）和斯蒂尔（Steele）的《旁观者》（*Spectator*）再到萧伯纳（Bernard Shaw）的报刊作品，可以追溯出一条古典风格发展脉络。约翰逊、艾迪森和斯蒂尔都没有一以贯之地使用古典风格，直到萧伯纳出现，英国报刊才发展出成熟的古典风格。

美国的古典风格：虽然托马斯·杰弗逊（Thomas Jefferson）并不总是用古典风格写作，但当他将这种风格用于他的写作时，写出来的风格非常成熟，另外一位大文豪马克·吐温也是如此，写其他风格也写古典风格。

传记和自传：代表作有伊迪丝·华顿（Edith Wharton）的《回眸》（*A Backward Glance*），马克·吐温的《密西西比河上的生活》（*Life on the Mississippi*），拉尔夫·柯克帕特里克（Ralph Kirkpatrick）的《多梅尼科·斯卡拉蒂》（*Domenico Scarlatti*），露易丝·布鲁克斯（Louise Brooks）的《露露在好莱坞》（*Lulu in Hollywood*）。

文化人类学：代表作有克利福德·格尔茨（Clifford Geertz）的《论著与生活：作为作者的人类学家》（*Works and Lives: The Anthropologist as Author*）。

食物：代表作有让·弗朗索瓦·何维勒（Jean-François Revel）的《文化与美食》（*Culture and Cuisine*），维沃利·鲁特（Waverley Root）的《食物》（*Food*）和《法国美食》（*The Food of France*）。还有普罗斯佩·蒙塔尼亚（Prosper Montagné）的古典风格美食百科全书《拉鲁斯美食百科》（*Larousse Gastronomique*）。书中的条目是此类题材的小型代表作。在"山羊"这一条目下，我们看到这样的描述："西班牙、意大利以及法国南部地区的人们会吃羊肉，但是并非出于美食方面的考量。"在"牛奶"这一条目下，可以看到："虽然它是液态的，但牛奶必须被视为一种食物，而非饮料，是拿来吃的，而不是拿来喝的，也就是说，是需要咀嚼的，而且不能放盐，要慢慢消化；通过咀嚼的方式，牛奶在胃中凝结成容易被胃液消化分解的小片；假如是直接吞下去而不加咀嚼，因为胃液难以分解，会在胃里积成一团难以消化的结块。同理，牛奶做成汤或者粥的时候更容易被消化，因为它与面粉混合可以促进结块分解，因此即使有肠胃炎，喝这种状态的牛奶也能耐受。"

学术研究及学术著作：代表作有弗雷德里克·克鲁斯（Frederick Crews）的《评论家夺走了它》（*The Critics Bear It Away*），这本书主要汇集了作者在《纽约书评》（*The New York Review of Books*）上发表的评论文章，目的是让聪明读者有机会了解学术争议，且能够将这些争议与更大的政治观念和禀性联系起来。它不是帕斯卡《致外省人信札》那种意义上的论证，但它和帕斯卡一样坚信，学术问题可以为普通大众所接受，并可以具备广泛的文化相关性。它诉诸的是常识而非诡辩理论："我认为，评论家在不放弃自己的历史感的前提下，应该……把先入之见（放置）一边，（追寻）作者的个人路径，无论它会引向哪里。"克鲁斯拒绝用福柯说的"作者功能"来替代和降低作者的身份。一旦作者只是被视为他们作品的最初塑造者，批评家就可以自由地"让能指脱离所指"——也就是说，他们可以根据自己一时的兴致随意解读文本。

有关学术史学的类似分析，请参阅J. H. 赫斯特（J. H. Hexter）写的《重新评估历史和历史研究》（*Reappraisals in History and Doing History*）

科学：代表作有詹姆斯·沃森（James Watson）的《双螺旋》（*The Double Helix*），安托万-洛朗·拉瓦锡（Antoine Laurent Lavoisier）的《化学基础论》（*Traité élémentaire de chimie*），理查德·P·费曼（Richard P. Feynman）的《物理定律的本性》（*The Character of Physical Law*）和《QED：光和物质的奇妙理论》（*QED: The Strange Theory of Light and Matter*），奥利弗·萨克斯（Oliver Sacks）刊载在1993年5月10日《纽约客》的"神经科医生的笔记：看与不看"（*A Neurologist's Notebook: To See and Not See*）。

体育运动：代表作有奎因·胡珀·福斯特（Queene Hooper Foster）的《航海礼仪》（*Boating Etiquette*），主要看"晕船护理"（Care of the Seasick）部分，比尔·瑟菲斯（Bill Surface）的《赛马场：贝尔蒙特公园生活的一天》（*The Track: A Day in the Life of Belmont Park*）。

技术写作：从电脑到汽车等各类机器附带的操作手册，从纳税表格到花园家具的说明书，被很多人抱怨读不懂，也确实难懂。这种难懂更让人沮丧的是，手册或说明书的作者事实上知道读者想知道什么。不适合阅读的原因有很多，但其中一个最明显的原因是，没有哪个段落，甚至连第一段，似乎都无法单独理解。一本能让人读懂的手册或说明书，它的作者会尽力实现古典场景：他试图将读者放在作者所在的位置。他已经知道事情的始末，并试图把读者放到对等的位置，让他知道同样的事情。因为官方手册和说明书不实用，为非官方的手册和说明书留出了庞大的市场，一些最优秀的作品都非常贴近古典场景。一个非常著名的例子是艾伦·辛普森（Alan Simpson）写的非官方手册《DOS操作系统WordPerfect 5.1从入门到精通》（*Mastering WordPerfect 5.1 for DOS*），深受众多读者追捧。要理解为什么，可以看看辛普森对任何单个的功能或程序是怎么描述的。不论是整体的论述还是单个句子几乎都能独立理解，这个特点也可以在欧几里得的证明、拉罗什福科的箴言和奥杜邦野外指南的鸟类描写中看到。

历史著作：代表作有约翰·基根（John Keegan）的《第二次世界大战史》（*The Second World War*）和《诺曼底的六支军队》（*Six Armies in Normandy*），托尼·朱特（Tony Judt）的《战后欧洲史》（*Postwar: A History of Europe since 1945*）。大的历史话题没有看得见的形态和看得见的边界，但话题的性质并不决定它呈现出来的风格。诸如诺曼底入侵、第二次世界大战及曾毁于其中的欧洲的复苏这些事件，都可以当作某种"事物"，并用古典风格呈现出"事物"。做出这类古典呈现的作者实际上创造了他们的主题，为主题赋予了读者从未见过的客观形态和定义。基根和朱特的书是近代的典范，能把事件庞大而复杂的网络呈现为读者看得见的事物，就好像它是树木园中的一棵雪松一样。

读者可能发现，从风格的思想基础来看一些作品会有所帮助。虽然风格源于概念立场这个观点在现在的写作手册中还不普遍，但从亚里士多德（Aristotle）到克劳德·罗森（Claude Rawson），它一直被当作开创性分析的基础。古典风格的重要源头可以追溯至古典时期朗吉弩斯（Longinus）的《论崇高》（*On the Sublime*）和亚里士多德（Aristotle）

的《诗学》(*Poetics*)及《修辞学》(*Rhetoric*)。莫里斯·克罗尔（Morris Croll）收录在《风格、修辞与韵律》(*Style, Rhetoric, and Rhythm*)中的几篇谈文艺复兴的文章，对文章风格作为思想史的一个分支进行了拓展分析。相同的风格概念可以在各种各样的分析中找到，有学术分析，也有讽刺分析。克劳德·罗森（Claude Rawson）的文章"斯威夫特讽刺作品中的角色"(The Character of Swift's Satire)[出自《从混沌中诞生秩序》(*Order from Confusion Sprung*)]，对比分析了斯威夫特（Swift）和塞缪尔·约翰逊（Samuel Johnson）各自讽刺风格潜在的思想倾向。罗森（Rawson）分析两人在用词层面的特定差异时，指出了引起这种差异的概念上的原因：约翰逊的"正直如此坦率、如此坚定不移地致力于显然易懂的真相……不轻易允许语言的风趣歪曲事实而失去正直……"。在《密西西比河上的生活》这本书中，马克·吐温指出某种特定风格是美国思想史的重大灾难。他从固定短语"新奥尔良的美丽动人和骑士精神"(the beauty and the chivalry of New Orleans)开始，追溯他称为的"南部风格"(the southern style)的表面特征，直至产生它们的复杂思想，他称为"司各特爵士病"(the Sir Walter disease)——这种庞大的概念怪物把现代观察和《艾凡赫》(*Ivanhoe*)中的原始骑士理想结合在一起。马克·吐温指出"南方风格"的缺点与言语技能无关。当一位南方作家不沉迷于沃尔特·司各特的"假骑士"(sham chivalries)时，他就能够"清晰地描述，紧凑地表达"(good description, compactly put)。表面的言语瑕疵源于核心的系统性思想毛病。"美丽动人和骑士精神"是某种思想毛病的表面症状，只是附带着体现在言语上——在吐温的叙述中，这种基本概念立场"很大程度上引发了战争（in great measure responsible for the war）"。

这份名单可以不断地写下去，但最后我们想介绍一位大师被忽视的职业领域，一种被严重低估的职业领域：现代美国文学新闻学（literary journalism）。李伯龄（A. J. Liebling, 1904—1963）是一位重要的美国作家，他的所有作品都可以归为新闻报道和撰稿。他的主题包括第二次世界大战[《莫利和其他战争报道》(*Mollie and Other War Pieces*)、《返回巴黎的路上》(*The Road Back to Paris*)]；美国政治[《路易斯安那伯爵》(*The Earl of Louisiana*)]；城市场景[《狂欢大厦》(*The Jollity Building*)、《电话亭旁的印度人》(*The Telephone Booth Indian*)、《芝加哥：第二座城》(*Chicago: The Second City*)、《回到我来时的地方》(*Back Where I Came From*)、《诚实的造雨人》(*The Honest Rainmaker*)]；拳击(《甜蜜的科学》(*The Sweet Science*)、《中立角》(*A Neutral Corner*))；美食[《在巴黎餐桌上：美好年代的美食与故事》(*Between Meals: An Appetite for Paris*)]；回忆录和历史回顾[《重访诺曼底》(*Normandy Revisited*))；以及社会组织(《报界》(*The Press*))]。

几乎所有这些文章最初都是在《纽约客》发表的。因为新闻不属于文学这种根深蒂固的偏见，李伯龄的影响被轻视了。在他的职业生涯期间，其他美国杂志并不热衷于他的各种古怪兴趣和他的特殊能力——把习惯性的观察行为当作一种"事物"，并作为主题本身来报道。《纽约客》出版的作家有多种多样的风格——比如约翰·厄普代克（John

Updike）、罗杰·安杰尔（Roger Angell）和E. B. 怀特（E. B. White）都是那个时代最优秀的沉思风格作家。但它尤其青睐古典风格，而且几乎自它成立以来，它本身的呈现基本都是古典风格。它的许多作家——无论他们的写作形式是报道、文化批评、小说、回忆录、随笔、政治评论，还是当代作家会用的任何其他传统形式——都是古典风格作家：詹姆斯·瑟伯（James Thurber）、安·比蒂（Ann Beattie）、约瑟夫·米切尔（Joseph Mitchell）、理查德·罗维尔（Richard Rovere）、哈罗德·罗森伯格（Harold Rosenberg）、苏珊·希恩（Susan Sheehan）、唐纳德·巴塞尔姆（Donald Barthelme）、菲利普·汉堡（Philip Hamburger）、奥德·米纳（Audex Minor）、哈维尔·瑞恩（Xavier Rynne）、豪尔赫·路易斯·博尔赫斯（Jorge Luis Borges）——这个名单可以无限列下去。

连续三任主编——哈罗德·罗斯（Harold Ross）、威廉·肖恩（William Shawn）和罗伯特·戈特利布（Robert Gottlieb）——向各种类型的作家征集各种题材的稿件。它的立场一直是，它发现了一篇有趣的投稿，因为作者让它很有趣，主编决定将这篇稿子传递给读者，因为稿子本身有趣，而不是因为任何实用的原因。它著名的封面有许多是大艺术家的手笔，除非用最隐晦的方式表现，否则不会针对时事热点，而且一般不会出现与杂志任一篇内容相关的产品。封面上除了杂志的名称、日期和价格外没有其他叠印，而且在这些主编的领导下，杂志上除了广告照片外不放任何其他照片。曾经有一段时间，《纽约客》拒绝刊登它认为太喧闹或不符合办刊理念的广告——它绝不走商业化，而且和它自身的风格一致，始终是非正式的。"自然即将走到尽头"，这本杂志可能会以这种平淡的语言发表立场——这句话出自比尔·麦克基本（Bill McKibben）的小书《自然的尽头》（*The End of Nature*），最初以短篇形式发表在是《纽约客》上；约翰·赫西（John Hersey）的《广岛》（*Hiroshima*）几乎占据了该杂志其中一期社论的全部篇幅——但采用的是古典方式，该杂志唯一想从读者那里获得的是他的注意力。它从未要求读者去做任何事情，最重要的是从未让读者购买任何东西。这种态度赢得了读者无比的尊重，尤其是本身就是作家的读者，但这在商业企业中终究还是不切实际。

1985年，这家杂志被一家已出版多种杂志的公司收购，这些杂志都沦为商业工具，利用传统手段吸引读者的注意力，接着引到广告商的利益上。《纽约客》这本在作者和读者心里任何现代杂志都无法超越的杂志，这本连过期期刊都是优秀图文精选集的杂志，已经不复存在。虽说很多为《纽约客》撰稿的古典风格作者没有这本杂志也能大显身手，但李伯龄也许是这本杂志献给美国文学的一份厚礼。《纽约客》为这位记者提供了他所需的时间、空间和机会，帮助他成为现代美国新闻文学杰出的古典风格作家。继《密西西比河上的生活》的作者马克·吐温之后，李伯龄是另一位美国古典风格大师。

附录B
古典风格推荐书单

阳志平

好作者的起点是成为一名好读者。现在你已经了然古典风格，是时候走向更广大的世界，抓住一切机会提升你对古典风格的应用。以下，我将推荐9本作品，它或与写作技艺有关，或是中国与西方的古典风格范本。

写作方法论

书1：《风格感觉》（*The Sense of Style*）

传统写作训练低效且难以记忆，我创办的「认知写作学」站在认知科学前沿，结合经典美文与文本细读，呈现不一样的写作进阶路线。学员必读之书正是平克的《风格感觉》。头脑清晰，写作未必清晰；清晰写作，必然需要清晰的头脑。理解心智之妙，探索文学之奇，平克此书实为21世纪写作者必读之书。

书2：《文学心智》（*The Literary Mind*）

特纳教授的另一本代表作。我们认为像《伊索寓言》或《一千零一夜》等故事有精巧的情节、启蒙的想象力，但很少会将故事与科学或逻辑挂钩。特纳教授提出相反的观点，他认为故事、投射和寓言先于语法，语言是这些心理能力产生的结果。也就是说，语言是文学思想（literary mind）的结晶。本书对思想、概念活动、语言的起源和本质做出了重大的修正，相信你对知识、创造力、理解、理性和创新有新的见解。

书3：《当认知科学遇上文学》（*Aspects of Literary Comprehension: A cognitive approach*）

卓有成效的阅读者，会为每一种文本类型，开发出不同的认知控制系统，帮助他更好地理解作品。本书结合认知心理学和真实读者参与的实验结果，帮助你使用认知策略，灵活应对文学阅读中的不确定性。

书4：《结构感》（*the sense of structure*）

杜克大学英语系乔治·戈朋（George Gopen）教授在本书中提出阅读能量模型。每一次写作就是一次对话，在屏幕那头，你爱着的人（情书）、你恨着的人（论文审稿人），正是他们的期望决定了写作的普遍规律。戈朋教授参考认知神经科学原理，用Et来表示大脑处理一个句子所需的全部能量。阅读文章所有句子消耗的能量，即Et的总和。也因此，除了风格意识，你还可以培养结构意识，借此让你的文章更清晰和有效。

西方古典风格代表作

书5：《伯罗奔尼撒战争史》（*History of the Ploponnesian Wcer*）

古希腊修昔底德著，是史学经典著作。古典时代的古典风格代表制作。

书6：笛卡儿《谈谈方法》（*Discours de la méthode*）

笛卡儿的代表作，本书被公认为近代哲学的宣言书，树起了理性主义认识论的大旗。

书7：马克·吐温《密西西比河上的生活》（*Life on the Mississippi*）

既是游记，又是自传。马克·吐温的文字是典型的美国古典风格。

中国古典风格代表作

书8：《韩愈文集》

中国古典风格代表作品。韩愈是唐代古文运动的倡导者，宋代苏轼称他"文起八代之衰"，明人推崇他为唐宋散文八大家之首，与柳宗元并称"韩柳"，杜牧把韩文与杜诗并列，称为"杜诗韩笔"，有"文章巨公"和"百代文宗"之名。

书9：《方苞姚鼐集》

本选集突出桐城古文的特征，全书共选录方文五十四篇，姚文六十四篇，兼顾到题材内容和艺术风格的多样性。风格也兼有叙事、抒情、议论、说理诸方面。

附录C
选段原文

选段0-1

J'ai sur-tout à cœur la clarté... . Mon style ne sera point fleuri, mes expressions seront simples comme la vérité.
—Jean-Baptiste Le Brun

选段1-1

Mme de Chevreuse avait beaucoup d'esprit, d'ambition et de beauté; elle était galante, vive, hardie, entreprenante; elle se servait de tous ses charmes pour réussir dans ses desseins, et elle a presque toujours porté malheur aux personnes qu'elle y a engagées.

[Madame de Chevreuse had sparkling intelligence, ambition, and beauty in plenty; she was flirtatious, lively, bold, enterprising; she used all her charms to push her projects to success, and she almost always brought disaster to those she encountered on her way.]

选段2-1

Having, without the form, the force of an assumption—and having for its object, and but too commonly for its effect, a like assumption on the part of the hearer or reader,—the sort of allegation in question, how ill-grounded soever, is, when thus masked, apt to be more persuasive than when expressed simply and in its own proper form: especially where, to the character of a censorial adding the quality and tendency of an impassioned allegation, it tends to propagate, as it were by contagion, the passion by which it was suggested.

选段4-1

"Tufted Titmouse, including Black-crested Titmouse"
(*Parus bicolor*)
Titmice are social birds and, especially in winter, join with small mixed flocks of chickadees, nuthatches, kinglets, creepers, and the smaller woodpeckers. Although a frequent visitor at feeders, it is not as tame or confiding as the chickadees. It often clings to the bark of trees and turns upside down to pick spiders and insects from the underside of a twig or leaf. The "Black-crested Titmouse" of Texas was until recently considered a separate species.

VOICE: Its commonest call, sung year-round and carrying a considerable distance, is a whistled series of four to eight notes sounding like Peter-Peter repeated over and over.

"Northern Shrike"

(*Lanius excubitor*)

Unusual among songbirds, shrikes prey on small birds and rodents, catching them with the bill and sometimes impaling them on thorns or barbed wire for storage. Like other northern birds that depend on rodent populations, the Northern Shrike movements are cyclical, becoming more abundant in the South when northern rodent populations are low. At times they hunt from an open perch, where they sit motionless until prey appears; at other times they hover in the air ready to pounce on anything that moves.

—John Bull and John Farrand, Jr., *The Audubon Society Field Guide to North American Birds, Eastern Region*

选段4-2

"Dragoon Tie"

In the late 16th century, a European mounted soldier who fought as a light cavalryman on attack and as a dismounted infantryman on defense was called a "dragoon." The term was derived from his weapon, a type of carbine or short musket called the "dragoon." In the early wars of Frederick II the Great of Prussia in the 18th century, "dragoon" referred to the medium cavalry. The light cavalry of the British army, for the most part, was called "light dragoon" in the 18th and 19th centuries. The term and function disappeared, as did the cavalry, in the 20th century. The dragoon image used on our exclusive silk twill tie is taken from a design on a 17th-century pewter cap ornament in the Military History exhibit in the National Museum of American History.

—The text of a small card presenting the dragoon tie in the gift shop of the National Museum of American History, 1991

选段4-3

Known locally as Acadiana and more widely as Cajun country, this isolated, dank area is dominated by descendants of French refugees and freed slaves.

—*Los Angeles Times*, 28 August 1992

Hemorrhoids are actually varicose veins in the rectum.

—First sentence of an anonymous brochure in a medical clinic, 1992

选段4-4

The ancients wished to explain away the scandal of Homer's gods.

—Michael Murrin, *The Allegorical Epic: Essays in Its Rise and Decline*

Physics has a history of synthesizing many phenomena into a few theories.
—Richard P. Feynman, *QED: The Strange Theory of Light and Matter*

Reflexive principles are sought by analyzing a problem or a subject into a whole sufficiently homogeneous and independent to permit solution of the problem or statement of the subject.
—Richard McKeon, "Philosophy and Method"

选段4-5

Marquette had solemnly contracted, on the feast of the Immaculate Conception, that if the Virgin would permit him to discover the great river, he would name it Conception, in her honor. He kept his word. In that day, all explorers travelled with an outfit of priests. De Soto had twenty-four with him. La Salle had several, also. The expeditions were often out of meat, and scant of clothes, but they always had the furniture and other requisites for the mass; they were always prepared, as one of the quaint chroniclers of the time phrased it, to "explain hell to the salvages."

When I was a boy, there was but one permanent ambition among my comrades in our village on the west bank of the Mississippi River. That was, to be a steamboatman. We had transient ambitions of other sorts, but they were only transient. When a circus came and went, it left us all burning to become clowns; the first negro minstral show that came to our section left us all suffering to try that kind of life; now and then we had a hope that if we lived and were good, God would permit us to be pirates. These ambitions faded out, each in its turn; but the ambition to be a steamboatman always remained.
—Mark Twain, *Life on the Mississippi*

选段4-6

A portrait now in the possession of the descendants of the Kiryū clan shows Terukatsu sitting cross-legged on a tiger skin, fully clad in armor with a European breastplate, blackbraided shoulder plates, taces and fur boots. His helmet is surmounted by enormous, sweeping horns, like a water buffalo's. He holds a tasseled baton of command in his right hand; his left hand is spread so wide on his thigh that the thumb reaches the scabbard of his sword. If he were not wearing armor, one could get some idea of his physique; dressed as he is, only the face is visible. It is not uncommon to see likenesses of heroes from the Period of Civil Wars clad in full armor, and Terukatsu's is very similar to those of Honda Heihachirō and Sakakibara Yasumasa that so often appear in history books. They all give an impression of great dignity and severity, but at the same time there is an uncomfortable stiffness and formality in the way they square their shoulders.
—Junichirō Tanizaki, *The Secret History of the Lord of Musashi*,
    translated by Anthony H. Chambers

选段4-7

We hold these truths to be self-evident, that all men are created equal; that they are endowed by their Creator with certain unalienable rights; that among these are life, liberty, and the pursuit of happiness.
—Thomas Jefferson, Declaration of Independence

Ceux qui ont le raisonnement le plus fort, et qui digèrent le mieux leurs pensées, afin de les rendre claires et intelligibles, peuvent toujours le mieux persuader ce qu'ils proposent, encore qu'ils ne parlassent que bas-breton, et qu'ils n'eussent jamais appris de rhétorique.

[Those who have the best reasoning power, and who order their thoughts best in order to make them clear and intelligible, can always argue most persuasively for what they propose, even if they speak nothing but low Breton and have never learned rhetoric.]
—René Descartes, *Discours de la méthode*

选段4-8

En montrant la vérité, on la fait croire.

[To present truth is to have it believed.]
—Blaise Pascal, *Pensées*

Truth can never be told so as to be understood, and not be believ'd.
—William Blake, *The Marriage of Heaven and Hell*

选段4-9

Il faut exprimer le vrai pour écrire naturellement, fortement, délicatement.

[It is necessary to express what is true in order to write naturally, powerfully, sensitively.]
—Jean de La Bruyère, Les Caractères

En vérité [le roi] est admirable et mériterait bien d'avoir d'autres historiens que deux poètes: vous savez aussi bien que moi ce qu'on dit en disant des poètes: il n'en aurait nul besoin. Il ne faudrait ni fable, ni fiction pour le mettre au-dessus des autres; il ne faudrait qu'un style droit, pur, et net... .

[The truth is that {the king} is admirable and would certainly merit having historians other than two poets. You know as well as I do what we mean in saying poets. He would have no need of them whatever; it would require no invention, no fiction to place him above the others; it would require only a pure style, clean and straightforward... .]
—Madame de Sévigné, letter to Bussy-Rabutin, 18 March 1678

选段4-10(1)

Three days after the first allied landing in France, I was in the wardroom of an LCIL (Landing Craft, Infantry, Large) that was bobbing in the lee of the French cruiser Montcalm off the Normandy coast. The word "large" in landing-craft designation is purely relative; the wardroom of the one I was on is seven by seven feet and contains two officers' bunks and a table with four places at it. She carries a complement of four officers, but since one of them must always be on watch there is room for a guest at the wardroom table, which is how I fitted in. The Montcalm was loosing salvos, each of which rocked our ship; she was firing at a German pocket of resistance a couple of miles from the shoreline. The suave voice of a B.B.C. announcer came over the wardroom radio: "Next in our series of impressions from the front will be a recording of an artillery barrage." The French ship loosed off again, drowning out the recording. It was this same announcer, I think—I'm not sure, because all B.B.C. announcers sound alike—who said, a little while later, "We are now in a position to say the landings came off with surprising ease. The Air Force and the big guns of the Navy smashed coastal defenses, and the Army occupied them." Lieutenant Henry Rigg, United States Coast Guard Reserve, the skipper of our landing craft, looked at Long, her engineering officer, and they both began to laugh. Kavanaugh, the ship's communication officer, said, "Now what do you think of that?" I called briefly upon God. Aboard the LCIL, D Day hadn't seemed like that to us. There is nothing like a broadcasting studio in London to give a chap perspective.

—A. J. Liebling, "Cross-Channel Trip"

选段4-10(2)

Although I have used the testimony of Elyot's letters and writings to document his encounter with the resurgent Scripturalism of the 1530s and 1540s, the context in which he worked was clearly energized by cultural and historical currents that encompassed considerably more than the issues of doctrine, religious practices, and ecclesiastical sovereignty dividing Protestants from Catholics, exacerbated as these issues were. Elyot himself identified the challenges which he faced and met with his literary enterprise as questions about his commitment to the king's and Cromwell's reforming measures or to the "savor" of "holy scripture." Yet the successful popularizing and secularizing measures which Elyot took in jointly pursuing his course as a vernacular writer and bypassing religious issues are, I think, to be construed as evidence running with rather than against the momentum of a larger ideological movement—in the first place because popularizing and secularizing were real options for Elyot, and in the second place because he was able to make them work. Given our present state of knowledge, even as advanced by Elizabeth Eisenstein's study of the printing press as an agent of cultural change, we are constrained to deal symptomatically and speculatively for the most part with the complex of energizing developments—in which printing, humanism, and the Reformation figured prominently withsocial and economic changes—that ushered in the modern era of the book.

—Janel Mueller, *The Native Tongue and the Word: Developments in English Prose Style, 1380–1580*

选段4-11

La grande nouveauté technique de l'artillerie a mis quelque temps à faire sentir toutes ses conséquences. La dotation de l'armée de Charles VIII a suffi à lui ouvrir Milan, Florence, Rome et Naples. Cette «invention diabolique», que devaient stigmatiser l'Arioste et Rabelais après lui, condamnait les méthodes traditionnelles, les parades et les offensives de belles armures. Elle rendait, à long terme, inutile la classe aristocratique dont la guerre était la raison d'être, à moins d'une adaptation qu'il lui fallut cruellement accomplir pendant quarante ans de batailles en Italie et ailleurs. Surtout, l'artillerie va amener une révision complète de la fortification et des systèmes défensifs. Les plus grands architectesingénieurs, Francesco di Giorgio, Giuliano da Sangallo, étudient les plans à redents et des bastions articulés qui modifient la physionomie des murailles et par là assez directement celle des villes. Les études les plus saisissantes seront celles de Michel-Ange pour la défense de Florence en 1529–1530. C'est comme ingénieur que César Borgia eut un moment Léonard à son service. On n'a pas encore complètement mesuré toutes les conséquences de l'évolution de l'art de la guerre à la Renaissance.

[The great novelty of Renaissance warfare, the use of artillery, took some time to make its full effect. Thanks to it Charles VIII had Milan, Florence, Rome and Naples at his mercy. This "diabolical invention" as Ariosto called it (and Rabelais was to denounce it after him) put an end to the traditional mode of warfare, to the dashing charges of knights in armor. And in the end it rendered useless the aristocratic class whose raison d'être was warfare—until it had undergone the re-education provided by four gruelling decades of fighting in Italy and elsewhere. The increased use of artillery led to drastic modifications of the fortifications and defensive outworks of towns, and the greatest experts in this field, Francesco di Giorgio and Giuliano da Sangallo, invented a system of indented traces and articulated bastions which radically changed the aspect of the walls and even the layout of fortified cities. The most remarkable plans were those which Michelangelo made for the defense of Florence (1529– 1530), and it was in the capacity of engineer that Cesare Borgia called in Leonardo. The extent to which the evolution of the art of war affected the Renaissance has yet to be fully assessed.]

—André Chastel, *Le Mythe de la Renaissance 1420–1520*

选段4-12

Palabra por palabra, la versión de Galland es la peor escrita de todas, la más embustera y más débil, pero fue la mejor leída. Quienes intimaron con ella, conocieron la felicidad y el asombro. Su orientalismo, que ahora nos parece frugal, encandiló a cuantos aspiraban rapé y complotaban una tragedia en cinco actos. Doce primorosos volúmenes aparecieron de 1707 a 1717, doce volúmenes innumerablemente leídos y que pasaron a diversos idiomas, incluso el hindustani y el árabe. Nosotros, meros lectores anacrónicos del siglo veinte, percibimos en ellos el sabor dulzarrón del siglo dieciocho y no el desvanecido aroma oriental, que hace doscientos años determinó su innovación y su gloria. Nadie tiene la culpa del desencuentro y menos que nadie, Galland.

[Word for word, Galland's version is the worst written, the most fraudulent and the weakest, but it was the most widely read. Readers who grew intimate with it experienced happiness and amazement. Its orientalism, which we now find tame, dazzled the sort of person who inhaled snuff and plotted tragedies in five acts. Twelve exquisite volumes appeared from 1707 to 1717, twelve volumes innumerably read, which passed into many languages, including Hindustani and Arabic. We, mere anachronistic readers of the twentieth century, perceive in these volumes the cloyingly sweet taste of the eighteenth century and not the evanescent oriental aroma that two hundred years ago was their innovation and their glory. No one is to blame for this missed encounter, least of all Galland.]

—Jorge Luis Borges, "Los traductores de las 1001 noches"

选段4-13

The Touraine is the heartland of France. It was here, as much as in any other single locality, that the subtle, clear, precise language of modern France developed, and here also, fittingly, that the subtle, fine, expert cooking of modern France developed.

—Waverley Root, *The Food of France*

Man kann etwas finden, ohne es gesucht zu haben, ja jeder Kunstforscher weiß aus Erfahrung, daß man fast stets etwas anderes findet, als was man sucht. Wer Erdbeeren sucht, weiß, wie eine Erdbeere aussieht, wer aber den Zusammenhang sucht, weiß nicht, wie dieser Zusammenhang aussieht. Die allgemeine Gefahr besteht nun darin, daß Wunsch und Wille, etwas zu finden, vorzeitig im Geiste des Suchenden ein Bild des Zusammenhangs und zwar ein falsches hervorbringen. [One can find something without having sought it—indeed, every connoisseur knows from experience that one nearly always finds something other than what one seeks. When you go looking for strawberries, you know what a strawberry looks like—but when you go looking for interrelationships, you do not know what they will look like. The ever-present danger is precisely that the desire and

the will to find something may, in the mind of the seeker, precociously project a connection—one that does not exist.]
—Max J. Friedländer, *Die Altniederländische Malerei*

The imperfect structural correspondence of painting to literature does not in fact preclude or even severely limit the comparison of the arts. What it does is permit an ever changing set of correlations by painters and writers, who are free to stress different elements of the structures of their art in order to achieve this correspondence. An interartistic parallel thus is not dictated by the preexistent structures of the arts involved; instead, it is an exploration of how these two structures can be aligned. This alignment is part of the overall essential homonymity and synonymity of semiosis by which sign systems and their texts approximate one another and then diverge.
—Wendy Steiner, *The Colors of Rhetoric: Problems in the Relation between Modern Literature and Painting*

选段5-1

[I]l est impossible qu'avec tant de vérité, je ne vous persuade mon innocence.

[It is impossible that with such truth I should fail to persuade you of my innocence.]

Elle lui parla avec tant d'assurance, et la vérité se persuade si aisément lors même qu'elle n'est pas vraisemblable, que M. de Clèves fut presque convaincu de son innocence.

[She spoke to him with such assurance, and truth so easily persuades even where it is improbable, that Monsieur de Clèves was nearly convinced of her innocence.]
—Madame de Lafayette, *La princesse de Clèves*

选段5-2

Hardy was something of a Turing of an earlier generation; he was another ordinary English homosexual atheist, who just happened to be one of the best mathematicians in the world.
—Andrew Hodges, *Alan Turing: The Enigma*

The study of history would be unnecessary for political education if the lessons to be drawn from great historic events could be summed up in a few trenchant sentences. We would then need no more than these final sentences. But political prudence does not consist in recipes which can be conveyed: it is a virtue which has to be acquired the hard way. The greatest possible economy of effort is achieved if a very competent guide takes you through the important experiences of others. He tells you just enough and not too much: why this step was taken and how it turned out to be disastrous. It is for you to think out why it turned out to be disastrous and how it might have been avoided: it is only by such personal speculation that one gains political education; in that realm, as in all others, one only learns by thinking for oneself.

—Bertrand de Jouvenel, "Introduction" to the Thomas Hobbes translation of Thucydides, *The Peloponnesian War*

选段5-3

The truth is rarely pure, and never simple.
—Oscar Wilde, *The Importance of Being Earnest*

Understanding a people's culture exposes their normalness without reducing their particularity.
—Clifford Geertz, "Thick Description" in *The Interpretation of Cultures*

Pour s'établir dans le monde, on fait tout ce que l'on peut pour y paraître établi.

[To establish oneself in the world, one does everything one can to appear to be established there.]
—François VI, duc de La Rochefoucauld, *Maximes*

[N]othing is more certain, than that much of the force as well as grace of arguments or instructions, depends on their conciseness.
—Alexander Pope, "Design" for An *Essay on Man*

There is nothing immediate or "natural" in contrast to what is mediate or sophisticated; there are only degrees of sophistication.
—Michael Oakeshott, *Experience and Its Modes*

选段5-4

You imagine what you desire; you will what you imagine; and at last, you create what you will.
—Bernard Shaw, the serpent speaking to Eve in *Back to Methuselah*

选段5-5

... l'amour-propre & la confiance en nous-mêmes, qu'il sait si bien nous inspirer, nous sollicitent à tirer des conséquences qui ne dérivent pas immédiatement des faits; en sorte que nous sommes en quelque façon intéressés à nous séduire nous-mêmes.

[... self-love and self-confidence (which so easily inspires us) tempt us to draw consequences that do not derive immediately from facts; so that we become in a

fashion interested in deceiving ourselves.]
—Antoine Laurent Lavoisier, "Discours préliminaire" to *Traité élémentaire de chimie*

On n'est jamais si heureux ni si malheureux qu'on s'imagine.

[One is never so happy or unhappy as one thinks.]
—François VI, duc de La Rochefoucauld, *Maximes*

Car il me semblait que je pourrais rencontrer beaucoup plus de vérité dans les raisonnements que chacun fait touchant les affaires qui lui importent, et dont l'événement le doit punir bientôt après s'il a mal jugé, que dans ceux que fait un homme de lettres dans son cabinet, touchant des spéculations qui ne produisent aucun effect, et qui ne lui sont d'autre conséquence, sinon que peut-être il en tirera d'autant plus de vanité qu'elles seront plus éloignées du sens commun... .

[For it seemed to me that I could find a great deal more truth in the reasonings everyone makes concerning his own affairs, and whose consequences will quickly make him suffer if he has made a mistake, than in those made by a man of letters in his study, concerning speculations that have no effect whatever, and no consequence for him except perhaps to allow him to feel prouder according as they are further from common sense... .]
—René Descartes, *Discours de la méthode*

... la puissance de bien juger et distinguer le vrai d'avec le faux, qui est proprement ce qu'on nomme le bon sens ou la raison, est naturellement égale en tous les hommes; et ainsi, que la diversité de nos opinions ne vient pas de ce que les uns sont plus raisonnable que les autres, mais seulement de ce que nous conduisons nos pensées par diverses voies, et ne considérons pas les mêmes choses. Car ce n'est pas assez d'avoir l'esprit bon, mais le principal est de l'appliquer bien. Les plus grandes âmes sont capables des plus grands vices aussi bien que des plus grandes vertus, et ceux qui ne marchent que fort lentement peuvent avancer beaucoup d'avantage, s'ils suivent toujours le droit chemin, que ne font ceux qui courent, et qui s'en éloignent.

[... the power to judge well and to distinguish the true from the false, which is properly what one calls common sense or reason, is naturally equal in everyone; and thus the diversity of our opinions does not come from some of us being more reasonable than others, but only from our conducting our thoughts in different ways and not considering the same things. For it is not enough to have a sound mind but the principal point is to apply it well. The greatest souls are capable of the greatest vices as well as the greatest virtues, and those who walk only very slowly can get much further ahead if they always keep to the right way than those who run in another direction.]
—René Descartes, *Discours de la méthode*

选段5-6

The self cannot be escaped, but it can be, with ingenuity and hard work, distracted.
—Donald Barthelme, "Daumier"

选段5-7

They fuck you up, your mum and dad. They may not mean to, but they do.
—Philip Larkin, from "This Be The Verse" in *High Windows*

选段5-8

The novels of Theodore Dreiser, Marxist political rhetoric, the landscape of northern New Jersey, souvenir shops in airports— these have the special qualities of an ugly which is at once settled into itself, varied in its particulars, yet bound to go on and on interminably.
—Robert Martin Adams, *Bad Mouth*

Mme de Chevreuse avait beaucoup d'esprit, d'ambition et de beauté; elle était galante, vive, hardie, entreprenante; elle se servait de tous ses charmes pour réussir dans ses desseins, et elle a presque toujours porté malheur aux personnes qu'elle y a engagées.

[Madame de Chevreuse had sparkling intelligence, ambition, and beauty in plenty; she was flirtatious, lively, bold, enterprising; she used all her charms to push her projects to success, and she almost always brought disaster to those she encountered on her way.]
—La Rochefoucauld, *Mémoires*

选段5-9

A heroic, photographically literal statue of [Huey Long] stands on a high pedestal above his grave in the Capitol grounds. The face impudent, porcine and juvenal, is turned toward the building he put up—all thirty-four stories of it—in slightly more than a year, mostly with Federal money. The bronze double-breasted jacket, tight over the plump belly, has already attained the dignity of a period costume, like Lincoln's frock coat. In bronze, Huey looks like all the waggish fellows from Asheville and Nashville, South Bend and Topeka, who used to fill our costlier speakeasies in the late twenties and early thirties. He looks like a golf-score-and-dirty-joke man, anxious for the good opinion of everybody he encounters. Seeing him there made me feel sad and old. A marble Pegasus carved in bas-relief below his feet bears a scroll that says, "Share Our Wealth." That was one of Huey's slogans; another was "Every Man a King."
—A. J. Liebling, *The Earl of Louisiana*

In this last chapter I wish to observe and trace the transformation of American Africanism from its simplistic, though menacing, purposes of establishing hierarchic difference to its surrogate properties as self-reflexive meditations on the loss of the difference, to its lush and fully blossomed existence in the rhetoric of dread and desire.

—Toni Morrison, *Playing in the Dark: Whiteness and the Literary Imagination*

选段6-1

When that was once begun, it was as little in my fear, that what words of complaint I heard among lerned men of other parts utter'd against the Inquisition, the same I should hear by as lerned men at home utterd in time of Parlament against an order of licencing; and that so generally, that when I had disclos'd my self a companion of their discontent, I might say, if without envy, that he whom an honest quæstorship had indear'd to the Sicilians, was not more by them importun'd against Verres, then the favourable opinion which I had among many who honour ye, and are known and respected by ye, loaded me with entreaties and perswasions; that I would not despair to lay together that which just reason should bring into my mind, toward the removal of an undeserved thraldom upon lerning.

—John Milton, *Areopagitica*

选段6-2

While I've indicated to you previously that we may well have, probably do have, enough monetary stimulus in the system to create that [economic recovery], I'm not sure that we will not need some insurance or to revisit this issue, and all I can say to you is that we're all looking at the same set of data, the same economy, the same sense of confidence which pervades it. We're all making our judgments with respect to how that is evolving with respect to economic activity and where the risks of various different actions are. And there will be differences inevitably.

—Alan Greenspan, chairman of the Federal Reserve Board, responding to senators at a congressional hearing, who were trying to get him to cut interest rates in order to speed economic recovery (March 1992)

选段6-3

This memorandum ... deals with what might be called the least important questions confronting authors and publishers. But it is precisely because of their relative unimportance, despite their capacity for mischief-making, that we should be able to take them in our stride. The effort, in other words, is to remove them from the problem category so that we can devote our energy to matters of larger significance—authors and editors to intelligent and imaginative control of fact and expression, designers and compositors to efficient and artistic typesetting, proofreaders to rapid and precise detection of inaccuracies.

Although there are some matters of comma style (for instance, restrictive vs. nonrestrictive clauses) so well established in custom as to have become rules, nearly all are merely matters of taste. We prefer a comma before the conjunction in a series ("red, white, and blue"), and also after "i.e." and "e.g."

—"Memorandum for Authors, Editors, Compositors, Proofreaders on the Preparation of Manuscripts and the Handling of Proof," Princeton University Press, January 1990

English orthography satisfies all the requirements of the canons of reputability under the law of conspicuous waste. It is archaic, cumbrous, and ineffective; its acquisition consumes much time and effort; failure to acquire it is easy of detection.

—Thorstein Veblen, *The Theory of the Leisure Class*

选段6-4

Montaigne déjà avait trouvé en sa Gascogne et dans sa tour de Montaigne, un style de génie, mais tout individuel et qui ne tirait pas à conséquence. Pascal a trouvé un style à la fois individuel, de génie, qui a sa marque et que nul ne peut lui prendre, et un style aussi de forme générale, logique et régulière, qui fait loi, et auquel tous peuvent et doivent plus ou moins se rapporter: il a établi la prose française.

[Montaigne already had found in his Gascony and in his tower at Montaigne a style of genius, but a completely individual one that drew no followers. Pascal discovered a style at once individual, marked by genius, completely his own, that no one could take from him, and yet a general style, logical and regular, with the force of law, one that everyone can and should more or less adopt as a standard: he established French prose.]

—Sainte-Beuve, *Port-Royal*

选段6-5

Dem schreibenden Herzog bietet sich die Erinnerung an Menschen und Auftritte mit so drängender Gewalt und so viel Fülle des Einzelnen, daß seine Feder kaum mit zukommen scheint, und er ist offenbar vollkommen uberzeugt, daß alles, was ihm einfällt, für das Ganze unentbehrlich ist und sich auch ins Ganze einordnen wird, ohne daß er im voraus dafür Sorge tragen muß.

[As Saint-Simon writes, memories of people and scenes come to him so urgently and with such an abundance of details that his pen seems hardly able to keep up with it all; and he is apparently quite convinced that everything that occurs to him

is indispensable for the whole and that it will find its proper place there without his having to prepare for it in advance.]
—Erich Auerbach, *Mimesis*

Je le voyais bec à bec entre deux bougies, n'y ayant du tout que la largeur de la table entre deux. J'ai décrit ailleurs son horrible physionomie. Eperdu tout à coup par l'ouïe et par la vue, je fus saisi, tandis qu'il parlait, de ce que c'était qu'un jésuite, qui, par son néant personnel et avoué, ne pouvait rien espérer pour sa famille, ni, par son état et par ses voeux, pour soi-même, pas même une pomme ni un coup de vin plus que les autres; qui par son âge touchait au moment de rendre compte à Dieu, et qui, de propos délibéré et amené avec grand artifice, allait mettre l'Etat et la religion dans la plus terrible combustion, et ouvrir la persécution la plus affreuse pour des questions qui ne lui faisaient rien, et qui ne touchaient que l'honneur de leur école de Molina. Ses profondeurs, les violences qu'il me montra, tout cela me jeta en un tel (sic) extase, que tout à coup je me pris à lui dire en l'interrompant: "Mon Père, quel âge avez-vous?" Son extrême surprise, car je le regardais de tous mes yeux, qui la virent se peindre sur son visage, rappela mes sens... .

[I saw him face to face between two candles, having nothing but the width of the table between the two of us. I have elsewhere described his horrible physiognomy. Bewildered suddenly by hearing and sight, I was seized, while he talked, with what a Jesuit was, who, through his personal and avowed nothingness, could hope nothing for his family, nor, through his condition and his vows, for himself, not even an apple or a drink of wine more than the others; who, through his age, was close to the moment of rendering his account to God, and who, of deliberate purpose, and brought about with great artifice, was going to put the State and religion into the most terrible combustion, and inaugurate the most frightful persecution for questions which meant nothing to him and which affected only the honor of their school of Molina. His depths, the violences which he showed me, all this threw me into such an ecstasy that I suddenly found myself saying, interrupting him: "Father, how old are you?" His extreme surprise, for I was looking at him with all my eyes, which saw it painted on his face, called back my senses... .]
—Saint-Simon, as quoted in Erich Auerbach, *Mimesis*

致谢

本书第一版的计划制订与完稿是在北卡罗来纳州的三角研究园国家人文中心完成的。

马克·特纳衷心感谢约翰西蒙古根海姆纪念基金会、马里兰大学以及加州大学圣地亚哥分校认知科学系及语言学与语言研究中心后来的支持。佛朗西斯-诺尔·托马斯衷心感谢芝加哥大学计算机组织的帮助。两位作者对韦恩·布斯（Wayne C. Booth）、罗伯特·布朗（Robert E. Brown）、弗里德里克·克鲁斯（Frederick Crews）、彼得·道格提（Peter Dougherty）、杰森·爱泼斯坦（Jason Epstein）、珍妮·法恩斯托克（Jeanne Fahnestock）、贝丝·吉安法尼亚（Beth Gianfagna）、彼得·朗（Peter Lang）以及普林斯顿大学出版社董事会成员表示感谢。我们还要感谢马里兰大学使用《文章风格》（*Prose Style*）和《古典文章的风格》（*Classic Prose Style*）的学生——特别是詹妮弗·培根（Jennifer Bacon）和威廉·菲茨杰拉德（William Fitzgerald）——他们用了这本书初期的草稿。

我们感谢安妮·萨瓦雷斯（Anne Savarese）建议我们写第二版，并指导完成了工作室篇的内容。我们感谢亚瑟·叶文奇克（Arthur Evenchik）、大卫·李·鲁斌（David Lee Rubin）和薇拉·托宾（Vera Tobin）对工作室篇的评论。

开智学堂
看见成长的自己

关于开智学堂

开智学堂（微信公众号同名）是 21 世纪的英才教育机构，通过认知课、阅读课、写作课、黑客课，帮助你科学、系统与高效地提升职业能力。欢迎来到开智学堂，与成千上万小伙伴一起升级认知、提升技能。

关于认知写作学讲习班

爱写作，恨写作，你都无法否认写作的重要，欢迎加入阳志平老师主持的"认知写作学讲习班"，站在认知科学前沿，细读经典美文与文本，走上不一样的写作进阶之路。欢迎扫描二维码咨询客服，提前锁定开课动态。

《古典风格》读者交流群

希望了解更多《古典风格》写作技法、与译者等人交流，参加写作直播活动。欢迎扫描二维码加入读者交流群。